사람을 세우는 설교

국제제자훈련원은 건강한 교회를 꿈꾸는 목회의 동반자로서 제자 삼는 사역을 중심으로
성경적 목회 모델을 제시함으로 세계 교회를 섬기는 전문 사역 기관입니다.

사람을 세우는 설교

초판 1쇄 발행 _ 2003년 11월 19일
초판 5쇄 발행 _ 2008년 3월 12일

지은이 _ 오정현
펴낸이 _ 김명호
펴낸곳 _ 도서출판 국제제자훈련원

기획책임 _ 김건주
편집책임 _ 주명석
교정·교열 _ 국제제자훈련원 편집부
디자인 _ 국제제자훈련원 디자인팀
마케팅책임 _ 김석주

등록 _ 제22-1240호(1997년 12월 5일)
주소 _ 서울 서초구 서초1동 1443-26번지
e-mail _ dmipress@sarang.org
홈페이지 _ www.discipleN.com
편집부 _ 02)3489-4310
영업부 _ 02)3489-4300
팩스 _ 02)3489-4309

값 9,500원
ISBN 89-5731-012-6 03230

● 독자의 의견을 기다립니다.

사람을 세우는 설교

오정현

国제제자훈련원

추천사 1

'사람을 세우는 일'

목회자는 이 거룩한 사명에 부름 받은 사람들입니다. 목회의 최종적인 열매는 하나님의 사람입니다. 이것이 모든 목회자의 목회철학이 되어야 합니다. 바른 철학 위에 세워진 목회가 건강합니다. 좋은 나무가 좋은 열매를 맺는다는 주님의 가르침은 오늘날에도 변함없는 진리입니다.

목회자의 목회철학은 모든 것에 묻어나는 법입니다. 설교도 마찬가지입니다. 사실 목회자의 목회철학이 가장 강하게 전달되는 과정은 설교입니다. 그렇기 때문에 목회자에게 있어 하나님의 말씀을 전달하는 설교는 축복이자 무거운 십자가입니다. 설교가 교회를 살리기도 하고 죽이기도 합니다. 건강한 교회들을 보면 그 중심에 균형 잡힌 성경적인 설교가 있음을 발견할 수 있습니다.

이런 점들을 감안할 때 오정현 목사와 남가주사랑의교회는 이미 여러 경로를 통해 검증된 모델이라고 할 수 있습니다. 척박한 이민 사회에서 보여 준 그간의 사역은 '은혜'와 '기적'이라는 단어 외에는 표현할 길이 없습니다. 우리의 머리와 몸이 분리될 수 없듯이 설교와 현장 역시 분리될 수 없습니다. 건강한 교회가 세워졌다는 것은 건강한 설교가 있었다는 확실한 증거입니다.

오정현 목사는 알려진 것처럼 열정과 비전의 리더일 뿐 아니라 훌륭한 메신저입니다. 청중의 변화를 이끌어 내지 못하는 설교는 공허한 외침에 불과합니다. 그런데 그의 설교를 들은 청중들은 변화를 경험했습니다. 현대 문화라는 일상에 갇혀 지내는 익명의 사람들이 아니라 복음으로 세상을 변혁하는 예수의 제자로 세움을 입었습니다. '제자훈련 목회철학'을 근간으로 한 '제자훈련 사역'과 '제자훈련 설교'를 통해 수많은 사람들의 변화를 이끌어 왔습니다.

이 책은 오정현 목사의 남가주사랑의교회에서의 15년 사역을 '제자훈련 설교'라는 틀로 담아내고 있습니다. 이 책을 통해 독자들은 이 시대가 요구하는 설교가 무엇인가에 대해서뿐만 아니라 이 시대를 변혁하는 목회 사역의 본질이 무엇인가에 대해 확인할 수 있는 기회가 될 것입니다.

옥한흠(사랑의교회 원로목사)

추천사 2

오정현 목사는 미주 이민 교회 목회를 위해 그의 젊음을 바쳤습니다. 그의 목회는 영성과 비전을 바탕으로 한 제자훈련 목회였고, 미주 이민 교회를 향한 큰 희망과 가능성의 선물이었습니다. 그 영향으로 강력한 복음의 열정에 드려진 제자들이 일어섰습니다. 이런 목회 마당에 역동성을 더한 것이 바로 그의 설교입니다. 그가 이제 그의 설교 이야기를 진솔하게 나누고자 합니다.

때마침 그는 사랑의교회의 새 시대를 여는 책임을 맡았습니다. 그는 새 시대를 향한 제자훈련의 또 다른 역사를 만들어 갈 것이고, 이런 역사의 마당의 한복판에서 설교로 사람을 세워 갈 것입니다.

설교는 단순한 기교가 아닌 소명입니다. 설교의 소명은 영혼을 구원하고 영혼을 자라게 하는 일입니다. 이 같은 설교의 비전이 이 책에 담겨 있습니다.

사람을 세우는 설교를 소명으로 받은 이 시대, 이 땅의 설교자들에게 그의 튼실한 이론과 경험이 어우러진 이 한 권의 책은 설교의 기초를 소홀히 않으면서 설교에 제자훈련의 혼과 기술을 온전히 갖추도록 무장시킬 것입니다. 한국 교회의 성장이 사람을 세우는 설교로 그 내실을 기하는 날, 우리는 다시 한 번 한국 교회의 진정한 부흥을 기대하고 전망할 수 있을 것입니다.

  이 한 권의 책이 새 시대 한국 교회를 향한 창조적인 선물이 되기를 기도하며 한국 교회 동역자들과 후학들에게 기쁨으로 일독을 권하고 싶습니다.

이동원 (지구촌교회 담임목사)

차 례

추천사 1 · 4
추천사 2 · 6
프롤로그 : 가장 위대한, 그러나 가장 부담스런 사역 · 10

01 설교라는 몸 만들기

01 _ 설교의 형해(形骸) · 14
02 _ 설교 작성에 앞서 유의할 점들 · 24

02 제자훈련과 설교의 임파워먼트

01 _ 제자입니까? · 32
02 _ 제자훈련은 교육 프로그램인가 · 46
03 _ 차별화한 설교 · 51
04 _ 제자훈련 설교의 교과서, 바울서신 · 63

03 신약에서 보는 제자훈련 설교

01 _ 마태복음 제자도 · 72
02 _ 마가복음 제자도 · 79
03 _ 누가복음 제자도 · 85
04 _ 요한복음 제자도 · 91
05 _ 사도행전 제자도 · 102
06 _ 바울의 제자훈련 설교 · 111

04 제자훈련 설교의 정착을 위한 여섯 가지 디테일

01_ 제자훈련 설교자의 역할 · 122
02_ 제자훈련 설교의 원리 · 136
03_ 설교의 준비 단계 · 143
04_ 설교에서 이뤄지는 제자훈련 과정 · 153
05_ 제자훈련 설교를 위한 지침 · 166
06_ 새로운 설교를 위한 제자훈련 사역 패러다임 · 176

05 실제 사례를 통해 본 제자훈련 설교

01_ 마태복음 제자훈련 설교 · 196
02_ 마가복음 제자훈련 설교 · 208
03_ 누가복음 제자훈련 설교 · 220
04_ 요한복음 제자훈련 설교 · 233
05_ 사도행전 제자훈련 설교 · 245

에필로그 : 설교의 패러다임 전환이 필요하다 · 259
제자훈련 설교 현장 사례 · 267
주 · 276

프롤로그

가장 위대한, 그러나 가장 부담스런 사역

설교는 목회자가 할 수 있는 가장 영광스럽고 위대한 하나님의 사역임과 동시에 가장 부담스런 과제이다. 설교는 하나님의 말씀을 전달하는 가장 근본적인 수단이기 때문이다. 대부분의 사역자들은 설교에 대한 부담감을 가지고 있어 심한 경우 꿈속에서조차 설교를 하기도 한다. 설교의 중요성은 기독교 출판물의 경우만 보아도 쉽게 확인할 수 있다. 출판물 중 설교 관련 책들이 다수를 차지하는 것이 이에 대한 방증일 것이다. 설교 관련 서적들은 설교의 정의에서부터 설교를 준비하는 과정, 설교자의 인격과 영성 등 다양한 주제를 다룬다. 또한 강단에서 선포된 설교를 책으로 엮은 것들도 적지 않다.

목회자라면 나름대로 설교에 대해 많은 연구를 했을 것이다. 물론 제자훈련 설교에 대해서도 익히 들어 보았을 것이다. 그럼에도 아직까지는 제자훈련 설교라는 용어가 다소 생소하게 느껴질 수 있다. 제자훈련 설교란 간단히 말하면 제자훈련을 위한 설교이고 제자훈련을 돕는 설교이다. 제자훈련 설교는 제자훈련 사역의 시작과 중심이다. 이 책에서는 제자훈련 사역을 성공적으로 수행할 수 있는 방향, 그 중에서도 어떻게 설교할 것인가를 말하고자 한다. 제자훈련 설교라는 거창한 타이틀이 다소 부담스러울 수 있겠지만, 이것은 우리가 거부할 수 없는 가장 영광스럽고 위대한 하나님의 사역이라는 점을 잊어서는 안 된다.

제자훈련 설교를 잘하려면 어떻게 해야 할까? 먼저 제자훈련에 대한 충분한 이해가 전제되어야 한다. 그렇다면 제자훈련이란 무엇인가? 제자훈련은 한마디로 예수 그리스도의 인격과 삶을 본받아 성도 개개인이 자아상을 확립해 나가는 것이다. 이는 지식적인 공부가 아니라 사람을 근본적으로 변화시키는 데 궁극적인 목표가 있다. 제자훈련의 궁극적인 방향과 성경적인 배경, 그리고 좋은 사례나 모델들을 연구하고 올바로 접목한다면 "모든 족속으로 제자를 삼으라"는 예수님의 말씀을 성공적으로 이행할 수 있는 설교자로 거듭나게 될 것이다.

이 책은 나의 제자훈련 설교에 관한 박사학위 논문을 기초로 하고 있으며 20여 년 동안 제자훈련 사역을 수행한 목회자의 한 사람으로서 그간에 얻은 결과들을 정리하였다. 독자들에게 좀더 쉽게, 그리고 실질적으로 필요한 적용상의 도움을 제공하고자 논문을 기초로 다시 원고를 쓰게 되었다. 이 주제에 대한 학문적인 연구를 필요로 하는 분들은 나의 논문을 참고하면 도움이 될 것이다. 부족하지만 제자훈련에 생명을 걸고 사역하는 사역자들과 그 사역을 위한 설교로 고심하는 분들께 작은 도움을 드리고자 한다.

이 책을 내면서 특별히 감사하고 싶은 이들이 있다. 내가 이 세상에서 가장 영광스러운 강단이라고 믿는 남가주사랑의교회에서 매주일 말씀이 선포될 때마다 초롱초롱한 눈빛으로 진지하게 말씀을 사모하고 경청한 성도들이다. 그들은 14년째 한 강단을 지키며 '다음주에 또 설교할 게 있겠나?' 싶을 만큼 진액을 다 쏟을 때마다 설교자인 나에게 새 힘을 주고 새 영감을 불어넣어 주시도록 끊임없이 기도해 준 후원자들이다.

실제로 한 편의 설교가 나오기까지 기도와 사랑 그리고 신뢰로 함께 해준 남가주사랑의교회 중보기도 후원자들은 내 설교의 가장 든든한 버팀목이었다. 또한 이 책이 나오기까지 건실한 조언과 사랑의 수고로 협력해 준 남가주사랑의교회 부교역자들과 자료실 식구들, 그리고 늘 나의 설교에 건강한 조력자로서 함께 동역하는 사랑하는 아내와 가족들에게 감사하고 싶다.

이 책을 통해, 듣는 복음에서, 보는 복음의 시대를 맞아 하나님의 말씀으로 영혼들을 살리고자 애쓰는 모든 설교자들이 깨임을 받아 하나님께 영광 돌리게 되길 간절히 바란다.

01

설교라는 몸 만들기

"한국 교회 강단의 문제는 감성의 과잉이다. 많은 설교자는 성경이 역사와 문화라는 수로를 통해 우리에게 전달된 하나님의 말씀임을 너무나 자주 잊고 있다. 철저한 신학적 준비와 깊은 묵상을 무시한 설교는 언제나 비약을 초래하고, 그 결과 적용의 취약점을 드러내게 돼 있다. 영성, 논리, 감동이 있는 설교는 어디서 오는 것일까? 설교자들은 이 고민을 피하지 말고 마주 대해야 한다."

01
설교의 형해(形骸)

　내가 처음 설교를 시작한 것은 열여섯 살 때였다. 부친이 개척 교회를 섬기고 있던 때여서 가끔 유년들을 대상으로 설교할 기회를 가질 수 있었다. 그리고 스물세 살부터는 서울 내수동교회 대학부를 섬기면서 설교를 하게 되었다. 당시 내수동교회 대학부에는 여러 명의 선배들이 있어서 그들 앞에서 설교하기란 여간 부담스러운 일이 아니었다. 다른 사역들도 쉽지는 않았지만 특히 설교는 언제나 부담이었다는 것이 솔직한 고백이다. 이때 나는 매주 설교를 준비하면서 영광스런 고통의 순간을 경험했었다.

설교자에게 큰 약점이 될 수 있는 언어적인 한계는 지금까지 나를 괴롭히고 있다. 서울 말씨와 영호남 말씨를 언어적 측면에서 비교해 보면 서울 말투는 완급이 있고, 영호남 말투에는 높낮이가 심하다고 생각한다. 영남 출신인 나의 사투리와 억양은 설교하는 데 많은 장애가 되었다. 설교의 대가로 꼽히는 한경직, 곽선희 목사의 설교는 얼마나 유려한지 물 흐르듯 흐르다가 날렵하게 절정을 향해 올라가는 힘이 느껴진다. 이것은 영남 출신인 나로서는 쉽게 얻을 수 없는 특성이었다.

설교자로 지내온 수많은 날 동안 내 곁에서 나의 모범이 되어 주고 나침반이 되어 준 이들이 많았다. 그들의 도움으로 부족하지만 오늘까지 설교자로서 하나님 앞에 쓰임을 받고 있는 것에 감사드린다. 내 목회의 은사요, 멘토였던 사랑의교회 옥한흠 목사, 총신대학교에서 오랫동안 설교학을 강의한 내수동교회 박희천 목사, 그리고 지구촌교회 이동원 목사는 나의 설교에 가장 깊은 영향을 끼친 사람들이다.

교회를 살리는 신학과 건강한 교회론

설교는 건강한 신학적 바탕 위에서 이루어져야 한다. 설교는 분류상 실천신학에 속하지만 설교를 신학의 어느 한 부류로 따로 떼어놓고서는 설교의 본질을 올바르게 이해할 수 없다. 설교는 모든 신학이 녹아 있는 종합예술이다. 건강한 신학을 바탕으로 삼지 않으면 그 설교는 영혼을 살리지 못한다.

그렇다면 신학이란 무엇인가? 여기서 신학에 대한 여러 가지 견해를 다 다룰 수는 없지만 분명한 것은, 신학은 교회를 살리는 것이 되어야 한다는 사실이다. 만일 신학이 교회를 죽이는 데 사용된다면 그것은 이미 신학이 아니다. 신학은 교회를 살리며 영혼을 구원하는 것이어야 한다.

오늘날 신학대학교와 교회, 대형 교회와 소형 교회 사이에 많은 갈등과 편견이 존재하는 것이 사실이다. 그러나 이러한 대립적인 태도는 교회와 목회 사역에 아무런 도움이 되지 않는다. 서로의 장점을 보며 긍정적인 면들을 통해서 협력하여 나아갈 수 있는 방향들을 모색해야 한다. 그런 점에서 사실 '신학이 무엇인가' 라는 문제보다 '신학을 왜 하는가' 라는 문제가 더 중요하다고 볼 수 있다. 신학을 하는 이유는 교회를 살리기 위해서다. 이 문제에 제대로 대답하고서야 설교가 무엇인가 하는 문제에 대해서도 해답을 얻을 수 있을 것이다. 설교 역시 영혼을 살리기 위한 것이기 때문이다. 이것에 대해서만은 추호의 타협도 없어야 한다.

건강한 신학이 설교의 바탕이라면, 건전한 교회론은 설교의 중요한 기초가 된다. 어떤 교회론을 가지고 있는가는 설교뿐만 아니라 사역 전체에 큰 영향을 미친다. 예수님께서는 요한복음 17장 18절에서 "아버지께서 나를 세상에 보내신 것같이 나도 저희를 세상에 보내었다"고 말씀하셨고, 마태복음 10장 16절에서는 "내가 너희를 보냄이 양을 이리 가운데로 보냄 같다"고 말씀하셨다. 교회의 머리는 예수 그리스도이며 성도는 그 지체이다. 그리고 몸은 하나님께 영광을 돌리며 그리스도를 존귀하게 해야 하기 때문에 교회가 건강해야 한다. 결과적으로 건전한 교회론에 바탕을 둘 때 좋은 설교자로 설 수 있을 것이다.

아울러 설교자는 성경에 대한 깊이 있는 지식과 성경 말씀 전체를 꿰뚫어볼 수 있는 통찰력을 지니고 있어야 한다. 성경을 깊이 보는 눈이 없으면 깊이 있는 설교를 하기 어렵다. 설교자는 반드시 건강한 신학과 교회론을 견지해야 하며, 동시에 하나님께서 성경을 통해 무엇을 말씀하고 계신지를 바로 알 수 있어야 성도들에게 하나님의 놀라운 축복의 보물을 전할 수 있다.

왜? 그리고, 어떻게 전달할 것인가?

설교자는 "설교란 무엇인가?"라고 묻기 전에 "설교를 왜 하는가?"라는 질문을 해야 한다. 설교를 왜 하는가에 대해 깊이 고민하고 설교가 무엇인지를 자신의 말로 정의할 수 있어야 한다. 요즘 설교자들은 과거에 비해 좋은 환경에서 설교를 준비할 수 있게 되었다. 설교에 도움이 될 만한 좋은 책들이 이미 시중에 많이 나와 있기 때문이다. 그 책들을 구별할 안목만 있다면 사실상 자료의 문제는 쉽게 해결할 수 있다. 정말 중요한 것은 자신의 설교가 청중들에게 어떻게 전달될 것인가에 대한 진지한 고민을 해야 한다는 것이다. 설교의 목적은 청중들에게 생명을 불어넣고 그들의 영혼을 살리는 것이기 때문이다.

그렇다면 영혼을 살릴 수 있는 도구는 무엇인가? 그것은 바로 십자가와 복음밖에 없다. 그래서 설교의 핵심은 늘 십자가와 복음이 되어야 하며 설교의 모든 초점은 영혼을 살리는 데 맞춰져야 한다. 설교자는 '나의 설교가 세상에서 지친 저 세대에게 어떤 의미로 전달될까? 어떻게 하면 저들의 영혼을 살릴 수 있을까?'라고 깊이 고민해야 한다. 그리고 영혼을 살리는 일에 도움이 된다면 찬양과 간증 등 보조 수단을 동원해야 한다. 설교자로서 설교를 잘한다는 말을 듣는 일보다 더 중요한 것은 그 설교를 통해서 잠든 영혼이 깨어나고 생명을 얻는 것이다.

일반적으로 설교의 세 가지 요소를 영감, 깊이, 전달로 본다. 과거 설교자들의 관심은 '무엇을 전달할 것인가'였다면, 오늘날 설교자들의 화두는 '어떻게 전달할 것인가'이다. 전달의 문제가 중요해진 것이다. 이는 세대교체에 따른 사고의 변화를 그 요인으로 꼽을 수 있을 것이다.

기성세대들이 듣는 문화에 익숙한 진공관 세대라면, 지금의 20, 30대는 보는 문화에 익숙한 디지털 세대이다. 말씀을 외치는 방법은 듣는 것에 익숙한 진공관 세대에게는 효과적이다. 이들은 교훈적이며 훈화적인 내용을 선호한다는 특징을 가지고 있다. 그러나 디지털 세대는 더 이상 듣는 것으로만 만족하지 않는다. 그러므로 젊은이들을 대상으로 하는 설교가 기성세대의 것보다 몇 배 더 어렵다. 젊은이들에게 과거와 같은 방법으로 메시지를 전달하면, 쉽게 식상해하고 흥미를 잃어버려 더 이상 들으려고 하지 않는다. 따라서 새로운 세대에게 어떻게 말씀을 전달할 것인가라는 과제는 설교자들의 중요한 관심 주제로 부상하고 있다.

설교자는 참담한 실패를 바탕으로 성장한다. 처음 설교를 시작할 때는 대부분 자신이 영향 받은 사람을 모방하는 데서부터 출발한다. 이는 큰 교회 부교역자들이 담임목사가 자주 사용하는 용어를 그대로 사용하는 것을 보아서도 알 수 있다. 처음에는 모방으로 시작하더라도 점차 자신의 것을 찾아간다. 이런 과정에서 참담한 실패를 경험하게 된다. 그러나 실패의 경험을 잘 살리고 다시금 우뚝 설 때 좋은 설교자로 거듭날 수 있다.

1975년에 중고등부를 대상으로 처음 설교를 할 때였다. 어떻게 설교를 해야 할지 모르는 상황에서 부친의 서고를 뒤지다가 설교집 한 권을 발견하고 그것으로 설교를 준비하였다. 그것은 김준곤 목사의 국가조찬 설교집이었다. 나는 그 내용을 토대로 '현대인의 개혁신앙'이라는 제목으로 학생들 앞에서 설교하였다. 이것은 지금도 잊지 못할 참담한 실패의 경험이었다.

또 한번은 내수동교회 대학부를 섬길 때였다. 강단에 대한 특별한 애정과 철학이 있으신 박희천 목사는 내게 강단에서 설교할 수 있는 기회를 허락하였다. 나는 많은 준비를 하고, 기쁨과 감격으로 강단에 섰다. 박희천 목사의 설교에는 군더더기가 없다. 그의 설교는 바로 본문으로 들어가 말씀을 전하는 것으로 시작하는 것이 특징이다. 나는 빌립보서를 본문으로 설교하였는데, 첫 마디가 "바울은…"이었다. 어느새 박 목사의 설교를 따라 하고 있었다. 박희천 목사야 설교에 정통하신 설교가로, 본문에서 시작해도 은혜가 넘치지만 나의 설교에는 적어도 서론이 필요하다는 것을 참담한 실패를 통해서 경험하게 됐다. 사람들은 저마다 개성이 있다. 그러므로 모방을 통해서 배워가더라도 자신의 독특한 개성과 장점을 계발하고 접목하여 자신만의 독특한 설교의 방법을 찾아야 한다.

설교자의 영감과 영성

설교에 있어 '영감'은 대단히 중요한 부분을 차지한다. '영감'은 세 가지 요소에 의해 결정된다. 첫째, 천부적인 재능에 의해 결정된다. 곽선희 목사나 전병욱 목사가 이 경우에 해당된다고 할 수 있다. 곽선희 목사는 언어의 마술사이며 타고난 설교가이다. 곽선희 목사와 같이 영감 있는 설교자들은 성경 본문의 내용을 자신의 말로, 즉 현대인들에게 친숙한 말로 잘 표현한다. 그것은 책을 많이 읽어서도 그럴 수 있겠지만, 대부분 타고나는 것으로 생각된다. 이 점에서 전병욱 목사 역시 탁월한 사람이다.

이러한 재능을 갖고 태어난 사람은 분명 좋은 설교자가 될 수 있는 조건을 가지고 있는 것이다. 하지만 재능을 믿고 스스로 교만해져서 계속 훈련을 쌓고 연습하지 않으면 오히려 도태되어 마지막에는 실패할 수도 있다. 혹자는 자신은 설교를 잘하는데 청중들이 듣지 않는다고 말한다. 그러나 그것은 큰 착각이다. 영감 있는 설교는 청중이 듣는 설교이며, 청중에 의해서 결정된다는 것을 기억해야 한다.

둘째, 설교의 영감은 깊은 기도를 통해서 계발된다. 일전에 조용기 목사와 함께 집회를 인도한 일이 있었다. 조 목사는 설교 전에 최소한 3시간을 기도하고, 어떤 경우는 5시간 이상 기도한다고 한다. 그래서 내가 "목사님, 5시간 기도하고 설교하면 어떻습니까?"라고 물었더니, "강단에 서면 온몸이 찌릿찌릿하다"고 하였다. 깊은 기도는 영감 있는 설교를 하게 한다는 사실을 알 수 있었다.

셋째, 자신의 스타일을 올바로 알아야 영감 있는 설교를 할 수 있다. 하나님께서는 모든 사람을 각자 다르게 만드셨다. 내향적인 사람이 있는 반면 외향적인 사람도 있다. 하나님은 우리 각자에게 사역하기에 적합한 은사와 스타일을 주셨다. 이것은 설교자도 마찬가지이다. 자신의 스타일을 잘 분석해서 적합한 설교 방식을 찾는다면 좋은 설교자가 될 수 있다. 내향적인 사람들은 기도를 많이 하고 스스로를 잘 돌아보지만, 다혈질적이고 외향적인 사람들은 그렇지 못한 편이다. 그러나 이들은 깊이 있고 폭발적인 기도를 하는 성향을 보이며, 부흥회나 대중집회를 잘 인도한다. 하나님께서 우리 각자를 저마다 다르게 창조하신 것을 인정하면서 거기에 맞는 스타일을 계발해야 한다.

우리가 잘 아는 존 맥스웰이나 리처드 포스터와 같은 분들은 전도나 선교에 관한 설교는 잘하지 못한다. 이것은 자연스러운 것이다. 내향적인 사람이라면 사역적인 영성과 능력을 계발하는 것이 좋고, 외향적인 사람이라면 스스로를 돌아보는 노력과 함께 인격적인 조화를 이룰 필요가 있다. 자신의 장점을 발견하여 계발하는 동시에 자신의 단점들을 보완해갈 때 좋은 설교자가 될 수 있다.

설교자에게 영성 계발은 필수적이다. 기독교의 영성은 산속에 들어가서 도를 닦는 것과 같은 그런 영성이 아니라 삶 속에서 부딪히고 나타나야 하는 살아 있는 영성이다. 이 영성을 소유한 사람들은 보기만

해도 느낌이 다르다. 남가주사랑의교회에서 부교역자들에게 예배 순서의 사회를 맡기면 어떤 부교역자는 강단에 선 자체로 은혜가 되는 경우가 있었다. 이것을 어떻게 논리적으로 설명할 수 있겠는가? 설교는 몇 시간 준비해서 하는 것이 아니라 평생의 삶을 통한 인격의 표현이다. 설교 속에는 설교자의 인격이 배어나며 설교자의 영성이 표현된다. 그러므로 설교자는 자신의 영성을 위해서 최선의 노력을 다해야 한다.

성경 암송은 설교자의 영성에 큰 도움을 준다. 설교자들도 때로는 기분에 영향을 받기도 하고, 영성이 메마르는 경험을 하기도 한다. 하지만 하나님의 말씀은 그렇지 않다. 영성이 메말랐을 때 말씀을 다시 암송해 보면 하나님의 능력과 은혜를 새롭게 경험하게 된다. 나는 네비게이토의 주제별 성경 암송 60구절을 비롯해 250구절 이상을 깊이 암송하고 있다. 성경 암송은 설교자의 영성을 불러일으키며 설교에 능력을 덧입힌다는 사실을 경험적으로 확인하고 있다. 성경 암송은 잠재되어 있는 영성에 폭발력을 가져다준다. 성경 암송뿐만 아니라 찬양 역시 영성을 불러일으키는 중요한 요소 중 하나이다. 설교자라면 각자 설교의 영감을 불러일으킬 수 있는 나름대로의 방법을 발견하고 계발해야 한다.

설교의 깊이는 일반적으로 학문적인 깊이와 삶에 대한 깊이 두 가지 측면에서 고려될 수 있다. 학문적인 깊이는 끊임없는 연구를 통해서 연마할 수 있고, 삶의 깊이는 인생의 고뇌와 경험을 통해서 얻어진다.

대기업 과장으로 근무하다 신학을 전공한 한 목회자의 이야기다.

그는 남가주사랑의교회에서 부목사로 섬기다가 지금은 한 교회의 담임목사로 헌신하고 있다. 그에게 "목회가 힘드냐?"고 물었더니, 대기업 과장 시절보다는 훨씬 더 편하다고 하였다. 직장인들은 날마다 상사나 부하들의 평가에 시달리고, 인사고과, 단기 손익계산 등 엄청난 스트레스를 받고 산다. 이렇게 힘든 직장생활을 거친 평신도 출신의 목회자들은 삶의 깊이가 있다. 의사 출신인 마틴 로이드 존스, 워터게이트 사건으로 세상을 떠들썩하게 했던 찰스 콜슨, 그밖에 스튜어트 브리스코나 토니 캠폴로와 같은 이들은 삶이 무엇인지 아는 사람들이며, 이들의 설교에는 사람을 움직이는 힘이 있다.

일반적으로 교인수가 1천 명이 넘으면 설교자는 강단 위의 원숭이라고 한다. 이 말은 그때쯤 되면 설교자는 강단 아래의 성도들의 삶에 어떤 문제가 일어나고 있는지를 전혀 모른다는 이야기이다. 그러나 제자훈련을 하고 소그룹 모임을 정기적으로 인도하면 성도들의 애환과 고민을 느낄 수 있다.

삶의 깊이가 삶의 경험을 통해서 나온다면, 학문적인 깊이는 설교의 과정을 통해서 나타난다. 설교 작성 과정은 첫째, 원어 분석, 둘째, 주해, 셋째, 강해, 그리고 마지막으로 적용 순으로 이루어진다. 이 단계를 빠짐없이 다 마치면 설교를 준비하는 데 모두 40시간이 걸린다고 한다. 그러나 이렇게 해야 한다고 가르치는 사람도 많지 않을뿐더러, 실제로 그렇게 하는 사람도 별로 없다. 그러니까 설교에 맥이 없고 흐름이 없는 것이다.

02
설교 작성에 앞서 유의할 점들

설교 작성의 3단계 분석

설교 작성의 첫 번째 단계는, 원어 분석(lexical study)이다. 원어를 분석 하기 위해서 히브리어나 헬라어를 아주 깊게 공부할 필요까지는 없는 것 같다. 최근에는 원어 분석에 참고할 수 있는 좋은 책들이 많이 나와 있기 때문에 그것들을 분별할 수 있는 안목만 있으면 될 것이다. 그러나 헬라어와 히브리어를 연구할 때는 반드시 리서치를 하는 것이 중요하다. 나는 한 교수에게 "원어 공부가 무슨 유익이 있느냐?"고 물은 적이 있다. 그는 "원어를 읽는 그 자체만으로도 은혜가 될 것"이라고 하였다. 그의 말처럼 설교 준비 전에 원어로 본문을 한 번 읽어 내려가는 것 자체가 설교에 영감을 불러일으키며 예기치 않은 도움을 준다.

두 번째로 주해(exegesis)의 단계이다. 성경 주해의 관건은 어떤 관점에서 본문을 볼 것인가 하는 것이다. 이 단계에서는 많은 주석가들의 주해에 대한 설교자 자신의 의견과 견해가 필요하다. 같은 본문에 대한 상반된 주해를 접할 경우, 어떤 주해를 선택할 것인지 분별할 수 있어야 한다. 이렇게 할 때 성경을 깊이 볼 수 있다. 그러기 위해서는 자신의 주관을 가지고 본문을 향해 끊임없이 물어야 한다.

세 번째는 강해(exposition)의 단계이다. 강해를 할 때는 관찰, 해석, 적용의 단계를 거친다. 정확한 본문의 적용은 정확한 관찰로부터 출발한다. 정확한 관찰과 해석이 없이는 정확한 적용이 어렵다. 그러므로 관찰은 성경 공부의 왕도이다. 강해를 잘하려면 본문을 자신의 말로 풀어 쓰는 연습을 많이 해야 한다. 성경 공부나 큐티를 많이 하면 강해에 많은 도움이 된다. 목회자들은 큐티를 할 때 자신을 위한 큐티와 성도들을 위한 큐티를 구별해야 한다고들 하는데 반드시 그렇지만은 않다. 그러나 자신을 위한 깊은 큐티는 본문을 관찰하고, 해석하고, 적용하는 데 많은 유익을 줄 뿐만 아니라 설교에도 실제적인 도움이 된다.

성경 본문을 읽고 나서 접속사나 단어들을 현대말로, 그리고 자신의 말로 바꿔서 읽을 수 있어야 한다. 쉬운 것 같지만 의외로 많은 목회자들이 잘 하지 못하는 경우가 있다. 반면, 평신도들 중에 이런 읽기를 아주 잘하는 사람들이 적지 않다. 또한 본문의 구성 형태에 따라서 본문을 볼 수 있어야 한다. 신약은 이야기체와 강화체로 구별되어 있다. 사복음서와 사도행전이 이야기체이며, 일반적으로 강화체는 서신서들이다. 그러므로 이야기체는 사건 중심과 목회자적인 관점 등을 살펴보고, 서신서의 경우에는 반복된 구, 강조점, 문법의 용도, 동사 등을 구별하고 관찰할 수 있는 안목이 필요하다.

예수님은 요한복음 14장 26절에서 "보혜사 곧 아버지께서 내 이름으로 보내실 성령 그가 너희에게 모든 것을 가르치시고 내가 너희에게 말한 모든 것을 생각나게 하시리라"고 말씀하셨다. 그래서 성경을 대할 때는 본문을 읽기 전과 읽고 난 후에 기도하면서 주해에 임해야 한다. 이것은 누구나 다 아는 문제이지만 습관이되어 있지 않으면 실천할 수 없다. 강할 때 성령님께 의존하는 태도는 아주 중요하다. 정확한 해석을 위해서는 성경을 문자적, 문법적, 역사적, 구속사적으로 전체적인 맥을 따라 보는 것이 중요하다.

효과적인 전달을 위한 방법

다음의 네 가지 방법들은 설교를 효과적으로 청중들에게 전달하기 위한 필수적인 요소들이다.

첫째, 적용은 말씀이 삶 속에 실천되게 해야 한다. 설교를 적용할 때 점진적인 적용의 단계를 활용하는 것이 좋다. 성도들에게 말씀의 적용 정도를 높여갈 때 성도들의 성화가 일어날 것이다. 설교만으로 모든 성도들의 삶을 변화시킬 수 있다고 생각해서는 안 된다. 설교와 함께 소그룹 모임이나 성경 공부 등이 병행될 때 그들의 삶은 점차적으로 변화되며, 설교는 그 변화의 기점이 될 것이다.

설교에서 본문에 대한 설명과 본문의 적용이 차지하는 비율을 따져 볼 때, 적용이 전체 설교에서 절반 이상 차지해야 한다고 믿는다. 브루스 윌킨슨이 위대한 설교자들을 연구한 적이 있다. 그는 위대한 설교자인 스펄전과 무디, 칼뱅과 피니를 연구하였다. 그리고 찰스 스탠리와 척 스윈돌 같은 동시대의 인물들도 함께 연구하였다. 연구 결과 이들은 설교 전체 내용의 50~60%를 적용에 할애했고 심지어는 설교의 70%가 적용으로 구성되어 있다는 사실을 발견하였다.

둘째, 전달 기술에서 가장 중요한 것은 발음이다. 앞서 언급했듯이 나는 영남 출신으로 언어적인 한계를 극복하는 데 참 많은 어려움이 있었다. 그러나 나는 시편을 히브리어로 매일 아침 세 편씩 6개월 동안 읽으면서 발음과 억양을 고칠 수 있었다.

발음 문제를 해결하는 데 가장 좋은 훈련은 설교 본문을 자주 반복해서 읽는 것이다. 미국 상원에서 채플을 인도하는 오길비 목사는 설교하기 전까지 설교 원고를 아홉 번 읽는다고 한다. 처음에는 힘들지만 아홉 번 반복해서 읽는 동안 설교 원고의 부족한 점을 발견하게 된다고 한다. 이것은 설교를 효과적으로 전달하는 여러 방법 가운데 한 가지이다. 무슨 방법으로든지 정확한 발음과 효과적인 전달을 위해 끊임없이 노력한다면 본인의 문제를 발견하고 해결하는데 도움이 될 것이다.

이동원 목사도 30대 초반에는 토요일마다 설교 연습을 하였다고 한다. 설교를 여러 번 읽으면 부족한 부분이 보이고, 끊어 읽어야 할 부분과 강조해야 할 부분을 알게 되면서, 나중에는 거의 암기가 되어 완전한 자신만의 설교가 된다고 한다.

1985년, 30대 초반의 나에게 사랑의교회에서 설교할 기회가 있었다. 수천 명 앞에서 설교한 경험이 없어 그때는 어디에 눈을 두어야 할지 모를 정도로 긴장했었다. 그러나 지금은 사랑의교회 강단에 서도 한사람 한사람을 분명하게 볼 수 있다. 모든 것은 훈련을 통해서 자라게 된다.

셋째, 더 좋은 전달을 위해서는 단어 선별에 유의할 필요가 있다. 단어가 신선하고 적절할 때 설교의 전달은 더욱더 명확해진다. 또한 같은 단어를 계속 반복하지 말고, 같은 뜻을 가진 다른 표현의 단어들을 다양하게 사용하는 것이 중요하다. 그러기 위해서 사전을 참고해 동의이음어들을 찾아 설교에 활용하면 설교 전달에 효과가 있다. 설교자는 같은 말이라도 어떻게 표현할 것인가에 대해 진지한 고민을 해야 한다. 의성어나 의태어 등을 활용하여 풍성한 표현을 만들어내는 것도 좋은 방법 중의 하나이다.

넷째, 설교는 인격으로 하는 것이다. 김진홍 목사가 강사로 참여한 코스타 집회에서 사회를 본 적이 있는데, 김 목사는 똑같은 설교를 여러 번 하였다. 설교가 끝난 다음 나는 김 목사에게 물었다. "목사님은 설교가 무엇이라고 생각하십니까?" 그러자 그는 "나는 설교를 잘하려고 하지 않는다네. 난 설교를 머리로 하지 않아. 마음으로 하지." 나는 이 말에 깊은 감동을 받았다. 설교는 마음으로 하는 것이며 설교는 평생의 자기 인격이다. 한번은 김진홍 목사가 내가 시무했던 남가주

사랑의교회에 와서 설교한 일이 있다. 그 설교를 들으러 온 성도들 가운데는 김 목사의 똑같은 설교를 수십 번 이상 들은 이들도 있었다. 하지만 그들은 "그래도 은혜가 된다"고 하였다.

설교의 목적에 대한 확고한 인식이 필요하다. 설교의 목적은 삶을 변화시키는 것이다. 여기에 대해서는 릭 워렌 목사의 말을 주의 깊게 경청할 필요가 있다.

"교회가 커질수록 중요한 것은 강단이다. 강단은 배를 움직이는 노와 같다. 매주마다 사람들의 시선을 한 시간 이상 잡아둘 수 있는 특권을 가진 사람은 설교자 외에는 세상 어디에도 없다. 그만큼 설교자는 중요한 존재이다. 그럼에도 불구하고 대부분의 설교자들은 설교의 힘(the power of preaching)을 이해하지 못하고 있다. 그런데 이보다 더 큰 문제는 설교자들이 설교의 목적(the purpose of preaching)을 이해하지 못하고 있다는 점이다.

아마도 나는 미국에서 설교에 대한 책들을 가장 많이 가지고 있는 설교자일 것이다. 나는 지금까지 설교에 관해 다룬 책을 백 권이나 읽었다. 신학교라면 이 정도 분량의 책을 가지고 있을지 모르지만, 목사로서 설교에 관해 이렇게 많은 책을 가진 사람은 없을 것이다. 그러나 내가 읽은 다수의 책들은 설교가 정보(information)의 제공이 아니라 변화(transformation)를 만들어내는 것임을 이해하지 못하고 있었다. 나의 설교의 목적은 오직 한 가지이다. 삶을 변화시키는 것이다. 설교는 가르치는 것이 아니라 삶을 변화시키는 것이다."

02

제자훈련과 설교의 **임파워먼트**

"설교는 설교자 자신을 위해 있지 않다. 설교의 목적은 제자로 부름 받은 그의 백성들을 복음적 삶 위에 강건하게 세우는 것이다. 따라서 청중의 기호에 맞춰 설교한다는 극단적인 수용자 중심의 접근 방식도 문제이지만, 그 반대로 지나친 설교 지상주의도 재고해야 한다. 제자훈련 설교는 태생 자체가 이 두 극단의 중앙에 서 있다."

01
제자입니까?

많은 사람들이 제자란 말을 쓰고 또 스스로 자신이 그리스도의 제자라고 말하지만, 각자가 사용하는 제자의 개념은 다르다. 우리가 제자를 삼는다고 말하거나 또 그리스도의 제자가 되고자 한다고 말할 때, 그 제자란 어떤 의미인가? 이를 알려면 제자의 개념에 대해 올바로 이해할 뿐 아니라 이 시대에 어떻게 제자가 될 수 있는지도 살펴보아야 할 것이다. 제자훈련 설교를 살펴보기 전에 제자가 무엇인지, 이 시대에 요구되는 참 제자의 모습은 어떤 모습인지, 제자훈련을 통해서 어떤 모습의 성도들을 기대할 수 있는지, 그리고 그러한 제자양육을 위해 어떻게 설교해야 하는지 고민해야 한다.

그리스도인들은 하나님의 나라를 유업으로 받은 선택된 자들이다. 동시에 하나님 나라를 이뤄가야 하는 주체이기도 하다. 그러므로 우리에게는 부르심을 받은 자로서의 특권과 함께 보냄을 받은 자로서의 사명이 주어져 있다. 이 두 가지가 반드시 병존하고 있음을 기억해야 한다.

그렇다면 하나님 나라 확장이라는 이 숭고한 사역에 평신도는 제외되었을까? 평신도들은 그저 예배당의 자리만 채우면 될 뿐, 하나님 나라 확장 사역은 목회자들에게만 부여된 사명인가? 절대 그렇지 않다.

교회사 가운데 가장 암울했던 때는 평신도들에게 사역이 주어지지 않고 그들의 전문성조차 인정되지 않았던 시기이다. 평신도들에게 양질의 가르침과 훈련이 주어졌다면 복음의 생명력은 세상을 향해 더 영향력 있게 뻗어나갔을 것이다. 그러나 평신도와 목회자 사이를 구분하는 이분법적인 논리는 결국 평신도 사역을 경시하는 풍토가 생겨나게 하였다.

최근 항간에는 "평신도를 깨운다"는 말에 대해 평신도를 너무 일찍 깨워 피곤하다면서 그들을 다시 재워야 한다는 농담이 나온다. 물론 목회자들에게서 나온 농담일 것이다. 이런 말이 나오는 이유는 제자훈련에 대한 올바른 개념과 목표를 갖고 있지 못하기 때문이라고 생각한다. 성경을 통해서 보더라도 하나님의 말씀을 전하고 가르침으로 성도들이 변화되고 성장하며 그리스도의 제자로 만들어져갔다. 설교는 "모든 족속으로 제자를 삼으라"는 예수님의 지상명령을 이루는 중요한 도구이며, 하나님의 메시지를 전달하는 가장 본질적인 수단이다.

리더십에 관해 깊이 연구한 슈나이더는 성도들이 원하는 리더의 유형이 변하고 있다고 진단하였다. 최근 평신도들은 사역에 동참하기를 원하고 있으며, 교회를 향해 분명한 메시지를 전하고, 사람들을 그리스도의 제자로 양육하는 강력한 리더를 원하고 있다. 사람을 키우고, 제자를 만들고, 가능성을 계발하는 리더를 원하고 있는 것이다.

그렇다면 제자란 무엇인가? 첫 번째 견해로, 제자에 관한 일반적인 정의는 '스승으로부터 배우는 자'를 말한다. 이 견해는 '제자'란 말과 '배우다'라는 단어 사이의 언어적인 관계를 강조하며 제자를 '배우는 자'로 정의한다. 분명 이것도 제자란 말의 개념에서 중요한 한 부분일 것이다. 그러나 이것만으로는 제자의 정체성을 충분히 설명하기에는 부족하다.

먼저 성경을 보자. 가룟 유다는 예수님께 배웠지만 그를 제자라고 말할 수 없을 것이다. 또 누가복음 9장에 보면, 길가에서 예수님이 무리를 향하여 제자가 되라고 촉구하시는 말씀이 나온다. 즉 여기서 '무리'라고 표현된 자들은 예수님의 주변에서 늘 배우던 자들이었다. 그러나 그들은 제자가 아니었다. 요한복음 6장에서는 예수님의 가르침 이후 제자들 중 많은 사람이 물러갔다고 표현하고 있다. 즉, 그들은 누가복음에서 말하는 그 '무리'와 같은 부류의 사람들이었다. 헬라어 마데테스는 단순히 배우는 자만을 의미하지는 않는다. 사도행전에서는 제자를 그리스도인이라 부르고 있다(행 11:26).

두 번째 견해는 제자를 '헌신된 그리스도인'이라고 보는 것이다.[1] 드와이트 펜터코스트는 구원을 받는 것과 제자가 되는 것 사이에 커다란 차이가 있다고 본다. 즉 구원받은 모든 사람이 다 제자는 아니지만, 제자는 모두 구원받은 자라는 것이다. 이 견해에 따르면 교회 안에는 평범한 성도들과 제자들이라는 두 개의 그룹이 있게 된다. 그러나 그 기준을 정하는 것이나 성도들을 두 그룹으로 나누는 것은 적절치 않을 것이다.

세 번째 견해로는 제자와 전도를 같은 맥락에서 보고 제자를 '전도하는 자'로 정의하는 의견이다. 예수님의 제자가 되는 목표가 바로 지상명령을 성공적으로 수행하기 위한 것이라고 보는 것이다.[2] 전도는 분명 제자들의 사명 가운데 하나이다. 그러나 제자로서의 삶, 즉 제자도는 전도 이상의 것으로, 삶의 모든 방면에서 예수님을 따르며 하나님과 이웃을 사랑하는 헌신으로 나타나야 한다. 그러므로 전도 자체만으로 제자를 말하기는 어렵다.

네 번째로 어떤 이들은 제자를 '사회 운동이나 변혁을 주장하는 개혁자'들이라고 보기도 한다.[3] 보헤미는 "한 나라가 제자화되었다고 말할 때 그것은 국민 모두가 제자화 된 것을 의미하지는 않을 것이다. 이는 모든 문화와 삶의 영역 속에 기독교 문화와 기독교 세계관이 반영되는 것을 의미할 것이다. 그렇게 될 때 국민 대다수는 기독교적인 세계관에 의해 행동규범을 정하게 될 것이다"[4] 라고 말하였다. 기독교 문화와 세계관에 입각해서 사는 것은 분명 제자의 삶의 한 모습일 것이다. 그러나 그것이 곧 제자를 의미하는 것은 아니다.

이와같은 네 가지 견해를 종합해 볼 때 제자란 성경의 진리를 배우는 자임과 동시에 삶에서 예수 그리스도를 따르는 자들이다. 즉, 자신의 삶에 그리스도의 절대적 주권을 인정하며, 그리스도의 삶과 죽음과 부활에 대해 의식적이고 지속적으로 참여하는 삶을 살도록 부르심을 받은 거듭난 그리스도인이다.

어원으로 따져 보는 '제자화'

어원적인 접근을 통해서 제자에 대한 의미를 파악해 보면 일반적으로 마데테스(Mathetes)는 '제자' 또는 '학생'이라는 뜻을 가지고 있다. 이것은 다른 사람으로부터 공식 또는 비공식적인 가르침을 통해 배우는 사람을 말한다. 이 단어는 '배우다', '가르침을 받다'라는 뜻의 만타노(manthano)라는 단어에서 유래되었다.[5] 또한 만타노는 한 사람을 추종하는 추종자를 일컬을 때도 사용된다(요 1:35; 행 6:1).[6] 같은 헬라어 명사도 '따르다', '~의 제자이다'라는 뜻의 마데튜오(matheteuo)라는 동사와 언어적 연관이 있다. 즉 마데테스는 무엇인가를 배우기 위해 스승 밑에 들어가 배우는 사람을 말하며 이 단어 속에는 가르침을 배운다는 의미와 더불어 스승의 권위에 복종한다는 의미가 포함되어 있다. 이것은 기능적인 기술의 습득만을 의미하는 것이 아니라, 모든 배우는 영역을 포함한다.

구약 성경에도 제자에 해당하는 말이 나온다. 히브리어 탈미드(talmidh)는 헬라어 마데테스에 해당하는 말인데 마데테스가 '배우다'라는 동사에서 파생된 것처럼 탈미드도 '가르침을 받는 자'란 뜻의 동사에서 파생되었다.[7] 역대상 25장 8절에 나오는 "이 무리의 큰 자나 작은 자나 스승이나 제자를 무론하고 일례로 제비 뽑아 직임을 얻었으니"라는 말씀에서 제자란 '배움의 과정에 있는 사람' 또는 '장사를 배우는 견습생'이라고 하는 기본적인 의미로 사용되었다. 구약 성경에는 하나님의 일을 전수 받기 위해 함께 모여 훈련 받은 예들이 많이 나온다. 여호수아는 모세의 제자였다.[8] 여호수아는 모세의 뒤를 이어 받기 위해 부름 받았고 모세의 사후를 대비해 강력한 지도자로 훈련을 받았다. 여호수아는 모세의 시종이며(수 1:1) 종자(출 24:13)로서 어려서부터 모세를 섬겼다(민 11:28). 뿐만 아니라 모세가 말하고 행한 모든 일들의 중요한 증인이었다(막 3:14 참조). 여호수아는 모세에게 훈련 받기 위해서 그와 동행해야만 하였다.

  엘리야에게도 제자가 있었다. 하나님께서는 엘리야가 사역을 마무리해야 할 시점에서 후계자를 택하도록 명하셨다. 그때 엘리사는 엘리야를 따르며 그의 제자가 된다. 엘리야는 엘리사에게 함께 일하자고 강요하지 않았다. 오히려 엘리사에게 돌아갈 것을 명하였다. 그러나 엘리사는 그의 제자가 되기로 결심했고, 마지막까지 그의 곁에 남아 있었다(왕하 2:1~6).

  구약 성경에서 스승과 제자는 모두 하나님의 사역을 위해 부름 받은 자들이며, 하나님의 사역을 위해 민족 중에 뽑힌 자들이었다. 이 선택적인 관계는 예수님께서 제자들을 부르실 때 보이는 신인적인 관계의 모형이 되기도 한다.[9]

제자에 대한 더 깊은 어원적인 의미를 알려면, 그 단어가 파생된 시대에 어떤 의미로 사용되었는가를 살펴볼 필요가 있다. 문명의 발상지인 고대 그리스의 문화는 예수님 시대에도 이스라엘을 지배하고 있었다. 마데테스라는 단어를 이해하기 위해서는 그 단어가 나온 헬라 세계의 용례와 역사적 발전 과정을 살펴보아야 한다.

마데테스라는 단어가 처음 문헌에 나타난 것은 기원전 5세기에 쓰인 헤로도투스(Herodotus)의 저서에서이다. 헤로도투스 이후 이 단어는 헬라 문학에 자주 등장하게 되는데, 문맥적으로 이 단어를 해석해 보면, '배우는 자', '제자', '학생' 등의 의미를 가지고 있다. 이 단어는 보편적으로 배우는 견습생들에게 쓰였으며 이 단어 이면에는 자기보다 더 뛰어난 자의 권위 앞에 순복한다는 의미가 내포되어 있다.[10] 배우는 자들은 스스로 자신을 가르치는 랍비와 같은 수준이 되길 기대하였다.

그 후 소피스트들이 이 단어를 자신들이 가르치는 학생에게 사용하였다. 소크라테스는 진리를 발견하기 위해 제자들과 대화를 하면서 함께 성장해가는 것을 선호했지만, 소피스트들은 형식적인 교육에 관심을 많이 두었다.[11] 소크라테스는 이 단어를 '배우는 자', '제자', '학생' 등 다양한 의미로 사용하였다. 소크라테스는 함께 나눌 수 있는 공동체를 지향했고, 관계를 형성하는 것을 좋아하였다. 그는 웅변을 배우고 최고의 선을 달성하고자 하는 자들을 '친구', '지식이 있는 사람', 혹은 '제자'라고 불렀다.

헬레니즘 시대와 신약 시대를 거치면서 마데테스는 확대된 의미로 사용되었다. 일반적으로 학문을 연구하고 배우는 학생들을 가리키던 이 단어가 점차 여러 분야로 전파되어 각 분야에서 배우는 자를 가리키는 말로 사용되기 시작하였다. 이런 과정에서 배움 자체를 가리키는 말에 한정되어 있던 과거의 관점에서 더 발전하여 스승과 제자 사이의 관계를 가리키는 말로 그 의미가 확대되었다. 스승과 제자의 관계는 단순히 스승으로부터 지식이나 정보를 배운다는 차원을 넘어 일정한 목표에 도달하기 위해 스승에게 배우며 그 스승과 교제하는 것을 의미하였다. 이러한 발전 과정을 거친 후 제자라는 말이 성경에 쓰이게 되었고, 기독교에 있어서 상당히 중요한 의미를 갖는 말로 자리 잡게 되었다.

제자와 군중

신약 성경에는 마데테스라는 단어가 261회 나온다. 이 단어는 주로 예수님과 결부되어 사용되었으며, 마태복음에서 72회, 마가복음에서 46회, 누가복음에서 37회, 요한복음에서 78회, 사도행전에서 28회 쓰였다.[12] 사복음서에 나오는 제자에 대한 개념이나 강조는 다소 차이가 있다. 각 복음서에 다른 의미로 쓰인 제자의 용례에 대해서는 제자도에서 다루기로 하겠다.

보쉬는 제자를 열두 명 이상으로 보고 있다. 그는 당시 제자란 군중을 뜻하는 의미가 있었고, 모두 같이 따르든지, 아니면 따르지 않든지 둘 중 하나의 행동을 취하였다고 본다. 즉, 여러 동료와 함께 제자가 되든지, 아니면 제자가 안 되든지 둘 중에 하나였다는 것이다.[13] 사도행전에서 이 단어는 교회 구성원 모두에게 사용되었다. 마데테스는 제자라고 불리는 사람들의 삶과 인격까지 포함하고 있다.

신약 성경의 제자는 헬라어 용례에서 말하는 단순한 형식적인 의존 관계를 넘어서 삶의 깊은 부분까지 포함하고 있다. 또한 신약 성경에서 마데테스는 예수님이 아닌 다른 사람들에게도 쓰였다. 세례 요한의 제자들(마 11:2; 막 2:18, 6:29; 눅 5:33, 11:1; 요 1:35, 37), 모세의 제자들(요 9:28), 바리새인들의 제자들(마 22:16; 막 2:18), 그리고 바울의 제자들(행 9:25)이 그 예다.

부름과 응답으로서 제자도

신약 성경에서 제자와 관련이 있는 단어들은 주로 예수님을 따르는 사람들에게 적용되었으며, 믿음의 삶을 나타낸다. 예수님의 제자들은 예수님의 부름을 받고 예수님처럼 되기 위해 그를 따르는 사람들이다. 여기서 눈여겨봐야 할 점이 있다. 이 제자들은 예수님에 의해서 선택된 자들이라는 것이다. 그러나 이 제자들은 처음부터 예수님께서 말씀하시는 제자도를 모두 이해하진 못하였다.

제자라는 단어는 예수님께서 부르신 자들, 혹은 예수님을 따르는 사람, 그리고 초대 교회에서는 성도들과 그리스도인들을 일컬을 때도 사용되었다. 사도행전 11장 26절에 보면 "제자들이 안디옥에서 비로소 그리스도인이라 일컬음을 받게 되었더라"고 기록하고 있다. 즉 이들은 그리스도인 이전에 제자였다. 제자란 말은 예수님을 따르는 제자들과 모든 그리스도인을 지칭할 때 모두 사용되었다.

일반적인 랍비들은 제자가 스승을 선택하여 그의 문하에 들어가서 배우는 것이 관례였던 반면, 예수님께서는 자신이 주도권을 가지시고 직접 제자들을 부르셨다(막 1:17; 눅 9:59; 요 1:43). 부르심을 받은 자들 중에는 예수님과 함께 생활하기에 다소 부적격하게 보였던 세리와 같은 사람도 포함되어 있었다. 예수님께서 제자들을 부르신 이유에 대해서 마가는 세 가지로 이야기하고 있다. 마가복음 3장 13, 14절에 보면, "또 산에 오르사 자기의 원하는 자들을 부르시니 나아온지라 이에 열둘을 세우셨으니 이는 자기와 함께 있게 하시고 또 보내사 전도도 하며"라고 기록되어 있다. 예수님께서는 특별히 위임하시기 위해 제자들을 부르셨다.

예수님께서 제자들을 부르신 이유는 첫째, 제자들과 함께하시기 위함이었다. 그는 그들과 함께 생활하면서 자신의 삶과 말씀과 모든 것을 보여 주시고 제자들에게 이 일들을 증거하게 하셨다. 둘째, 예수님은 제자들을 세상으로 보내기 위해 부르셨다. 제자들이 그리스도의 공식적인 대사가 되어 세상에 나가 주님을 증거하게 하셨다. 셋째, 예수님은 복음의 전파자로서 그들을 부르셨다. 예수님께서 세상의 왕이시며 주권자이심을 선포하는 왕의 전령자로 그들을 세우신 것이다.[14]

제자는 예수님을 따르는 사람들이다. '따르다'라는 의미의 단어 아코로데오(akoloutheo)는 예수님의 부르심에 대한 응답으로 주님을 향한 전적인 순종을 의미한다.[15] 제자는 예수님의 부르심에 기꺼이 순종해야 한다. 또한 이 단어 속에는 부르심에 대한 제자들의 결단과 주님과의 친밀한 관계가 내포되어 있다. 마태복음 4장 18~22절에는 예수님께서 제자들을 부르시는 모습이 나온다. "예수께서 그들을 부르시니 그들이 곧 배와 부친을 버려두고 예수를 좇으니라." 이 구절을 통해서 볼 때 예수님을 따른다는 것은 그의 부르심에 즉각 반응하는 것을 의미한다.

또한 예수님은 제자들로 하여금 어둠에서 나와 생명의 빛 가운데 행하도록 부르셨다(요 8:12). 예수님을 따르기 전에는 모든 사람이 어둠 속에 거하고 있다. 예수님을 따르지 않고는 바른 삶의 방향을 알 수 없다. 제자들은 예수님과 교제하면서 삶의 새로운 방향과 목적을 발견하게 되었다. 신약 성경에서 제자의 삶으로 부르시는 예수님의 부르심은 즉각 그를 따르는 것을 의미했고, 예수님과의 지속적인 교제 가운데 성화되어가는 삶을 산다는 것을 의미하였다. 예수님을 따른다는 것은 자신의 모든 삶을 그리스도의 주권 아래 복종시키는 것을 의미한다. 모든 그리스도인은 이러한 삶으로 부름을 받았다.

제자도의 대가

예수님께서는 열두 명을 따로 부르셔서 사도로서 훈련하셨다. 예수님께서는 제자들이 어떠한 대가를 치르게 될 것인지에 대해서 말씀하셨다. 베드로는 "보소서 우리가 모든 것을 버리고 주를 좇았나이다"라고 말하였다(막 10:28). 그들은 예수님과 함께하면서 천국 복음을 전파하기 위해 안주하고 싶어 하는 욕구를 버려야 했고, 장기간의 여행으로 인해 가족과 직업을 포기해야만 하였다. 당시 랍비 전통에 따르면, 제자들은 스승을 떠나거나 버리지 못하였다(마 23:8). 제자로서 예수님을 따른다는 것은 자신의 전 생애에 걸쳐 삶 전체를 무조건적으로 희생하는 것을 의미하는 것이다(마 10:37; 눅 14:26).[16] 이 헌신은 자신의 모든 것을 버리고 예수님께 전적으로 헌신하는 것을 의미한다(마 9:9). '따른다'는 말은 예수님을 전적으로 신뢰하며 의지하고, 그분을 섬기는 것을 의미한다. 예수님의 제자가 된다는 것은 삶의 모든 영역에서 그분의 가르침뿐만 아니라 인격까지 따른다는 것을 의미한다. 그래서 제자가 되기 위해서는 자신이 소중하게 여기는 것을 포기하여야만 하였다. 이 헌신은 제자로서 그리스도께로 나아가는 유일한 통로였다.

제자들은 예수님을 향해 전적으로 순종하는 삶으로 부르심을 받은 자들이다. 하나님의 뜻을 순종하며 산다는 것은 믿음을 의미하며, 순종은 믿음의 외적인 표현이다. 순종 없는 믿음은 없다. 예수님을 향한 제자들의 전적인 순종은 날마다 자신을 부인하며 하나님의 뜻이 무엇인지를 찾는 것이다.[17] 하나님의 뜻을 거스르고는 그분께 순종할 수 없다. 자기를 부인하고 하나님의 뜻을 찾는 순종은 삶의 전 영역에 나타나야 한다. 그리고 이 순종 자체가 하나님께 영광을 돌리는 것이다.

제자란 자기 십자가를 지는 사람(마 16:24, 25)을 말한다. 그리고 그들은 예수님과 함께 박해를 받고 심지어는 죽음까지 가야 할 운명에 놓인 사람들이다(마 10:24, 25; 요 15:20). 예수님의 제자라면 누구든 고난을 피해갈 수 없다. 제자에게 고난은 필수적이었다. 바울은 "그리스도를 위하여 너희에게 은혜를 주신 것은 다만 그를 믿을 뿐 아니라 또한 그를 위하여 고난도 받게 하심이라"(빌 1:29)고 하였다. 제자들이 예수님과 함께 기쁨을 나누길 원한다면 반드시 그분과 함께 고난을 받아야 한다. 제자들에게 약속된 영광은 고난을 통해서 이뤄지는 것이었다(마 19:27~30). 스미스는 우리가 진정한 제자로서의 삶을 산다면 고난의 의미가 무엇인지 알게 될 것이라고 하였다.[18]

죽음과 부활의 노정에 들어선 자

신약 성경에 나타난 제자도의 용례를 살펴보면 그 의미와 사용된 범위가 매우 포괄적이다. 우리는 이 시대에 있어서 제자란 의미를 좀 더 분명히 알기 위해 예수님께서 우리에게 무엇을 요구하고 계신지를 알아야 한다. 우리는 예수님 시대에 사용되었던 제자의 의미를 완벽하게 이해할 수도, 적용할 수도 없다. 우리는 예수님의 제자들처럼 예수님과 함께 동행할 수 없다. 그러나 예수님의 제자가 가졌던 우선순위와 제자로서의 마음과 태도를 안다면 제자로서의 바른 삶의 모습을 알 수 있을 것이다.

제자들은 성령 안에서 말씀을 통해 온전히 주님과 교제를 나누었기 때문에 더 이상 주님의 직접적인 동행이 필요 없었다. 윌킨스는 예수님의 제자란 예수님을 자신의 구원자와 하나님으로 믿고 영생을 얻기 위해 예수님을 따르며 그분의 삶의 노정에 들어 선 사람이라고 정의

하였다.[19] 이러한 제자의 길은 십자가의 제자도 안에서만 가능하다.

예수님을 따르는 제자는 늘 배움의 기회에 대해 열려 있고 가르침을 받을 수 있는 자이어야 한다.[20] 제자는 말씀을 듣고 배우며 그것을 적용하려는 열정이 있어야 한다(골 3:16). 이처럼 기독교의 제자는 성경의 진리를 배우는 자임과 동시에 삶에서 예수 그리스도를 따르는 자들이다. 진리와 행함은 불가분의 관계이며 이 행함은 다른 사람들에게 영향을 미치게 된다.[21] 다시 말하면 제자란 자신의 삶에 그리스도의 절대적 주권을 인정하며, 말과 행동, 태도, 동기, 목적 등을 통해 그리스도의 삶과 죽음과 부활에 대해 의식적이고 지속적으로 참여하는 삶을 살도록 하나님의 부르심을 받은 거듭난 그리스도인이다.

02
제자훈련은 교육 프로그램인가?

한국 교회가 가진 제자훈련에 관한 가장 큰 오해는 제자훈련을 교회성장을 위한 하나의 프로그램으로 여긴다는 것이다. 신약 성경에서 제자훈련에 해당되는 "제자를 삼는다"는 말은 '제자를 만들다' 또는 '제자가 되다'라는 뜻으로 4회에 걸쳐 나온다(마 13:52, 27:57, 28:19; 행 14:21).[22] 오늘날 제자훈련은 예수님의 말씀을 따라 살아가게 하도록 훈련하는 것을 의미한다. 이 훈련은 스승이신 예수 그리스도를 배우며 닮아가는 것으로, 삶의 전 영역에서 그리스도의 성품이 드러나게 하는 것이다. 제자훈련은 예수님을 닮아가는 삶의 전 영역

을 의미한다.[23]

목회 사역의 핵심

예수님의 제자도는 단순한 훈련 프로그램이 아니었다. 예수님께서는 제자들을 부르시고, 이전에 볼 수 없었던 전혀 새로운 삶의 방식을 보여 주셨다. 제자들은 예수님의 삶을 통해 새로운 삶의 방식을 배웠고, 그것을 전파하였다.[24] 이처럼 제자훈련은 단순하게 지식을 가르치는 단계를 넘어선 삶의 영역의 문제이다(고전 8:1; 약 1:22~25; 사 29:13~16).

칼뱅은 제자도에 관해서 "복음은 이론이 아니라 삶이며 전심을 다해 그리스도를 배우는 것"이라는 말로 정의하였다. 기독교가 삶에 영향을 주지 못한다면 그것은 무의미한 것이다.[25] 제자훈련을 프로그램으로 이해한다면 그것은 아주 큰 오해이다. 제자훈련은 교회 사역 전체의 중요한 기초가 되어야 하며, 성도들의 삶 전체를 의미하는 것이기 때문이다. 제자훈련은 사람들이 예수님을 따르는 가운데 그들의 삶 속에서 예수님의 성품을 드러내도록 돕는 것을 말한다.

신약 성경에 나오는 "제자를 삼는다"라는 동사의 사용 중, 가장 주목할 만한 것은 마태복음 28장 19, 20절의 지상명령이다.

"너희는 가서 모든 족속으로 제자를 삼아, 아버지와 아들과 성령의 이름으로 세례를 주고 내가 너희에게 분부한 모든 것을 가르쳐 지키게 하라 세상 끝 날까지 내가 너희와 항상 함께하리라."

원문을 보면 "제자를 삼으라"라는 단 하나의 독점적이고 지배적인 명령법이 있고, 그 외의 다른 동사들은 분사 형태를 취하고 있다. 즉 세례를 주는 것과 가르치는 것은 제자를 삼는 것의 종속관계이다.[26] 이 명령은 제자훈련의 실질적인 모습을 보여 준다. 제자훈련은 단지 복음을 제시하는 차원에서 끝나는 것이 아니라, 그들을 가르치고 세례를 주는 것까지 포함한다. 즉 예수님을 영접한 사람을 지속적으로 가르치고 교회의 일원이 되게 하는 것까지가 제자훈련에 포함되는 것이다. 여기에서 '가르친다'와 '세례를 준다'는 동사는 병행을 이루고 있다.[27]

여기서 말하는 지켜야 할 내용이 무엇인가? 우리가 가르쳐야 할 내용은 무엇인가? 예수님께서는 "내가 너희에게 분부한 모든 것"을 가르치라고 하셨다. 이 '모든 것'은 예수님께서 하신 말씀들이며 구체적으로는 산상설교이다. 예수님의 산상설교는 예수님의 윤리관의 표현이기도 하다. 이 말씀은 우리가 어떤 삶으로 살아야 할 것인지, 그리고 다른 사람들에게 무엇을 가르쳐야 할 것인지를 알려 주고 있다. 이 가르침은 한 번으로 끝나는 것이 아니라 예수님의 가르침을 받은 제자들이 다른 제자를 가르쳤듯이 계속되어야 한다.

또 예수님께서는 "모든 족속으로 제자를 삼으라"고 하신 이 명령 자체의 관점에서 볼 때 다른 사람을 그리스도께로 인도하는 것은 중요한 제자의 자격 중 하나이다.[28] 이 지상명령은 예수님의 제자들에서 끝나는 것이 아니라 그들이 세운 또 다른 제자들에 의해 계속 수행되어야 한다. 왜냐하면 이 명령 다음에 나타나는 "내가 세상 끝 날까지 너희와 항상 함께 있으리라"는 확신의 말씀을 통해서 볼 때 이 명령은 우리에게도 동일하게 전하는 말씀이기 때문이다.

제자훈련은 옛사람을 부인하고 하나님께 자신을 전폭적으로 드리며 예수님처럼 변화되는 과정을 말한다. 신약 성경 전체를 볼 때 제자도의 목표는 옛 것이 새 것으로 변화되는 것이며, 이것은 기독교의 중요한 주제였다.[29] 제자훈련은 단지 지식만을 습득하거나 기계적인 암기만으로 이뤄지는 것은 아니다(고전 8:1; 약 1:22~25; 사 29:13~16). 게다가 제자가 된다는 것은 단순히 한 사람의 외적인 행동이 바뀌는 것을 의미하지 않는다. 제자가 된다는 것은 내적인 변화, 심령이 새롭게 되는 것, 변화된 인격 등이 수반되는 것을 말한다.[30]

사역의 동심원

제자훈련 사역이 지속적인 결과를 낳기 위해서는 많은 시간과 노력을 요한다. 이것은 결코 쉬운 일이 아니다. 많은 고통과 눈물이 필요한 사역이다. 이 사역을 우리의 힘으로 하려고 해서는 안 된다. 하나님께서는 우리가 성령님께서 주시는 내적인 힘으로 감당하길 원하신다. 성령님께 전폭적으로 자신을 내어드리고 헌신할 때 사람들이 변화되는 강력하고 놀라운 사역을 하게 될 것이다. 모든 참된 그리스도인은 제자이므로 제자도는 모든 교회 안의 사역에 실제적으로 활용되어야 한다. 즉, 제자훈련은 부속 사역이나 교회 프로그램 중의 하나가 아니라, 사역의 전부가 되어야 한다. 교회가 하는 설교, 예배, 찬양, 기도,

전도, 주일 학교, 교제, 봉사, 성경 공부 등이 바로 제자훈련 사역의 일부이다. 제자훈련은 그리스도인들이 "모든 면에서 머리 되시고 더욱이 그리스도이신 예수님의 장성함에 이르기까지 자라는 전 생애에 걸친 과정이다"(엡 4:15).

제자도의 중심은 언제나 예수님이 되어야 한다. 왜냐하면 제자도는 그분을 향한 믿음과 그분의 권위에 대한 순종이 포함되어 있기 때문이다. 우리가 예수님을 주님으로 모신다는 것은 그분의 부르심에 순복한다는 것이다. 이 부르심은 그리스도와의 연합을 이루고 부르심을 받는 사람의 삶 전체를 지배하게 된다. 우리는 앞으로 복음서와 사도행전에 나타난 제자도의 모습을 심도 있게 살펴볼 것이다.

03
차별화한 설교

앞서 언급했듯이 제자훈련 설교는 제자가 되는 과정으로 이끄는 설교이다. 설교는 하나님의 메시지를 전달하는 본질적인 수단이다. 예수님은 하나님의 말씀을 선포하러 오셨고 제자들에게 "온 천하에 다니며 만민에게 복음을 전파하라"(막 16:15)고 명령하셨다. 설교는 그리스도인들을 견고히 세워 유형적인 교회를 든든하게 했고, 또한 예수님을 믿지 않는 사람들에게 복음을 전하는 매체로 활용되기도 하였다.

그렇다면 제자훈련 설교에서는 어떤 내용을 다루어야 하는가, 특히 제자훈련 설교를 할 때 설교자는 어떤 관점에서 설교를 해야 하는가를 고민해야 한다. 신약 성경에 나타난 설교에 해당하는 가장 기본적인 헬라어 단어 네 가지는 케루소(kerusso), 마르투레오(martureo), 디다스코(didasko), 유앙겔리조(euangelizo) 등이다.[31]

먼저 케루소는 진리를 공포하며 순종할 것을 촉구하는 공적인 공포나 선언을 의미한다. 우리가 잘 아는 선포로서의 메시지인 케리그마는 전파된 내용을 의미하며, 이 단어는 케루소에서 파생되었다. 즉 케리그마는 케루소의 메시지이며[32] 구속과 하나님 나라의 도래를 선포 또는 선언하는 것을 의미한다.[33] 케리그마는 하나님의 다스림을 주제로 하며 왕의 전달자로서 왕의 메시지를 전하는 공식적인 메신저의 역할을 하는 것이다.

바클레이(Barclay)는 케리그마에 포함되는 아홉 가지 내용을 다음과 같이 말하였다.

케리그마는 기독교 신앙의 가장 근본적인 진리에 대한 선포이다. 즉 십자가와 부활, 예수 그리스도께서 높임을 받으심, 구약의 예언 성취로서의 그리스도의 사건, 예수님께 긍정 또는 부정의 대답을 해야 하는 인간의 책임, 주와 그리스도가 되시는 예수, 회개의 필요성, 죄의 용서이다(Demaray, 1979 : 25).[34]

마르투레오(martureo / marturia)는 사법적인 주제를 지닌다. 이것은 말하는 사람이 먼저 사건에 대한 지식을 가지고 있으며 목격에 근거한 진술을 하는 증인이 되는 것을 말한다(요 1 : 7; 3:28; 벧전 5:12). 여기서 목격한 특별한 내용이 무엇인지 유념해서 살펴볼 필요가 있다. 예를 들어, 누가복음 21장 13절의 "이 일이 도리어 너희에게 증거가 되리라"는 복된 소식, 혹은 복음에 관한 이야기, 그리고 복음을 말할 수 있는 기회에 대해서 말씀하고 있다.[35] 복음이란 예수님에 대한 내용을 실제로 보고, 듣고, 그리고 그것이 믿고 확신할 만한 사실이라는 점을 주장하는 사람들의 증거를 포함하고 있다(눅 1:1~3; 요 19:35, 21:24).

디다스코(didasko / didache)라는 용어는 교육적 주제를 지닌다. 디다스코는 '어떤 사실을 가르치다', 또는 '어떤 사람을 가르친다'는 것을 의미한다.[36] 이것은 공식적이든 비공식적이든 어떠한 형태로든 가르침을 주는 것을 의미한다(눅 11:1). 디다케는(막 12:38)는 디다스코에서 파생되었다. 디다케는 정보의 전달과 지식의 전수가 포함되어 있으며, 가르침에 해당하는 기본적인 단어이다.

언약과 왕국의 주제를 암시하는 유앙겔리조(euangelizo/euangelizomai)는 예수 그리스도의 복음의 메시지에 관련된 좋은 소식을 전하는 것, 혹은 복음을 전하는 것을 말한다.[37] 복음서에 나오는 유앙겔리조의 중심은 하나님 나라와 하나님 나라의 도래에 있다. 복음적인 메시지는 "하늘과 땅의 주인이신 언약의 하나님께서 백성들을 구원하시기 위해 그 아들 예수 그리스도를 통해 지금도 여기에 계시는 이것이 유일한 기쁜 소식"[38]임을 전하는 것이다.

이를 종합해 정리하면, 설교에는 하나님을 믿는 자들의 양육을 위한 설교와 전도를 위한 설교가 있다. 주로 디다케는 믿는 자들을 향한 양육 설교이며, 케리그마는 전도 설교에 해당한다. 제자훈련 설교는 불신자와 성도 모두를 포함해야 한다. 제자훈련 설교는 회중들로 하여금 세상 속에서 하나님의 사역을 담당하게 하며 그들을 온전하게 하는 설교를 말한다. 즉 설교의 목적 속에는 하나님께 영광을 돌리는 것과 더불어 하나님께서 우리에게 주신 소명을 이루도록 사람들을 세우고 인도하는 목적도 포함되어 있는 것이다.[39] 그리스도인들은 설교를 통해서 보냄을 받은 자로서의 사명을 다시금 깨닫게 되며 제자로서의 삶을 살아가게 될 것이다.

설교 사역은 예수님께서 위임하신 특별한 사역이다. 예수님께서는 베드로에게 "나의 양을 돌보라"고 명하셨다(요 21:15~17). 이 신성한 의무는 베드로에게만 위임한 것이 아니라 모든 세대의 설교자들에게 동일하게 위임하셨다. 제자로서의 삶은 모든 성도에게 해당하는 부르심이지만 말씀 사역자로서의 부르심은 제한적이며 선택적이며 특별한 부르심이다. 이 설교 사역은 하나님의 말씀을 전하는 말씀 사역이다. 사도들은 이 부르심의 중요성을 잘 알고 있었다. 그래서 공궤하는 일 때문에 기도와 말씀으로 섬기는 사역을 소홀히 하려고 하지 않았다(행 6:4).

설교자가 변해야 한다

제자훈련 설교는 교회의 부흥을 가져다준다. 우리는 사도행전 4장 31절에서 제자훈련 설교의 좋은 모범을 볼 수 있다. "무리가 다 성령이 충만하여 담대히 하나님의 말씀을 전하니라." 그들은 하나님의 말씀을 담대히 전하고 가르쳤다. 그 결과 "믿는 무리가 한마음과 한뜻이 되어… 사도들이 큰 권능으로 주 예수의 부활을 증거하니 무리가 큰 은혜를 얻었다"(32, 33절). 제자훈련 설교는 성도들이 성령으로 충만하게 하고 교회가 수적으로나 영적으로 세워지게 한다. 예수님께서 모든 족속으로 제자를 삼으라고 하신 제자훈련에 관한 명령은 지금도 여전히 지켜져야 할 말씀이다. 이 지상명령을 수행하는 데 설교는 아주 큰 역할을 한다. 설교는 제자훈련을 시작하는 처음이며, 가장 핵심이다. 제자훈련 설교는 교회 사역과 회중의 삶의 방향을 바꾸어 예수 그리스도의 지상명령을 성취하는 길로 나아가도록 하는 힘을 가졌다.

이제 설교에 변화가 일어나야 한다. 교회가 세상의 구속을 위한 하나님의 대사로서의 역할을 다하고, 제자를 삼으라는 그리스도의 말씀을 순종하기 위해서는 설교에 갱신이 일어나야 한다. 설교는 제자훈련을 가능하게 하고, 이 제자훈련은 성도들로 하여금 참된 제자의 삶을 살아 그리스도의 주권을 선포하며 살게 할 것이다. 그렇게 되면 복음은 더욱더 왕성하게 전파될 것이다. 그런데 오늘날 많은 설교자들은 단순히 윤리적이거나 비유적인 설교를 선호하고 있으며, 회중은 아무런 변화나 감동을 경험하지 못한 채 무기력하게 생활하고 있다. 레드는 "오늘날 설교자들에게 설교의 갱신이 일어난다면 그것은 이야기를 흥미롭게 잘 전달하는 새로운 기술을 발견하는 것이 아니라, 성경과 하나님의 능력을 아는 데서 나타나는 변화일 것이다"[40]라고 말하였다. 목회자들은 청중이 하나님의 말씀으로 변화되어 그리스도 안에서 풍성한 삶을 살도록 도전하는 제자훈련 설교를 해야 한다.

제자훈련 설교는 어떻게 해야 하는 것일까? 어떤 내용으로, 어떻게 설교할 때 제자훈련이 활성화 될 것이며 성도들의 삶이 변화될까? 이에 대한 해답은 성경 속의 예와 실제적인 임상 결과들을 통해 찾아야 할 것이다. 먼저 제자훈련 설교에서 어떤 내용들이 다뤄져야 하는지 생각해 보자.

제자훈련 설교에는 전도에 관한 설교가 포함되어야 한다. 마태복음에서 예수님은 "모든 족속으로 제자를 삼으라"고 하셨다. 그리고 누가복음 24장 47절에서는 "또 그의 이름으로 죄 사함을 얻게 하는 회개가 예루살렘으로부터 시작하여 모든 족속에게 전파될 것이 기록되었으니"라고 말씀하셨다. 이상의 두 말씀을 종합해 보면, 모든 족속에게 전파되는 복음은 죄 사함을 얻게 하는 회개의 메시지이다. 즉 제자 삼는 것은 예수님의 이름으로 회개와 죄의 용서를 전파하는 설교를 통해 성취된다는 점을 말해 준다. 바울은 "보내심을 받지 아니하였으면 어찌 전파하리요"(롬 10:15)라는 말로 설교자가 전도와 영혼 구원을 위해 말씀을 선포해야 한다고 밝힌다. 또한 제자훈련 설교는 전도 외에도 성도들 한 사람 한 사람이 믿음 안에서 예수 그리스도의 제자로 성장하도록(엡 4:15) 돕는 모든 과정을 말한다. 즉 설교자는 성도들이 영적으로 자라는 과정을 인정해야 하며 성장을 위한 메시지를 전해야 한다. 그래서 이들이 영적으로 자라도록 격려하는 일을 계속해야 한다. 바울도 데살로니가 교인들에게 보낸 편지에서 그들의 영적 상태를 인정하면서 격려하였다(살후 1장).

그렇다면 성도들이 성장하고 성숙하도록 돕기 위해 어떻게 해야 할 것인가? 버이스는 마데튜오, 디다스코, 카타르티조와 같이, 성도들을 가르치고 온전하게 하는 일과 관련된 단어들 대부분은 선교의 내용을 포함하고 있다고 보았다.[41] 설교자는 교회의 성도들이 성장하여 거룩하고 새롭게 되도록 해야 하며, 더 나아가 다른 사람들을 믿음과 회개로 이끌어 교회의 일원이 되도록 하는 방법들을 가르쳐야 한다. 그렇게 될 때 성도들은 선교 사역에 참여하게 되며 그 일을 통해 하나님께 전적으로 순종하는 길을 배워가게 될 것이다.

제자훈련 설교는 지속적이며 장기적인 계획에 따라 이루어져야 한다. 사도행전 2장 37~47절에서 베드로는 처음으로 말씀을 선포한 뒤, 이어서 여러 말로 청중에게 간곡히 권한다(40절). "저희가 계속해서 사도들의 가르침을 간절한 마음으로 받으며"라는 42절 말씀을 통해서 볼 때, 복음은 듣는 사람들의 열심을 더하게 한다. 그렇다면 여기서 말하는 사도들이 말씀을 선포한 이후에 전한 가르침은 무엇을 말하는 것일까? 이 부분에 대해 일부 학자들은 디다케와 케리그마를 구분하려고 한다. 케리그마는 메시아로 오신 예수 그리스도에 대한 선포로 그의 오신 목적에 대한 설명이며, 디다케는 복음에 대한 사람들의 반응과 삶에 수반되는 도덕적 요구에 대한 해석을 목적으로 한다.[42] 그러나 이 견해는 인위적이라는 비판을 받고 있다.

본문을 살펴볼 때 누가는 사도들의 가르침을 그들의 교제, 즉 코이노니아와 연결시켜 설명하고 있다. 사도들의 가르침에는 케리그마와 디다케 모두가 포함되어 있다. 이것은 사도행전 2장 40절에 언급된 "여러 말"을 통해서 알 수 있다. 말하자면 그들은 제자훈련 설교를 한 것이다. 결과적으로 성도들은 교제와, 떡을 떼는 일과, 기도에 전혀 힘쓰게 되었으며, "주께서 구원받는 사람을 날마다 더하게 하셨다"(행 2:42, 47). 교회의 설립과 부흥은 설교와 분리해서 생각할 수 없다.

전도와 양육

제자훈련 설교는 전도와 양육, 이 두 가지를 모두 포함하고 있다.[43] 윌킨스는 제자훈련이란 예수님을 모르는 사람을 새로운 제자로 만드는 것과 새로운 제자들을 그리스도인으로 성장시키는 것을 포함하고 있다고 말하였다. 전도, 교회를 세우는 일, 그리고 제자를 만드는 일들을 분리해서 생각해서는 안 된다. 그 상호성을 이해해야 한다. 여기에 적절한 균형을 이룰 때 사역은 효과적이 되며, 더 많은 전도의 결실을 맺게 되고, 더 많은 제자를 세우며, 성장하는 교회가 더 많이 세워질 것이다.

제자훈련 설교는 사람들이 복음을 받아들이고, 세례를 받고, 공적인 교회에 소속되는 것으로 시작된다. 그들은 회개를 통한 죄 사함을 경험하고 말씀을 배움으로써 믿음이 자라 예수님을 닮은 제자로 성장하게 된다. 그러나 이 제자도는 그냥 전파되는 것이 아니라 이를 위해 준비된 사람의 희생에 의해서 전파된다(막 1:15). 예수님께서 복음을 전파하고 복음 안에서 새 생명을 얻게 하는 일을 위해 자신의 생명을 버리셨듯이 말이다. 바르트는 "양육은 사람들을 붙들어서 그리스도의 몸인 성전의 한 모퉁이돌로서 섬기도록 세우는 일이다. 물론 그리스도가 그 기초가 되는 것을 전제한다"[44]라고 말하였다. 이 양육은 바른 가르침과 모범을 통해서 성도들이 영적으로 성장하게 되는 것이다. 준비된 사람들을 각 단계에 적절히 배치한다면 교회는 더욱더 견고하게 세워져 갈 것이다.

평신도와 함께하는 사역

제자훈련 설교는 청중이 하나님께 쓰임 받고 풍성한 삶을 살도록 그들을 견고하게 하는 것이다. 만일 설교자가 계속해서 성도들을 방관자나 구경꾼으로 남겨 둔다면, 그들의 잠재적인 능력은 결코 발휘되지 못할 것이다. 하나님께서는 방관자들을 사역에 참여시키기 위해 목회자들에게 "성도를 온전하게 하며, 봉사의 일을 하게 하며, 그리스도의 몸을 세우는"(엡 4:12) 일을 맡기셨다. '목사'와 '교사'라는 말은 교회에서 하나님의 말씀을 전하고 가르치는 목회자를 일컫는 말이다. 좋은 목사는 혼자서 사역하지 않는다. 만약 혼자 하려 한다면 목사는 산재한 성도들의 문제를 해결하는 일에 매여서 다른 사역을 제대로 할 수 없게 된다. 목사는 설교를 통해 교회가 예수 그리스도의 제자로 살도록 가르쳐야 한다.

피터 와그너는 "교회가 크든지 작든지, 성장하는 교회의 목사는 평신도에게 동기를 부여하는 방법, 그들이 적극적이고 생산적인 활동에 참여하도록 돕는 조직을 만드는 방법, 그리고 그들이 의미 있게 봉사하도록 돕는 방법을 알고 있다"[45]라고 말하였다. 이것이 바른 방향임을 알지만, 많은 설교자들은 평신도 사역을 늘리고자 할 때 부담감과 장애 요소로 좌절하여 결국 평신도들이 해야 할 사역의 몫을 자신의 것이라고 생각한다. 그러나 그렇지 않다. 제자훈련 설교는 성도들을 사역에 동참하게 하며, 설교자는 '기도와 말씀 사역'(행 6:4)에 전무할 수 있게 하는 것이다. 그러기 위해 설교자는 바른 가르침으로 성도들을 온전한 제자로 양육하여 봉사의 직무를 담당하게 하는 큰 그림 속에서 제자훈련 설교를 해야 한다.

제자훈련 설교와 성경 주석, 해석 그리고 적용

좋은 설교를 하려면 정확한 성경 해석이 뒷받침 되어야 한다. 앞서 설교자의 자세에 대한 내용들을 이미 살펴보았다. 여기서는 설교를 위한 성경 해석에 대해 생각해 보도록 하자. 제자훈련 설교자는 주석과 해석을 통해 진리가 성도들의 삶 속에 올바르게 적용되도록 해야 한다.

주석의 단계에서 성경의 저자가 전달하고자 의도한 원래 의미를 파악하고, 해석의 단계에서는 하나님께서 설교자와 성도들에게 바라시는 반응을 찾는다. 그리고 발견된 진리를 구체적으로 현실화하여 적용하는 것이다. 이 단계를 거친 설교를 통해 성도들은 성경을 배우고 이해하며 성실하게 순종하여 말씀을 자신의 삶 속에 적용할 수 있다. 설교의 시작은 주석의 단계에서 결정된다. 주석은 하나님의 말씀을 정확하게 이해하고 해석하려고 시도하는 과정이다. 이 단계는 먼저 문법적, 역사적 관점에서 본문을 보면서 본문이 말하는 원래의 의미가 무엇인지를 파악하는 시간이다. 이렇게 할 때 순수한 하나님의 말씀이 그대로 전해지게 될 것이다. 물론 구속사라는 큰 틀 속에서 본문을 볼 수 있어야 한다.

주석의 단계는 단어 연구(lexical study), 통사론적 연구(syntactical study), 종합(synthesis), 개요(outline) 등이다. 단어 연구는 본문 속에 나타난 단어들의 정확한 뜻을 파악하는 것이다. 통사론적 연구는 본문의 문장 구조와 용어들 사이의 관계성, 문학적인 면 등을 살펴보는 것이다. 통사론적 연구에서는 주제를 파악하고 해당 단락들의 모든 문장의 절과 구의 관계성, 예를 들면 종속적인 관계인지, 대등한 관계인지 등을 살펴보고 단락과 단락 간의 관계들도 파악해야 한다.[46] 그리고 나서 종합 과정을 거치는데, 종합 과정에서는 이미 파악한 문장구조와 관련성들에 근거해서 본문을 이해할 수 있도록 본문을 현대말로 바꿔 보고 전체적으로 큰 그림을 그려 본다. 그런 다음 여기서 얻어진 자료들을 토대로 설교를 전개하기 위한 말로 표현하고 조직화하고 형식화해가면 된다.[47]

주석의 과정이 끝나면 해석의 과정으로 넘어간다. 해석의 과정은 성경 시대의 말씀을 정확히 분석한 것을 토대로 현시대 청중들에게 재해석해 주는 과정이다. 그렇기 때문에 청중의 상황들을 잘 파악하고 이해하고 있어야 한다.[48] 주석은 본문을 정확하게 보게 하지만, 그 자체만으로는 무미건조하며 현시대에 그대로 적용하기가 어렵다. 그러므로 해석의 과정이 중요하다. 주석은 해석보다 폭이 좁고 전문적이며 보통 성경의 원어들을 직접 다루지만, 해석의 과정에서는 번역된 내용들에 설명을 다는 과정이다. 이 두 과정들은 연속적으로 진행해야 하며, 모든 해석은 주석에 근거해야 한다. 정확한 주석과 해석이 있을 때 우리는 바르게 하나님의 말씀을 전할 수 있게 된다.[49] 해석은 절대 주석을 떠나 독립적으로 존재하지 못한다.

해석 단계에서 적용 단계로 넘어가는 것은 마치 강의를 설교로 바꾸는 것과도 같다. 설교는 정확한 주석에서 시작하여 해석 과정을 거친 뒤 성도들에게 실질적이고도 생명력 있게 전달되어야 한다. 이렇게 될 때 전파된 말씀은 성도들의 삶 속에서 보다 깊게 적용될 것이다.

패커는 "설교는 성령에 의해서 진행되는 것이기 때문에 지도자는 말씀의 능력이 사람을 변화시킨다는 확신을 가지고 설교해야 하며, 말씀을 삶에 적용하는 데 실패하였다면 그 설교는 실패한 것이다"[50]라고 말하였다. 만일 주석과 해석의 과정을 정확하게 거쳤다면, 적용은 자연스럽게 일어날 것이다. 제자훈련 설교는 성령의 감동에 따라 해석과 적용에 초점을 맞춰 연구한 말씀을 생명력 있고 능력 있게 전달해야 한다.

04
제자훈련 설교의 교과서, 바울서신

제자훈련 설교에 대해 연구하면서 바울의 설교를 빼놓고 넘어갈 수는 없다. 왜냐하면 바울의 설교는 제자훈련 설교가 가져야 할 내용과 방법 등을 모두 담고 있으며, 제자훈련 설교의 좋은 모델이기 때문이다. 바울은 그리스도를 전파하는 일에 자신의 전 생애를 바쳤다(롬 1:18, 15:4; 고전 1:23, 2:2, 2:10, 10:11, 17:1; 고후 4:5; 엡 3:5; 살후 3:14; 딤전 1:5). 성경으로 남아 있는 바울의 서신들은 신학문서의 차원을 뛰어넘어 실제적인 상황들을 그 시대 사람들에게 전했던 설교이다. 그의 서신서는 분명 성도들에게 교훈을 전하기 위해 준비

된 강해설교였다.[51]

　바울의 설교 속에는 앞서 살펴본 설교의 요소들이 모두 포함되어 나타난다. 그의 설교는 케리그마, 마르투리온, 디다케, 유앙겔리온으로 구성되어 있다. 바울이 한 설교의 목적은 회당에 모인 청중들에게 예수님이 그리스도라는 것을 증명하며, 그들을 복음으로 설득시키고, 하나님을 높이기 위한 것이었다.[52] 바울은 그리스도의 복음을 전하는 데 온 힘을 다했으며 자신의 생을 모두 바쳤다. 바울 설교의 핵심은 믿음이다. 파이퍼는 바울의 설교에 대해 다음과 같이 말하였다. "신약성경에 나온 설교의 목적은 믿음이며, 믿음은 하나님께서 요구하시는 가장 중요한 언약의 조건이다. 믿음은 우리를 낮추고 하나님을 더욱 더 높인다. 다시 말해 바울은 믿음을 설교의 목표와 거의 동일선상에 두고 있다."[53]

　참된 믿음은 사람을 변화시킨다. 바울은 하나님이신 예수 그리스도의 죽으심을 증거하면서 이 메시지가 사람을 변화시키는 하나님의 능력임을 알았다. 하나님께서는 참된 성도들을 재창조하기를 원하신다. "하나님의 지혜에 있어서는, 이 세상이 자기 지혜로 하나님을 알지 못하는 고로 하나님께서 전도의 미련한 것으로 믿는 자들을 구원하시기를 기뻐하셨도다"(고전 1 : 20).

　예수 그리스도의 십자가에 담긴 죄인들을 향한 사랑은 오직 믿음으로만 깨달을 수 있다. 바울은 그의 메시지와 설교가 "지혜의 권하는 말로 하지 않고 다만 성령의 나타남과 능력으로 하여 청중들의 믿음이 사람의 지혜에 있지 않고 다만 하나님의 능력에 있게" 하고자 하였다(고전 2:4). 이처럼 바울 설교의 중심 메시지는 믿음으로 말미암는 의(롬 1:17, 4:5, 5:1, 10:10; 갈 2:16, 3:6)였다. 마운스는 이렇게 말하였다. "케리그마의 신학적 발전과 관련하여 바울이 기여한 가장 두드러지는 공헌은 '믿음으로 말미암는 의'라는 용어로 구원의 문제를 풀어낸 일이다."[54] 우리는 예수 그리스도를 믿는 믿음으로 의롭게 여김을 받는다. 십자가를 통해서 오신 하나님을 믿는다는 것은 죄인인 우리가 하나님으로 인해 의인의 칭호를 얻었다는 것을 인정하는 것이다.

유대인과 이방인을 향한 설교

사도행전 13장에서 바울은 안디옥에 있는 디아스포라 유대인들에게 예수님을 죽인 유대인과 청중들을 구별하면서 기독론의 케리그마를 선포한다(27~31절).[55] 그는 구원의 선포(38절)와 복음에 귀 기울이지 않는 사람들에게 경고(41절)하면서 설교를 마무리한다(38절). 그러나 유대인들이 바울의 메시지를 거부하자(45절) 바울은 이방인들에게로 돌아서게 되었다.[56]

바울은 율법을 행함으로 의롭다 함을 얻을 수 없다고 선언하였다. 그리고 율법의 기능은 죄의 모양과 특징을 정하는 것이며, 율법은 죄가 무엇인지를 알고, 죄를 깨닫게 하려는 것이라고 하였다(롬 3:20). 따라서 율법의 목적은 공로를 쌓아 구원의 가능성을 키워가는 것이 아니라, 구원의 필요성을 깨닫고 믿음으로 구원을 찾아가는 것이다.[57]

바울은 비시디아 안디옥에서 유대인들에게서 돌이켜 이방인들에게로 간다고 강한 어조로 말하였다(행 13:46, 47). 이방인들은 바울의 설교를 듣고 기뻐하며, 주님의 말씀을 찬송하기 시작하였다(행 13:48). 바울은 이방인들에게 설교하면서 하나님 앞에 회개할 것과 예수 그리스도에 대한 믿음을 강조하였다.[58] 포드는 "우리도 믿는 고로 또한 말하노라"(고후 4:13)고 한 바울의 말을 언급하면서 설교와 믿음은 밀접한 관계라고 하였다.[59] 즉 믿음이 설교의 기초가 될 때, 자신이 체험한 그리스도가 설교의 내용으로 표현된다고 하였다.

사도행전은 바울이 이방인들에게 복음을 효과적으로 전파한 몇 가지 실례들을 제시하고 있다. 바울은 사람들이 헛된 일들을 버리고 살아 계신 하나님께로 돌아오게 하기 위해 복음을 전파하였다(행 14:14~18). 바울의 설교는 이방인들이 자연과 역사의 주인이신 하나님을 알지 못한다는 가정을 전제로 하고 있다. 브루스는 "바울은 각기 다른 청중들에게도 한가지로 그들 모두가 하나님의 형상대로 창조된 피조물임을 전하고 있었다"[60]고 말한다.

바울의 제자훈련 설교의 좋은 예는 사도행전 14장 21절에서 찾을 수 있다. 바울과 바나바는 더베에서 복음을 전하고 많은 제자들을 얻었다. 여기서도 마태복음 28장 19절에서 쓰인 마데튜오(matheteuo)라는 단어가 사용되었다. 바울과 바나바는 문자 그대로 세상 끝까지 가서 제자를 삼으라는 예수님의 명령에 순종하였던 것이다.[61]

사도행전 14장 21절에서 관찰되는 유앙겔리자메노이(euangelizamenoi)와 마데튜산테스(matheteusantes)라는 두 단어 사이의 긴장의 변화는, 바울이 더베에 있는 동안 계속적으로 복음을 전파하는 일에 관여했지만, 그의 설교를 통해 개종한 사람들이 제자가 되자 그곳을 떠났다는 사실을 함축적으로 보여 준다.[62] 그리고 그는 "제자들에게 마음을 굳게 하여 믿음에 거하라고 권하면서"(행 14:22) 자신이 돌에 맞은 적이 있는 바로 그 장소로 돌아갔다.

바울은 "우리가 주의 말씀을 전한 각 성으로 다시 가서 형제들이 어떠한가 방문하자"면서 개척한 교회들을 돌아보려고 하였다(행 15:36). 우리는 이 여행을 바울의 두 번째 선교여행이라고 말한다. 그러나 사실상 제자훈련 설교의 관점으로 보자면 첫 번째 여행이었다.[63] 바울은 에베소에 머무는 동안 개종자들을 얻는 데만 애쓴 것이 아니라 교회를 성숙하게 세우고 제자를 훈련하는 일에도 열심을 다하였다(행 20:17~38). 그의 설교는 수고와 눈물(19, 31절), 그리고 하나님과 교회를 향한 깊은 사랑으로 점철된 것이다. 바울은 제자훈련 설교에서 "그들에게 유익한 것은 무엇이나 전하는 것"(20절)을 주저하지 않았다. 바울은 에베소 장로들에게 자신의 본을 따라 제자를 삼는 사역을 계속하라고 당부하였다. 바울은 자신의 사역을 다음과 같이 묘사하였다. "우리가 그를 전파하여 각 사람을 권하고 모든 지혜로 각 사람을 가르침은 각 사람을 그리스도 안에서 완전한 자로 세우려 함이니 이를 위하여 나도 내 속에서 능력으로 역사하시는 이의 역사를 따라 힘을 다하여 수고하노라"(골 1:28, 29). 그는 단순히 말하지 않고 강력하게 설교하였다. 바울은 제자훈련 설교를 통해 강하고 확고하게 사람들을 세웠다.

바울의 설교에는 교훈, 권면, 적용 등과 같은 제자훈련 설교의 특징들이 포함되어 있다. 누가는 바울과 바나바가 제자들의 마음을 굳게 하였다고 진술한다(행 14:22). 신약 성경에서 세 번만 쓰인 복합 동사 에피스테리조(episterizo)는 주어진 사역에서 추가적인 힘을 공급하는 것을 의미한다. 문맥상으로 볼 때 이 사역은 말씀의 선포와 가르침으로 진행되었다(행 14:22, 15:32, 41). 신약 성경에서 자주 등장하는 동사 파라카레오(parakaleo)는 '권면하다' 또는 '강력히 권하다'라는 의미를 가지고 있다. 주님의 말씀을 회중의 필요와 사정들에 맞게 적용하는 일(행 15:35)은 초대 교회 당시 바울의 사역에서 없어서는 안 될 중요한 사역이었다.

바울의 접근방식

바울은 친절한 말과 편안함으로 사람들에게 접근해야 사람들이 더 빨리 변화될 것임을 알고 있었다.[64] 그래서 회중에게 메시지를 전할 때 명령 형식의 외압적 강요를 피하고 호소를 통해 청중들이 깨닫게 되는 것을 더 선호하였다.

콜먼은 "사도행전 15장 36, 41절과 사도행전 20장 2절을 볼 때, 바울이 그들을 거듭 방문한 것은 성도들이 사역을 감당할 수 있도록 한 전형적인 목회적 감독 절차였음을 알 수 있다"[65]고 하였다. 바울은 성도들의 교화를 위해 설교와 가르침으로 교회들을 무장시켰다. 교화(edification)하는 사역에 대한 언급은 바울의 글들에서 여러 번 나온다. 로마서 15장 2절은 "우리 각 사람이 이웃을 기쁘게 하되 선을 이루고 덕을 세우도록(edification) 할지니라"고 말한다. 고린도전서 8장 1절에서 바울은 성도 개인의 삶에 사랑이 나타난다면 그것은 다른 성도들의 믿음과 삶을 세우는 것이어야 한다고 지적하였다. 또한 우리의 말은 상하게 하고 무너뜨리는 말이 아니라 다른 사람들을 세우는 데 사용되어야 한다고 하였다(엡 4:29).

바울 서신들의 전형적 구조는 신학적 교리들을 가르친 후에 실제적 교훈을 제시하는 것으로 이루어져 있다. 그의 목적은 올바른 신앙과 올바른 행위를 길러내고 보존하는 것이다. 이처럼 그는 건전한 기독교 신학과 기독교 윤리를 보존하기 위한 목적으로 설교한다. 우리는 로마서에서 이 구조를 명확하게 볼 수 있다.

여기에서 바울은 믿음으로 말미암는 의에 대한 교리의 설명을 마치고 난 뒤 이어서 실제적 적용에 들어간다.[66] 바울은 윤리적 권면을 통해 교리에 대한 설명을 뒷받침한다. 이 두 가지 강조점은 제자훈련 설교에서 결코 분리될 수 없다. 코엣제는 골로새서의 기록 목적이 "참된 복음과 거짓 교리를 정확히 대조시키면서 교회가 바른 믿음에 굳게 서도록 격려하는 것"[67]이라고 말하였다. 바울은 이에 덧붙여 복음의 윤리적 관계에 대한 실제적 교훈을 전달한다. 예수 그리스도의 복음 아래 있는 사람이라면 그 사람은 자기 안에 신령한 은혜가 역사하고 있는 사람이다(고후 9:14 이하).

코엣제는 고린도전서에 대한 주석을 설명하면서 다음과 같이 말하였다.

"실제적인 교회생활을 다루는 이 편지에서 하나님의 말씀은 우리 인생에서 위대하고 중요한 것이 무엇인지를 설명한다. 뿐만 아니라 우리가 작게 여기는 것들에 대해서도 말해 주고 있다. 개개인의 일상생활은 신앙생활의 일부이다. 우리의 행동, 이웃에 대한 배려, 옷 입는 것 하나하나마다 하나님의 영광이 요구된다. 그리스도의 법은 성도 개개인의 생활 모두를 포함한다."[68]

따라서 성도들은 복음에 합당하게 매일의 삶을 살아야 할 의무가 있다(빌 1:27). 성도들은 세상의 기준에 따라서 살기보다는 성령의 능력을 힘입어 심령이 새롭게 되어 하나님의 뜻에 부합하는 삶을 살아야 한다.

03

신약에서 보는 제자훈련 설교

"복음서 기자들은 한결같이 진짜 삶을 터치하는 명설교가이신 예수님의 설교들을 보도하였다. 그들은 논밭과 장터, 잔칫집과 상가집에서 쓰던 언어 그대로 '그때 거기에' 살던 제자들에게 예수님의 설교를 전수하였다. 그러나 그들은 자기가 섬기는 공동체의 회중, 그 특징, 부르심, 그리고 그들의 시급한 필요에 맞춰 각기 다른 관점에서 중계하였다. 제자훈련 설교는 다양한 접근법과 순발력을 키워 주는 설교 주제이다."

01
마태복음 제자도

    복음서를 기록한 제자들은 청중의 배경이나 그들에게 필요한 부분, 그리고 성령의 인도하심에 따라 각기 다른 관점으로 예수님에 관해 이야기하고 있다. 뿐만 아니라 제자들의 모습에 대해서도 각기 다른 관점에서 기록하고 있는데 그것은 기자가 전하고자 하는 대상인 청중의 관점에서 기술되었다는 것이다.

    마태복음은 유대인 독자들을 위해 기록되었다. 작가의 문체, 어휘, 중심 내용들을 볼 때 유대적 성격이 강하며, 유대인 독자들을 겨냥하고 있음을 알 수 있다. 마태복음은 예수님께서 구약 성경을 성취하기 위해 오신 메시아이심을 증거하고 있다. 마태는 예수님의 말씀을 연대기적으로 기술하지 않고 화제별로 정리하였다.[1] 그것은 가르침의 내용을 담은 다섯 개 기사로 기록되어 있는데 첫째, 무리들에게 강연한 것으로 마태복음 5~7장에 해당되는 산상수훈이다. 둘째, 10장에 나오는, 제자들에게 전도의 사명을 주시는 것이다. 셋째, 14~17장에 나오는 변화산 사건과 그리스도의 수난의 예언이다. 넷째, 기독교 공동체(18장)에 대해 말씀하신다. 다섯째, 예수님은 23~25장에 걸쳐 마지막 때에 관한 일을 말씀하신다.[2] 이러한 연설 형태의 구조를 통해 마태가 각 기사의 결론을 말할 때 반복되는 일정한 형식을 취하고 있음을 알 수 있다(마 7:28, 11:1, 13:53, 19:1, 26:1)[3]. 복음서에는 열다섯 개의 비유가 나오는데, 그 중에 열 개가 마태복음에 있다. 마태는 예수님의 말씀과 예언들을 강조함으로써 예수님이 약속된 메시아요, 선지자임을 설명하고 있다.

또한 부활의 기사를 기록한 후 마태는 권능으로 부활하신 주님께서 전하신 지상명령을 마지막에 기록하고 있다. "내가 너희에게 분부한 모든 것을 가르쳐 지키게 하라"(마 28:20)고 하신 이 명령은 모든 족속으로 제자를 삼으라는 말씀과 같다. 마태는 예수님께서 열한 제자에게 가르치시면서 그들이 순종하기를 기대했듯이, 새로운 공동체의 제자들도 이와 같이 순종하기를 원하면서 특별히 예수님의 지상명령을 기록하였다. 마태는 미래의 제자들이 하나님의 말씀을 순종하며 예수님의 말씀을 계속해서 가르치게 되리라는 기대 속에 이 말씀을 기록한 것이다.

메시아의 출현과 복음의 증거

마태는 예수님이 유대인들의 왕으로 오신 메시아이심을 설명하기 위해 구약의 많은 부분을 인용하고 있다. 마태는 예수님의 수난을 기록하면서 마태복음 27장 37절과 42절에서 예수님이 유대인의 왕이라는 점을 분명하게 주장하고 있다. 마태는 예수님의 선지자로서의 모습을 강조한다. 그는 예수님께서 요나와 세례 요한과 엘리야와 예레미야와 다른 어떤 선지자보다 큰 자라고 밝히신 내용을 세밀하게 기록하였다(마 12:41, 16:13~16). 뿐만 아니라 구약의 선지자들이 그들의 동족에게 고난을 당했고, 예수님도 동족에게 고난당했음을 비교하며 그분이 선지자이심을 증거한다. 또한 마태복음 8장 16, 17절에서는 이사야 53장 4절에 기록된 "그는 실로 우리의 질고를 지고 우리의 슬픔을 당하셨거늘"이란 말씀을 인용하여 예수님께서 모든 질고를 담당하심으로 예언을 성취했음을 설명하였다.

예수님께서는 인류를 구원하시기 위해 십자가에서 죽으셨고 또 부활하셨다. 사도들은 예수님이 하나님의 아들임을 그의 십자가의 죽음과 부활을 통해 증거하였다. 예수님은 부활하셨을 뿐만 아니라 다시 재림하실 분이다. 마태는 이러한 예수님을 증거하기 위해 이미 구약에서 예언된 예수님의 죽으심과 부활을 설명하고 그것의 성취를 기술함으로써 왕이신 예수님을 설명하였다.

마태는 유대인들이 대망하던 메시아가 바로 예수님임을 여러 번 말하면서 특히 예수님의 오심이 구약 성경 예언의 성취라는 점을 반복해서 강조하였다. "예수께서 온 갈릴리에 두루 다니사 저희 회당에서 가르치시며, 천국 복음을 전파하시며, 백성 중에 모든 병과 모든 약한 것을 고치시니 그의 소문이 온 수리아에 퍼진지라 사람들이 모든 앓는 자 곧 각색 병과 고통에 걸린 자, 귀신 들린 자, 간질하는 자, 중풍병자들을 데려오니 저희를 고치시더라 갈릴리와 데가볼리와 예루살렘과 유대와 요단강 건너편에서 허다한 무리가 좇으니라"(마 4:23~25). 여기서 소개되고 있는 예수님의 사역은 가르침, 전파, 치유라는 세 단어로 설명되며 사역의 대상은 유대인들이었다.

또한 마태는 유대인의 생각과 관행들에 대한 예수님과 유대 지도자들, 특히 바리새인 간에 일어난 수많은 갈등들을 기록하였다(마 9:11 이하, 12:1이하, 15:1이하, 16:1이하). 마태는 메시아에 대한 바리새인들의 잘못된 가르침과 진정한 메시아로서의 예수님의 가르침과 행적을 대조하면서 설명하였다.[4]

리델보스는 마태복음의 이러한 특징을 정리하면서 "예수님은 하나님께서 이 땅에 보내시기로 약속하신 메시아요, 왕이며 다윗의 주가 되신다. 하나님 나라의 선포는 이미 구약에 나타난 예언의 성취였으며 예수님은 유대인들이 상상한 왕과는 다른 모습으로 오셨다. 하나님 나라의 왕의 임재를 통해 그분 안에서 구속된 하나님의 나라가 생겨났다"[5]라고 말하였다.

마태복음은 이방인을 향한 선교도 강조하고 있다. 유대의 왕은 유대인과 더불어 자신의 사역을 시작한 반면, 이방인들은 제자들의 증거를 통해 말씀과 사역에 대한 복을 받게 된다. 이방인을 향한 선교는 구약과 예수님의 가르침에서 잘 나타나고 있다. 마태복음에는 보편적인 구원론에 관한 기록이 많이 나타난다(마 5:13, 14, 8:11, 12, 13:24~30, 36~43, 21:43, 24:4~14, 25:31~34, 28:19).

예수님은 마태복음 24장 14절에 기록된 마지막 설교에서 "이 천국 복음이 모든 민족에게 증거되기 위하여 온 세상에 전파되리니"라고 선언하셨다. 마태복음 28장 19, 20절에서는 이방인들이 예수님을 배우고 섬기며 따르게 될 것이라는 말씀을 하셨다. 이 말씀은 유대 전통의 한계를 뛰어넘고 있다. 구약의 예언들을 살펴보면, 이사야 선지자는 이스라엘이 마지막 때에 열방을 향해 증거하게 될 것을 예언했으며(사 42:6, 43:10, 44:8), 이 예언은 사도행전과 서신서들에서 마침내 성취되었다.

제자는 증인이다

마태복음의 제자도는 교회와 선교를 이해하는 데 필요한 핵심요소이다. 제자도에 대한 설명은 마가복음에서 46회, 누가복음에서 37회 언급되고 있는 것에 비해, 마태복음에서는 72회로 가장 많은 설명을 하고 있다. 특히 마태는 산상수훈을 들은 사람들을 제자들이라고 언급하고 있다. 4장 마지막 절에서는 "무리가 따르고 있다"라고 기록하고 있으며, 5장 1절에서는 "제자들이 예수님의 말씀을 들었다"고 표현한다. 16장 24절에서도 예수님의 말씀을 듣는 사람들을 제자라고 표현하고 있다. 마태복음의 제자도는 예수님의 가르침과 연관되어 설명되고 있으며, 마태는 예수님의 가르침을 받는 사람을 제자라고 보고 있다.

마태복음에서 말하고 있는 제자들은 증거자로서의 역할을 담당하고 있다. 누가복음과 비교해 볼 때, 누가는 예수님께서 행하신 모든 일의 증인이며(행 10:39), 특히 부활의 증인들이며(행 1:22) 목격자를 제자라고 한 반면, 마태는 예수님의 말씀을 듣고 깨달은 간접적인 목격자들까지 제자의 범주를 확대해서 이야기하고 있다.[6] 마태는 제자들을, 구약에서 예언된 메시아가 바로 예수님이시며 예수님 안에서 그 예언이 성취되었다는 것을 증거하는 증인들로 보고 있다.

증거의 관점에서 본 제자훈련 설교

제자훈련 설교의 목표가 예수 그리스도를 주로 증거하는 것이기 때문에 증거하는 것은 제자훈련 설교의 핵심이다. 마태복음에서 복음 전파는 예수님의 통치와 다스림을 의미한다. 모든 족속에게 하나님 나라와 복음을 전하는 것이 바로 교회의 사명이다.[7] 그러나 마르투리온은 사실에 대한 증거뿐만 아니라, 사람들이 진리라고 생각하는 것들의 의미에 대한 증거이기도 하다.

예수님께서 명하신 지상명령에는 예수님께서 가르치신 모든 것이 포함되어 있다(마 28:19, 20). 이 가르침에는 복음 전파 이후 예수님을 주로 영접한 사람들을 제자로 키우는 모든 활동이 포함된다. 이 가르침에 대해 리델보스는 예수님의 메시지를 듣고 복음을 영접한 사람이 예수님께 속하였다는 것을 증명하는 방법은 말씀을 따라 순종하며 사는 삶이라고 지적하며, 이러한 삶의 변화가 복음 전파의 최종적인 목표였다고 한다.[8]

마태는 예수님의 말씀을 들어 깨닫고 순종하는 것이 제자의 삶임을 강조하였다(마 12:50, 13:17이하, 15:10, 28:19, 20). 그리고 이 말씀을 제자들이 다시 다른 사람들을 제자 삼는 데 활용하여 그리스도를 닮아가게 하는 제자훈련을 염두에 두고 이 복음서를 기록하였다.[9]

02

마가복음 제자도

마가복음은 "하나님의 아들, 예수 그리스도의 복음의 시작"이라는 말로 시작한다(막 1:1). 이 복음은 하나님의 아들이신 예수님께서 십자가에서 죽으심으로 우리의 죗값을 치르셨다고 하는 소식이다. 이 복음은 왕이신 예수님께서 자기 목숨을 많은 사람의 대속물로 주시기 위해 고난 받는 종이 되셨다(막 10:45)는 메시지를 담고 있다.

마가복음에서는 왕과 인자이신 예수님을 강조해서 설명하고 있다. 마가는 자신의 독자들에게 예수님은 하나님의 형상을 완벽하게 보여 주시는 참 하나님의 아들이라는 사실을 확인시킨다. 그리고 그는 하나님의 아들은 삶을 어떻게 사셨는가 하는 질문에 대해 예수님의 행동과 가르침을 통해 사람으로 오신 예수님을 소개하였다.[10] 예수님께서 보여 주신 인자로서의 모습은 바로 섬기는 종의 모습이었다.

마가복음에서 예수님을 왕과 종으로서 묘사하는 첫 모습은 예수님께서 세례를 받으실 때 하늘에서 난 소리에서부터 시작된다(눅 3:22). "너는 내 사랑하는 아들이라 내가 너를 기뻐하노라." 이 말씀은 구약성경의 각각 다른 두 곳에서 등장하는 말씀이 결합된 것이다. 첫 번째 말씀은 다윗 왕의 시(시편 2:7)에서 볼 수 있다. 이것은 하나님의 메시아적 대리자로서 기름부음을 받은 왕의 신분을 가리킨다. 두 번째 말씀은 이사야서, 42장 1절의 예언적 메시지에서 나온다. 이 본문의 문맥은 하나님의 종의 모습을 묘사하고 있다.[11]

왕이신 예수, 종으로 오신 예수

우리는 마가복음 13장 26절의 "그때에 인자가 구름을 타고 큰 권능과 영광으로 오는 것을 사람들이 보리라"는 말씀 속에서 인자가 권능과 영광 중에 몸소 오실 것에 대한 분명한 예언을 발견한다. 그 인자는 다니엘 7장 13, 14절에서 메시아와 왕으로 묘사된 인물을 나타낸다.[12] 다니엘서는 모든 인류의 심판자인 '인자'라는 명칭을 처음으로 사용한 책이다. 마가는 이 신비스러운 인물이 예수님이라고 설명한다.

예수님은 처음 이 땅에 오실 때 겸손한 모습으로 오셨다. 그러나 두 번째 오실 때는 이 땅의 왕 중 왕이요, 주의 주로서 다스리기 위해 오실 것이다. 인자이신 예수님의 인격과 사역은 사람들이 예수님이 누구신지, 그리고 메시아가 누구신지에 대한 바른 이해를 갖게 해준다(막 2:10, 2:28, 9:9). 마가는 예수님을 왕 되심을 거절하고, 고난 받고, 죽으시고, 부활함으로써 인정된 인자의 모습으로 재해석한다(막 8:31, 9:31, 10:33, 34).

예수님은 마가복음 1장 15절에서 하나님 나라에 대한 선포로 말씀을 시작하면서 자신이 영원한 왕임을 나타내셨다. 마가복음에서 '인자'라는 표현은 종말론적 인물을 가리킨다. 이 인자는 원수를 물리치고 최후 승리를 얻을 종말론적 구원자로 지칭된다. 이 명칭은 인자가 사탄의 세력을 멸하는 자임을 의미한다. 이 점은 새로운 메시아 왕국의 가장 중요한 요소들 가운데 하나이다. 예수님 당시 메시아에 대한 일반적 기대는 메시아 왕국의 도래와 그의 모습에 대한 기대와 관련이 있었다.

인자와 고난 받는 종은 일종의 동의어이다.[13] 마가복음 1장 11절에서 예수님은 세례 받으실 때 메시아적인 소명이 나타난다. 이 구절은 위에서 언급했듯이 왕이신 하나님의 아들과 고난 받는 종으로서의 모습을 연결하고 있다. 고난 받는 종으로서의 모습은 그 당시뿐만 아니라 예수님을 믿는 모든 세대를 향한 메시지이다.[14] 예수님께서 지신 십자가는 예수님만을 위한 십자가가 아니라 예수님을 따르는 공동체에도 요구되는 십자가이다(막 8:34~38). 그러므로 교회는 예수님의 고난의 모습 속에서 제자도를 배워야 한다.

마가복음의 중심 메시지는 왕이신 예수님께서 기꺼이 종의 역할을 감당하셨다는 것이다. 예수님은 미래의 영광 중에 산 자들과 죽은 자들을 심판하려고 심판의 보좌에 오실 우주의 왕이시다(막 8:38; 마 25:31). 예수님은 "하나님의 나라에서 큰 자는 섬기는 자"라고 설명하시면서 묵묵히 멸시와 천대를 견뎌 내셨고 마침내 승리하셨던 것이다. 예수님께서 가신 이 길은 여전히 제자들이 걸어가야 할 길이기도 하다.

제자는 하나님의 주권에 복종하며 적극적으로 그분의 말씀을 순종하는 사람을 가리키며, 십자가를 진다는 것 역시 하나님께 대한 복종과 순종을 의미한다. 마가복음 8장 34절에서 "무리와 제자들을 불러 이르시되 아무든지 나를 따라 오려거든 자기를 부인하고 자기 십자가를 지고 나를 좇을 것이니라"고 하신 말씀은 장차 예수님을 따를 미래의 제자들에게도 해당되는 말씀이다.

예수님의 뒤를 따른다는 것은 자기 의지를 부인하며 주님의 뜻을 좇아 믿음으로 예수님을 따르는 것을 의미한다. 이것이 바로 하나님의 말씀에 대한 순종이다. 하나님을 향한 복종은 고난을 통해 배우게 된다. 이 고난은 제자의 마음속에 종으로서 섬기신 예수님의 정신을 자라게 한다.

섬김의 모델

마가는 섬김의 완전한 모델이신 예수님에 대해 기록하고 있다. 누가 가장 큰 자인가를 놓고 논쟁하는 야고보와 요한의 이야기에서 큰

자가 되려고 하는 제자들의 야망을 이야기하면서(막 9:33~37), 마가는 늘 끊임없이 예수님의 말씀을 오해하는 제자들의 성향을 기록하고 있다. 마가가 이러한 제자들의 성향을 강조하는 이유는 예수님의 사역의 비밀이 섬김에 있다는 것을 보여 주기 위해서이다(막 4:13, 40하, 6:50이하, 7:18, 8:16이하).

이처럼 제자들은 십자가를 향하는 예수님의 동기를 오해하였다. 예수님은 몸소 종의 형체를 지니기 위해 왕의 영광을 포기하셨고 그 섬김의 모습을 통해 제자들은 제자도의 본질이 종의 도임을 깨닫게 되었다.[15] 종의 도가 갖는 특징은 마가복음 10장 45절에 잘 나타난다. 예수님은 자기 목숨을 "많은 사람들을 위한 대속물"로 주심으로써 섬김을 완성하셨다. 우리가 종의 마음을 가질 수 있는 것은 예수님께서 우리를 대속하여 십자가에 달려 죽음으로써 종의 마음을 보여 주셨기 때문이다.

마가는 예수님께서 속죄의 종이 되신 것처럼 참된 제자도는 자기를 부인하는 종의 도를 수반한다는 것을 보여 준다. 그러나 우리는 교만과 자기중심적인 태도로 인해 예수님께서 보여 주신 종의 도를 온전히 이해하지 못하고 있다. 마가복음에서 말하는 제자의 길은 세상적인 방법과 다르다. 사람들은 예수님을 통해서 영광을 얻으려고 하지만, 마가는 그 영광을 얻는 방법이 십자가의 고난을 통해서 가능하다는 것을 알려 준다. 예수님을 따르는 것은 자기를 부인하고 십자가를 지는 것이다. 그리스도의 제자들은 하나님과 다른 사람을 섬기기 위해 부르심을 받았으며 그 섬김을 통해서 그리스도를 닮아가는 것이다.

두 관점에서 본 제자훈련 설교

설교자는 마가복음에서 제시하고 있는 섬기는 제자도의 모습을 가르쳐야 한다. 성도들에게 하나님의 나라에서는 섬기는 자가 큰 자라는 하나님의 말씀을 가르쳐야 한다. 그러기 위해 설교자는 먼저 자신의 삶을 통해 섬기는 자의 모습을 보여야 하며, 설교를 통해 바른 제자의 삶을 가르쳐야 한다. 설교자는 늘 자신을 하나님 앞에 낮춤으로 섬김의 본을 보여야 한다.

제자훈련 설교를 통해 설교자는 성도들이 하나님의 관점에서 생각하며, 종의 도를 통해 고난과 십자가의 길에 참여하도록 가르쳐야 한다.[16] 그러나 마가가 지적하는 것처럼 처음부터 십자가의 비밀과 성도들이 견뎌내야 할 고난을 알 수 있는 것은 아니다. 그렇다 하더라도 우리는 도전해야 한다. 예수님께서 먼저 영광스러운 십자가의 길을 가셨기 때문에 우리도 기꺼이 그 길을 가야 한다. 설교자가 먼저 모범적인 삶의 모습을 보이며, 성도들에게는 예수 그리스도와 연합하여 고난의 길을 따르는 데 필요한 용기를 줄 때 그들은 종의 도를 배우게 되며 하나님의 뜻을 위해 살도록 훈련될 것이다(벧전 4:1, 2).

03
누가복음 제자도

   누가는 이방인 제자 공동체의 관점에서 복음서를 기록하며 이방인들에게 해당되는 문제를 많이 다루었다. 누가복음은 예수님의 주 되심에(kyrios, 퀴리오스) 초점을 맞추고 있다. 누가는 예수님께 '주'라는 명칭을 사용하였다.[17] 예수님이 나의 삶의 주인이심을 고백하며 온전하게 행하는 것은 제자도의 본질이라고 누가는 말한다. 그리스도인의 온전함은 예수님의 주인 되심을 고백하는 삶을 통해서 나타나기 때문이다.[18] 예수님께 나와서 치료 받고 가르침을 받았던 많은 사람들은 예수님께 자신을 헌신하는 의미로 예수님을 자신의 주님이라고 고백하였다.[19]

누가복음의 또 하나의 특징은 잃어버린 자에 대한 연민이었다. 이 연민은 죄에 대한 연민이 아니라, 죄인에 대한 연민이다.[20] 예수님은 가난하고 불쌍한 자들을 위해 그들의 제사장으로 오셔서 그들을 도우셨다. 가난한 자들을 돕고 죄인들에게 큰 관심을 나타내신 것을 누가는 세밀하게 기록하였다. 예수님께서 가르치시고 치유하시고 긍휼을 행하신 일 자체가 복된 소식이었다.

예수님은 "인자는 잃어버린 자들을 찾아 구원하려고 왔다"고 말씀하셨는데, 이것은 예수님 사역의 핵심이기도 하다. 누가는 하나님의 구원이 가난한 자와 궁핍한 자들을 위한 구원임을 말하면서 그것은 하나님의 무한하신 자비 때문에 가능하다고 설명하고 있다.[21] 그리고 더 나아가 누가는 교회가 가난하고, 굶주리고, 애통하고, 눌린 자에게 깊은 관심을 갖고 바라보도록 호소하고 있다. 누가는 독자들이 주님께서 가지셨던 긍휼과 연민을 동일하게 품은 제자가 되기를 바랐던 것이다.

히브리서에서는 예수님을 대제사장으로 설명하면서 누가복음에 나타난 이 주제를 더 깊이 설명하고 있다(히 4:15, 6:20). 예수님은 자기 몸을 제물로 드림으로써 영원한 제사장이 되셨으며(히 7:24, 27) 하나님의 보좌 우편에 앉아서 하나님과 사람들의 중보자가 되셨다(히 8:1, 6). 누가는 아담의 후손으로 이어지는 예수님의 계보를 통해 예수님의 메시아적 대제사장직, 즉 하나님 앞에서는 인간을, 인간들에게는 하나님을 대표하는 완전한 대제사장이심을 증명하였다(눅 3:32~38).

대제사장은 인간에게는 하나님을 대표하기 위해 완전한 삶을 살아야 하며, 하나님 앞에서는 인간을 대표하기 위해 죄가 없는 완전한 인간이 되어야 한다. 누가는 예수님의 제사장직을 특징짓는 결정적인 요소로 고통당하는 인간을 향한 예수님의 연민과 사랑이라고 정의하고 있다. 예수님은 심령이 상한 자들에 대한 깊은 관심과 염려와 긍휼을 가지셨다.

예수님은 자기에게 나아오는 모든 사람들에게 안수하시고 치료해주셨다(눅 4:40). 예수님은 나인성 과부의 외아들과 회당장 야이로의 외동딸과 같이 곤경에 처한 모든 사람들에게 긍휼을 베푸셨다(눅 7:12). 대제사장이신 예수님은 누가복음 7장 36~50절에 등장하는 부도덕한 여인을 외면하지 않으셨으며, 비윤리적인 삭개오의 친구가 되어주셨다.

십자가, 제자도 입문

누가는 제자들이 치러야 할 대가에 대해 다른 신약 성경의 저자들보다 더 많이 강조하고 있다.[22] 전적인 헌신은 순간적인 열정에서 나오는 것이 아니다. 순간적인 열정은 뿌리 없이 싹을 내는 씨앗과도 같다(눅 8:13). 오히려 그의 제자가 되려면 대가에 대한 신중한 고민이 필요하다(눅 14:28~32). 이 대가에는 제자도에 입문하기 위해 십자가를 지고, 심지어 자기 가족과 생명까지도 포기해야 하는 불가능한 요구들이 포함되어 있다(눅 14:26, 27). 이러한 요구들이 갖는 분명한 메시지는 제자도에 대한 요구가 존재의 가장 깊은 단계들에까지 적용된다는 점이다. 누가는 예수님을 따르는 것은 모든 것을 버리는 것이라는 적극적인 의미로 본다. 누가복음 16장 13절에서 '미워한다'는 말은 모든 것, 심지어 자기 존재 자체를 미워하는 것까지도 예수님께 대한 헌신에 포함해야 한다는 것을 의미한다(막 14:26). 제자가 되려고 하는 사람은 예수님을 오직 한 분이신 하나님과 주로 고백하며 그분께 충성을 바침으로써 제자의 삶으로 들어가야 한다. 그리고 그러한 충성에 방해되는 것은 무엇이든지 끊어 버려야 한다.[23] 예수님을 따르라는 부르심에 응답하는 것은 결코 가벼운 결정이거나 일시적인 헌신이 아니다. 예수님을 따른다는 것은 자신의 삶을 스승이신 예수님과 그분의 길에 맡기는 것이다. 누가는 이 소명을 이 세상 삶에 안주하려는 유혹과 대조시켜 특별히 강조하였다.

누가는 제자의 삶에 대해서 자기 십자가를 지고 살아야 할 것을 강조하면서 특별히 매일의 삶 속에서 실현되어야 할 제자도를 설명하고 있다. 자기 십자가를 져야 하는 제자의 삶은 마가복음 8장 34절과 누가복음 9장 23절에 나타난다. 그러나 누가복음에는 '날마다'라는 말씀이 포함되어 있다. 뿐만 아니라 제자는 주님의 능력과 도우심을 간구해야 하는데, 누가는 이 간구 역시 매일 삶에서 이뤄나가야 한다는 것을 강조하고 있다(눅 11:3, 마 6:11 비교).

누가복음에도 마태복음이나 마가복음에서처럼 씨 뿌리는 비유가 나온다. 누가는 특별히 인내를 강조하고 있다. "좋은 땅에 있다는 것은 착하고 좋은 마음으로 말씀을 듣고 지키어 인내로 결실하는 자니라"(눅 8:15). 좋은 땅의 씨앗은 인내로 결실하는 자를 말한다.[24]

제사장적 헌신의 관점에서 본 제자훈련 설교

누가복음에는 기도에 관한 예수님의 말씀이 나타난다(눅 11:1~13). 예수님은 사역하시는 동안 많은 시간을 기도하는 일로 보내셨다(눅 3:21, 4:42, 5:16, 6:12, 9:28, 11:1, 22:39~44). 예수님은 대제사장으로서 자신과 제자들을 위해 기도하셨다. 예수님은 제자들에게 끈기 있는 기도에 대한 교훈을 가르치면서(눅 18:1~8) 하나님을 섬기고 하나님의 뜻대로 사는 동안 힘의 원천이 되는 것은 바로 기도라는 사실을 알려 주셨다.

누가복음에서 제시하는 모델에 근거해서 볼 때, 제자훈련 설교는 성도들의 마음을 온전히 주님께로 드리도록 격려하는 것이다. 제자도는 개종하는 그 순간에 저절로 얻어지는 것이 아니라 개종 이후에 따르게 될 삶이다. 그러나 우리는 자꾸만 우리 마음을 주님으로부터 멀어지게 하는 일들을 만나게 된다. 이러한 방해 요소들은 예수님과 연합하는 것을 막으며 그 대신 세상의 것들과 연합하게 만든다.

제자훈련 설교는 이러한 사람들의 시선을 주님께 고정시키게 하는 것이다. 우리를 제자로 부르신 예수님은 우리가 완전하게 예수님의 형상을 나타내도록 우리의 삶을 그분의 손에 의탁하길 원하신다. 제자들은 모든 사람에게 연민을 가지고 사랑하고, 돌보고, 섬기시는 예수님을 궁극적인 대제사장으로 믿고 따라야 한다.

　신약 성경은 교회를 '거룩한 제사장'이요 '왕 같은 제사장'이라고 하는 제사장 공동체로 묘사하였다. 이 안에서 모든 하나님의 사람들은 똑같은 '제사장들'이다. '만인 제사장'이라는 이 사실 때문에 제자들은 자기 몸을 "하나님께서 받으실 만한 거룩한 산 제사"로 영적 예배를 드려야 할 뿐 아니라(롬 12:1), 바울과 같이 "이방인을 위하여 그리스도 예수의 일꾼이 되어 하나님의 복음의 제사장 직무를 하게 하사 이방인을 제물로 드리는 그것이 성령 안에서 거룩하게 되어 받으심직하게 하는" 전도의 제물로 자신을 드려야 한다(롬 15:16).

　제자들은 자신들이 누렸던 모든 것을 희생하고 내어 줌으로써 자기를 부인하고 상실과 절망에 처한 세상의 필요를 채워 주어야 한다(눅 9:23). 많은 사람들이 헌신하지만 그들의 헌신은 강한 의지와 자제력에서 생기는 자기 열심이지 그리스도 중심적인 헌신이 아닌 경우가 많다(눅 9:57~62). 자기 열심만으로는 절대 그리스도께 헌신할 수 없다. 자아와 세상에 속한 모든 것을 버리는 전폭적인 헌신이 있어야 한다. 제자훈련 설교는 성도들이 전폭적인 헌신 가운데서 자기 몸을 하나님께 거룩한 산 제사로 드리고 전도에 참여하도록 돕는 것이다.

04
요한복음 제자도

요한은 요한복음에서 하나님의 사랑에 대해서 설명하고 있는데, 그 사랑은 예수 그리스도를 통한 하나님과 사람 사이의 중보였다. 요한은 이 복음서를 기록한 목적에 대해 "예수님께서 그리스도이며, 하나님의 아들인 것과 예수님의 이름 안에서 생명을 얻을 수 있다는 진리를 믿게 하는 것"이라고 말하였다(요 20:31).

요한은 그리스도를 따르는 사람의 관점에서 복음서를 기록하고 있다. 그는 공관복음서들의 저자들이 기록한 내용을 인정하면서 오직 예수 그리스도를 가까이서 알고 지내던 사람만이 알 수 있는 정보들을 첨가하였다. 요한은 자신이 예수님을 그리스도요, 살아 계신 하나님의 아들로 믿고 확신하는 것처럼 독자들도 그러한 확신을 갖기를 원하는 마음에서 이 복음서를 기술하였다.

요한복음은 팔레스타인과 헬라어를 사용하는 흩어진 디아스포라 유대인들을 대상으로 교회가 하는 사역을 돕기 위해 쓰였다.[25] 요한은 기독교의 진리를 처음 접하는 사람도 이해할 수 있고 흥미를 가질 수 있을 뿐 아니라, 접근하기 쉽도록 기록하면서도 심오한 영적, 철학적, 신학적 깊이를 담고 있는 탁월한 명료성으로 복음서를 기록하였다.

새 생명의 주제

요한복음의 주제와 취지는 "너희로 예수께서 하나님의 아들 그리스도이심을 믿게 하려 함이요 또 너희로 믿고 그 이름을 힘입어 생명을 얻게 하려는 것"이다(요 20:31). 여기서 '믿다' 라는 동사는 절대적으로 영생의 조건에만 사용된다. 믿음의 대상은 예수 그리스도이며, 예수님의 가르침을 진실로 믿는 확신까지를 포함한다(요 3:12 참조). 따라서 믿음과 불신은 예수 그리스도의 자기 계시에 대한 사람들의 반응이다. 믿음은 예수 그리스도의 성품을 닮아가며 성장하지만, 불신은 그리스도께 점점 적대적이 된다. 불신의 최고조는 예수님을 십자가에 못 박음으로써 나타났지만, 믿음은 부활에서 그 정당성이 입증되었다. 사람들은 믿음을 통해 그리스도 안에 있는 새 생명으로 나아오게 된다. 예수님은 "믿는 자는 영생을 가졌나니"(요 6:47)라고 말씀하셨다. 또한 예수님은 자신을 생명의 떡이라고(요 6:35, 48) 하셨다. 예수님은 공관복음에서(마 26:26; 막 14:22; 눅 22:19) 떡(artos)이라는 말을 성찬식에서 자신의 몸을 상징하는 말로 사용하셨다. 예수님은 육신의 양식인 떡 덩어리나 물고기를 찾는 자들에게 자신의 몸을 내어 주셨다(요 6:24, 26).

예수님이 생명의 떡인 두 가지 이유는 다음과 같다. 그는 그 자체가 생명, 즉 살아 있는 떡(51절)이며, 또한 다른 사람에게 생명을 주시는 분이기 때문에 생명의 떡이다.[26] 영원한 생명(zoe)은 그리스도이시다. 그분은 "세상의 생명을 위해"(요 6:51) 자신을 내어 주셨다. 여기서 예수님은 그 갈릴리 사람들에게 영생을 위해 자신이 대속의 죽음을 담당해야 한다는 것을 가르치셨다. 이 생명은 요한복음의 핵심적인 개념이며 요한의 중심 메시지이다. 조에(zoe), 즉 "영생이란 말은 아버지 하나님과 그리스도와 함께 복되고 지속적인 교제를 나누는 상태를 의미하는 전문 용어"라고 말하였다.

요한은 여섯 번에 걸쳐 예수님을 "나는 ○○다(ego eimi)"라는 자기 선언의 관점에서 기록하고 있으며, 그 자기 선언 중 다섯 번은 '생명'을 주제로 해서 말한 것이다. "나는 생명의 떡이다"(요 6:35), "나는 세상의 빛이니 나를 따르는 자는 어두움에 다니지 아니하고 생명의 빛을 얻으리라"(요 8:12). "내가 온 것은 양으로 생명을 얻게 하고 더 풍성히 얻게 하려는 것이라 나는 선한 목자라"(요 10:10하). "나는 부활이요 생명이니"(요 11:25). "나는 길이요, 진리요, 생명이니"(요 14:6).[27] 요한복음에서 가장 큰 관심은 영생을 얻는 것이다. 이 영생은 예수님을 영접하고 믿는 자에게 나타난다(요 3:16).

내가 네 안에, 네가 내 안에

요한은 서두에서 예수님을 말씀(logos)으로 그리고 있다. 요한은 하나님께서 말씀을 보내셨을 때, 이 말씀 안에서 이전에 하나님께서 행하셨던 모든 자기 계시의 방법들이 요약되고 초월되었다고 말한다. 이것을 요한은 "말씀이 육신이 되어 우리 가운데 거하시매 우리가 그 영광을 보니… 은혜와 진리가 충만하더라"(요 1:14)고 표현하였다.[28] 예수님 안에서 하나님의 영광이 세상으로 내려오셨다.

요한의 언어를 빌리자면, 이 영원한 말씀(logos)이 이제 육체가 되었다. 하나님의 아들이신 말씀이 영원 전부터 하나님 아버지와 완전한 일치 속에 존재해 왔으며, 그 안에 생명이 있었다(요 1:4). 태초부터 하나님의 창조의 발화로서 빛과 생명을 주신 말씀이 예수 그리스도 안에서 살과 피가 되어 우리 가운데 거하셨다. 이것은 하나님 아들의 성육신을 말한다. 그리고 하나님의 사랑(agapao)을 말한다. 즉 하나님께서 인류를 향한 자기 사랑을 아들의 성육신을 통해 나타내셨다.

하나님의 사랑은 요한복음 3장 16절에서 확증된다. "하나님이 세상을 이처럼 사랑하사 독생자를 주셨으니 이는 저를 믿는 자마다 멸망치 않고 영생을 얻게 하려 하심이니라." 능동형 직설법인 아가파오(agapao)는 복음서에서 가장 숭고한 사랑을 지시하는 말로서 자주 등장하는 중요한 단어이며, 인류를 향한 하나님의 사랑을 표현하는 말

로 자주 사용된다(요 14:23, 17:23; 요일 3:1, 4:10).[29]

요한복음 21장 15절에서 요한은 아가페와 필레오의 차이를 설명하고 있다. 필레오는 다정다감한 애정과 마음속에 간직하고 있는 온화하고 깊은 감정으로 표현되는 사랑을 의미한다. 그것은 사람의 마음속에 사모하는 존재로 가까이 자리 잡은, 사람을 향한 깊고 소중한 사랑이다. 반면에 아가페는 정신적, 이성적, 의지적 사랑이다. 이 사랑은 선택에 의해서 생겨나는 것이다. 즉 감정과는 상관없이 단지 사랑하기로 선택하는 것이다. 이 사랑은 심지어 원수를 위해서도 기꺼이 죽을 수 있는 희생적 사랑이다.

하나님의 사랑은 믿는 자들이 영생을 얻게 하기 위해 자신의 독생자를 내어 주시는 일로 나타났다. 이 사랑은 인간의 사랑으로 절대 이해할 수 없는 하나님의 사랑이다. 그래서 하나님께서 예수 그리스도를 통해 우리에게 알려 주시지 않았다면 이 세상의 지식으로는 절대 이해할 수 없는 그런 사랑이다. 하나님께서는 사랑 받을 만한 어떤 공로나 업적도 요구하지 않는 가장 완전하고 조건 없는 사랑을 우리에게 주셨다. 우리가 주님을 사랑하는 것은 그저 그분께서 베푸신 사랑에 대한 작은 반응에 지나지 않는다.

요한복음에서 그려지는 예수님은 그리스도인의 삶에서 가장 중요한 기초가 되는 것이 무엇인지에 대한 비밀을 보여 준다. 다른 모든 것들은 여기서 파생된다. "네가 내 안에, 내가 네 안에 거하리라." 요한복음 15장 후반부에서 우리는 어떻게 이 세상 속에서 우리의 사랑이 그리스도인의 삶으로 실천되어야 하는지를 배우게 된다.

예수님은 어떤 특정한 내적 변화가 그리스도의 사랑의 열매를 맺는 삶을 살도록 한다는 점을 분명하게 말씀하신다. 예수님께서 우리에게 사랑하라고 명령하실 때, 그 명령은 우리의 감정적 차원이 아닌 결단의 차원에 대한 명령이다. 아가페의 사랑은 다른 사람의 유익을 위해 행동하고자 하는 결단이다. 제자의 사랑은 하나님의 사랑을 닮는 데까지 성숙해가도록 계속해서 계발돼야 한다.

진리를 아는 지식

우리는 요한복음 8장 31, 32절에서 제자도의 완벽한 그림을 볼 수 있다. "그러므로 예수께서 자기를 믿은 유대인들에게 이르시되 너희가 내 말에 거하면 참 내 제자가 되고 진리를 알지니 진리가 너희를 자유케 하리라." 바클레이는 이 구절들에서 제자도에 관한 다음과 같은 지침을 밝혀냈다. 첫째, 제자도는 믿음으로 시작한다. 이 시작은 예수님의 말씀을 진리로 받아들이는 순간이다. 둘째, 제자도는 예수님의 말씀 안에 꾸준히 거하는 것을 의미하며 그것은 네 가지 요소(말씀을 듣는 것, 배우는 것, 진리 가운데로 들어가는 것 그리고 순종하는 것)를 포함한다. 셋째, 제자도는 진리를 아는 지식에서 비롯된다. 넷째, 제자도의 결과는 자유이다. 제자도는 우리에게 두려움, 자아, 다른 사람, 그리고 죄로부터의 자유를 준다.[30]

요한복음에서 제자가 되는 것은 궁극적으로 그리스도와 연결되어 그리스도 안에 거하는 것을 말한다. 거한다는 것은 그리스도 안에서의 새로운 삶을 의미한다. 즉, 새로운 사랑을 통한 성령의 열매를 맺는 삶을 말한다. 사랑은 예수님의 모든 제자들을 특징짓는 가장 확실한 표시이다. 그리고 그리스도 안에서 갖는 새 생명과 성도의 심령에 일어나는 변화를 통한 거듭남은 하나님의 사랑 때문에 가능해진 것이다.[31]

예수님은 요한의 열성적이고 급한 기질 때문에(눅 9:54) 그를 "우레의 자식"이라고 부르셨다(막 3:17). 그러나 요한은 예수님께서 특별히 "사랑하신"(요 21:20) 제자가 되었고, 사랑의 사도가 되었다. 이것은 예수님에게 사람을 변화시키시는 능력이 있었기 때문이다.[32]

새 계명

요한은 예수님의 새 계명을 강조하였다. "새 계명을 너희에게 주노니 서로 사랑하라 내가 너희를 사랑한 것같이 너희도 서로 사랑하라… 아버지께서 나를 사랑하신 것같이 나도 너희를 사랑하였으니 나의 사랑 안에 거하라"(요 13:34, 15:9). 요한은 예수님께서 예루살렘에서 지내시던 마지막 날 제자의 성숙도를 보여 주는 이 표적을 특별히 강조하신 것을 기억하였다.

요한의 설명에 따르면 제자들 공동체를 확인시켜 주는 표징은 "서로 사랑하는" 것이다. 요한이 말하는 제자도는 이웃에 대한 사랑과 열매를 맺는 삶이다. 이는 마태가 하나님의 뜻을 행하는 사람을 제자라고 한 생각(마 12:50)과 매우 유사한 신학적인 견해이다. 제자들에게 사랑의 계명은 궁극적인 하나님의 뜻이며, 열매를 맺는 삶은 참 기독교의 진리와 거짓 사상들을 구별 짓는 중요한 시금석이다(마 7:15 이하; 요 15:2이하).[33]

요한복음에서 제시된 사랑의 증거에 대해 스토트는 "사랑은 예수님의 계명에 순종하는 것이다. 예수님은 아버지에 대한 자신의 사랑을 순종으로 보여 주셨다 - '나는 아버지께서 명하신 대로 한다'(요 14:31). 우리는 그리스도에 대한 우리의 사랑을 우리의 순종으로 입증해야 한다"[34]라고 말하였다.

예수님은 제자들을 어떻게 사랑하셨는가? 예수님의 사랑은 무조건적인 아가페의 사랑이었다. 예수님은 제자들을 희생적으로 이해하면서 용서함으로 사랑하셨다.[35] 요한의 신학에 따르면, 성도들과 하나님을 하나 되게 하는 것은 사랑이다. 이것은 하나님께로부터 시작되어 그리스도 안에서 구체화되었다. 우리는 오직 다른 사람들을 사랑함으로써만 우리가 예수님을 사랑한다는 사실을 증명할 수 있다. 사랑은 이 세상에서 가장 커다란 특권이며, 또한 가장 큰 책임이다.

요한의 관점에서 볼 때 사랑은 하나님과 백성 사이를 연결하는 중요한 접합점이다. 요한은 자신의 독자들에게 자신이 정말로 말하고 싶은 것을 이해시키기 위해 가장 강한 표현으로 하나님과의 연합을 설명하였다. 즉 그리스도 안에 있는 믿음을 통해 우리는 영원하신 하나님의 공동체에 들어갈 수 있게 된다.

하나님의 속성은 아가페이고, 본질상 초자연적이며 이 세상에 속해 있지 않다. 그럼에도 불구하고 실제 행동으로 참된 아가페를 나타낼 수밖에 없기 때문에 한편으로 하나님은 이 세상에 굳게 발을 딛고 서계신다. 이것은 너무나 구체적이고도 사실적인 하나님의 아가페적 속성이다. 이처럼 사람들에게 열려 있는 아가페임에도 불구하고 우리는 그와의 관계 속에 들어가야만 하나님 안에 거할 수 있으며 하나님 또한 우리 안에 거하실 수 있다.

생명과 사랑의 관점

요한복음을 통해서 바라본 제자훈련 설교는 성도들로 하여금 성경을 종합적으로 보게 하여 성경의 적용을 가능하게 하는 것이다. 요한에 따르면, 제자훈련 설교의 동기는 새로운 생명 안에서 발견되는 새로운 사랑일 것이다.

요한복음 17장 2절에 보면, 하나님께서 아들에게 권세를 허락하신 목적은 아버지께서 아들에게 주신 모든 이들(즉 예수님의 제자들)에게 영생을 주게 하려 하심이다. 영생은 참되신 하나님과 예수 그리스도를 알고 그 안에 거하는 것이다. 하나님을 알 때 변화가 일어나며 그 생명으로 들어갈 수 있게 된다. 하나님과 예수 그리스도를 아는 지식은 지식적인 정보만이 아닌, 개인적인 관계와 신뢰와 믿음을 수반한다. 제자훈련 설교는 참되신 하나님과 예수 그리스도에 대한 지식과 경험을 촉진시키는 데 필수적인 요소이다.

성도들의 열매는 아들의 구속 사역의 결과이며 생명을 주는 포도나무의 결실이다(요 15:4). 우리는 아들을 통하여 풍성한 열매를 맺음으로 하나님께 영광을 돌리게 된다. 최고의 사랑의 행위로써(요 13:1) 예수님은 모든 성도들에게 생명의 근원과 생명의 제공자가 되셨다. 따라서 예수님은 자신을 "참 생명을 주는 포도나무"라고 선언하셨다.36 예수 그리스도의 제자는 참된 사랑을 하기 위해서 생명을 주는 포도나무, 즉 예수님께 붙어 있는 가지가 되어야 한다.

사랑의 체화로서 설교

요한은 "너희가 과실을 많이 맺으면 내 아버지께서 영광을 받으실 것이요 너희가 내 제자가 되리라"(요 15:8)고 하신 예수님의 말씀을 기록하고 있다. 제자의 증거는 풍성한 열매를 맺는 것이다. 그것은 오직 예수님의 사랑 안에 거할 때만 가능하다(요 15:9~17). 스토트는 요한의 증거에 동의하면서, "요한이 설명하는(요일 4:24) 세 가지 기본적인 명령에 순종하지 않는 한 예수님의 사랑 안에 거한다고 말할 수 없다. 그것은 그리스도에 대한 믿음과 형제에 대한 사랑과 도덕적인 의로움이다"고 말하였다.37 우리의 사랑이 하나님의 사랑과 같을 때, 사람들은 우리를 통해 하나님을 보게 될 것이다. 하나님의 사랑 안에 살면, 하나님과 사람들을 향한 사랑의 삶을 살 수 있다.

요한이 그의 서신에서 "그가 우리를 위하여 목숨을 버리셨으니 우리가 이로써 사랑을 알고 우리도 형제들을 위하여 목숨을 버리는 것이 마땅하니라"(요일 3:16)고 말하는 것처럼, 요한복음을 다루는 제자훈련 설교는 사랑을 설교와 행함의 필수적인 내용으로 포함시킨다.

설교자는 사랑에 대해서 말할 뿐 아니라 회중에게 그 사랑을 보여 주어야 한다. 왜냐하면 사랑이 없이 말만 있는 제자훈련 설교는 의미가 없기 때문이다(요일 3:18; 고전 13:1 비교).

예수님은 베드로가 언젠가 그의 사랑이 최고조에 달하는 때가 있을 것이라고 확신하도록 하셨다(요 21:18). 베드로는 하나님의 희생적인 사랑인 아가페(agape)의 사랑을 보여 주도록 부름을 받게 될 것이다. 그는 하나님의 사랑에 관심이 없는 채 저항하는 사람들에게 하나님의 사랑을 전파하기 위해 자신의 생명을 내어 주도록 부름을 받게 될 것이다. 베드로는 하나님의 양떼인 하나님의 교회를 먹이고 돌보라는 사명을 받았다(요 21:15~17). 교회의 가장 우선적인 교회 사역은 하나님의 살아 있는 말씀을 선포하는 것이며, 이것이 제자훈련 설교이다.

05
사도행전 제자도

하나님께서 사도들을 통해 하신 일들은 사실상 성령께서 교회를 통하여 하신 일이므로 우리는 사도행전을 '성령행전'이라고도 말할 수 있다. 누가는 자신의 첫 번째 편지인 누가복음에서 "무릇 예수의 행하시며 가르치시기를 시작하심부터 승천하신 날까지의 일"(행 1:1, 2상)을 묘사하였다. 사도행전 서론이 갖는 효과는 이야기의 다음 단계로 넘어가기 전에 먼저 독자에게 누가복음을 간략하게 요약해 주는 것이다. 이렇게 함으로써 누가는 예수님의 지상 사역과 교회의 시작이 서로 일관성 있게 연결된다는 점을 강조한다.

그의 편지 두 번째 부분에 해당하는 사도행전은 예수께서 보좌에 앉으신 후에 성령의 권능으로 교회를 통하여 이 땅에서 계속하여 행하신 일들을 기록한다(행 1:2하). 누가는 예수님께서 제자들에게 부탁하신 명령과 부활하신 그리스도의 나타나심에 대한 확인, 그리고 성령 강림에 대한 약속들을 강조하면서 다음에 이어지는 내용에 대한 배경을 제시한다.[38] 성령의 강림으로 제자들은 사역을 계속 진행하게 된다.

사도행전은 성령 강림과 교회의 시작, 그리고 기독교가 전파되는 과정에 대한 이야기들을 자세히 설명하고 있다. 사도행전의 주제는 성령을 통한 예수 그리스도의 사역의 연속이다. 누가는 하나님께서 어떻게 신비로운 그리스도의 몸인 교회를 세우시는가를 보여 주기 위해 성령 강림 사건을 설명한다. 사도행전에는 그리스도의 몸인 교회가 성령의 인도 아래 영적으로 성장해가는 과정이 나타난다. 교회는 예수님을 주로 섬기며 따르기로 선택한 회심자들의 공동체이다. 교회는 에클레시아(ekklesia), 즉 하나님께서 불러내신 공동체이다. 이 단어는 "밖으로 부름 받은 자들"이라는 의미의 헬라어에서 유래하였다.[39]

사도행전에서 에클레시아 또는 교회라는 용어는 특별한 장소에서 모이는 성도들의 모임을 말한다. 이 단어는 그리스도인들의 지역적인 모임뿐만 아니라 세계 교회 전체를 지칭하기도 한다. 사도행전 20장 28절은 이 의미를 잘 설명하고 있다. "너희는 자기를 위하여 또는 온 양 떼를 위하여 삼가라 성령이 저들 가운데 너희로 감독자를 삼고 하나님이 자기 피로 사신 교회를 치게 하셨느니라." 지구 곳곳의 부름 받은 자와 신약 성경의 하나님의 백성과 제자들도 보편적인 교회에 포함된다.[40] 그리스도의 몸 된 삶으로의 부르심은 그리스도인의 삶이나 교회를 특징짓는 중요한 요소다. 교회는 예수 그리스도께 속한 사람들이 함께 모여 영적 은사들을 가지고 하나님의 말씀을 준행하며 각 세대로 이어지는 사역을 감당하는 사람들의 공동체이다.

성령님의 사역은 그리스도의 구속 사역의 중심이 된다. 히베르트는 "사도행전 1장 8절에 근거하여 사도행전의 주제는 '성령의 권능을 받은 교회의 복음 증거의 확장'이다"[41]라고 주장하였다. 성령은 특별히 교회 확장 과정을 지휘하셨다. 사도행전에서 보면 교회는 성령님의 복음 증거의 권능을 통해서 교회는 급속도로 확장된다. 성령님은 계시를 완성하고, 예수님에 대한 증인들의 증거를 도우신다. 누가는 성령님을 증인들에게 권능을 주는 분으로 이해하며, 성도들 속에 내주하시는 영원한 인격으로 보기보다는 증인들의 교회 사역을 돕는 조력자로서의 역할을 강조하고 있다.[42]

성령님은 스데반이 천국의 환상을 바라볼 수 있도록 특별히 역사하셨다(행 7:55). 그는 하늘을 우러러보면서 성령의 도우심으로 예수 그리스도께서 하늘 보좌에서 다스리시는 영광스런 광경을 보았다. 그는 하늘이 열리는 것과 예수께서 하나님 우편에 서 계시는 광경을 보고 사람들에게 외쳤다. 이 사건의 핵심은 성령님께서 스데반에게 예수님을 증거하셨다는 데 있다. 최초의 기독교 순교자로 존경 받고 있는 스데반은 고난당하고 사람들의 종이 되셨던 왕이신 그리스도를 증거하였다.[43] '순교자'라는 말은 예수 그리스도를 위해 고난당하고 죽음을 당하는 이를 가리킨다. 이 말에 해당하는 헬라어 원어에는 증인이라는 의미도 포함되어 있다. 사도행전에서 순교는 복음을 전하다가 박해를 받아 죽는 것을 말한다. 스데반은 성령 충만하여 예수 그리스도를 증거한 예언적 증인이었다.

증인들이 부르는 믿음의 승전가

사도행전은 '믿음의 승전가'에 대한 기사를 담고 있다. 사도행전에는 예수님의 죽으심 이후 무너지고 패배한 제자들의 모습이 나오지 않는다. 뿐만 아니라 예수님이 부활하신 후에 불확실과 염려와 무기력함에 짓눌려 있던 제자들의 모습도 나오지 않는다. 사도행전에 나타난 제자들의 모습은 성령의 강림으로 담대함과 능력을 지니게 된 이미지를 갖고 있다. 사도행전 전체에서 제자들은 성령님과의 역동적인 관계를 경험하며 복음을 증거하였다.

성령님은 제자들이 예수님의 교회 사역을 이루어가도록 권면하고, 그들에게 능력을 주시며 이끄셨다. 사도행전 1장 8절은 제자들이 예수 그리스도를 증거하며 세계적인 선교를 시작하게 될 것을 기록하고 있다. 블라우는 "제자들이 땅 끝까지 이르러 그리스도의 증인의 자리에 서는 것은 오직 성령의 권능에 의해서만 가능하다"[44]라고 말하며, 복음 전파와 성령과의 관계를 설명하였다.

사도행전 1~7장에서는 복음이 예루살렘과 유대로 전파되었고,

8~12장에서는 사마리아와 다른 지역들로 전파되었다. 13~28장에서는 바울의 선교 사역으로 복음이 땅 끝을 향해 뻗어나갔다. 사도행전 1장 8절에서 우리는 성령님과 관계된 '역동적인 힘'을 발견하게 된다(눅 4:14 참조). 이 '권능'은 예수님께서 담대하고 효과적으로 사역을 감당하신 것처럼 제자들 역시 담대하게 예수 그리스도를 증거할 수 있게 하는 것이다. 그런 면에서 1장 8절은 사도행전 전체의 요약이라고 할 수 있다.

성령의 사역은 성령 충만을 입은 사람들의 마음에 내적 변화를 일으켰다.[45] 사도행전 26장 18절은 그리스도께서 성령의 능력으로 사람을 변화시키는 사역에 대한 개요가 나타난다. 본문을 통해 볼 때 예수님은 "그들의 눈을 열어 어둠에서 빛으로, 사탄의 권세에서 하나님께로 돌아와 죄 용서함을 얻고 예수님을 믿음으로 거룩하게 된 사람들 중에 있는 유업을 얻게 하시기 위해" 바울을 보내신 것이다.

성령의 권능을 받으면

성령은 사람들의 눈을 열어 영적인 세계를 보게 하신다. 성령은 사람들을 어둠에서 빛으로 인도하신다(벧전 2:9 비교). 성령은 사탄의 권세 가운데 얽매여 있던 자들을 하나님께로 인도한다. 그리고 성령은 그들에게 죄 사함을 받고 거룩하게 된 성도들과 함께 유업을 얻게 하신다.

제자들은 성령의 권능을 받고 변화되었다. 베드로는 성령을 받기 전에는 너무나 연약하여 세 번이나 예수 그리스도를 부인했지만(마 26:69~75) 변화된 그는 예루살렘에서 집권자들과 장로들과 서기관들 앞에서 담대하게 하나님의 말씀을 전할 수 있었다(행 4:5~20). 부활을 통해 왕으로 증거된 예수님이 베드로의 삶에 성령의 역사로 역동적으로 임재하게 되었다.

　이러한 변화는 과거와 현재와 미래의 모든 성도들의 삶에 영향을 미쳤다. 구약 성경에서 말하는 하나님 아버지의 영적인 공급하심에서부터 성육신하신 예수님이 지상에서 사역하시던 시기를 거쳐 마침내는 삼위일체의 제3격이신 성령님의 보존하시는 이 사역들은 교회가 존재하는 한 계속될 것이다. 제자들은 성령께서 자신들의 마음과 삶 속에서 일하시도록 자신을 드려야 한다(행 7:51). 성령은 성도들의 기질을 변화시키지는 않지만 그들이 주 예수 그리스도 안에서 자신이 가진 가능성을 발휘하도록 힘을 주시고 또 격려하신다.

　오순절은 기독교 역사상 가장 괄목할 만한 사건 가운데 하나이다. 왜냐하면 성령의 강림으로 교회가 시작되었기 때문이다. 사도행전에서 '제자'란 확실한 믿음의 공동체인 교회로 모인 친밀한 성도들을 일컫는다.[46] 누가는 예수 그리스도를 주로 믿고 교회에 모인 회심자들을 제자로 본다. 교회는 성령의 인도하심으로 제자들이 모여 하나가 된 하나님의 새로운 피조물이다.[47]

　사도행전 2장 42~47절에서 제자들은 회중의 중심부에 위치하기 시작한다. 사도행전 4장 31절, 15장 6절, 30절, 20장 7절에 나타나는 무리는 모임을 갖기 위해 모인 사람들을 말한다. 제자훈련이 확대되면서 예수 그리스도의 복음은 전 세계로 전파되었고, 제자들이 성령의 가르침을 따라 살면서 서로를 세우고 덕을 권장했기 때문에(행 9:31) 교회는 계속해서 성장하였다. 바울은 그리스도를 필요로 하며 자라야 할 사람들을 찾아다녔다. 그 예로 바울은 브리스길라와 아굴라를 발견하여 그들과 함께 머무르며 그리스도께 더 깊이 헌신하도록 권면했고(행 18:2), 그들은 바울의 신실한 동역자들이 되었다.

복음 증거의 관점에서 본 제자훈련 설교

성령은 제자훈련 설교에 능력을 부어주신다. 제자훈련 설교의 권위는 하나님의 영이 임재하시고 역사하신 결과이다.[48] 성령이 세상에 오신 중요한 목적들 가운데 하나는 예수님의 가르치는 사역을 계속하는 것이다. 사도행전 1장 8절은 설교자들에게 복음을 증거할 수 있도록 능력을 주시겠다고 하신 약속의 말씀이다. 왕이신 예수님은 성령님을 통하여 하나님 나라의 백성들이 증인들로서의 삶을 살게 해주신다.

성령은 제자들에게 자신들을 보내신 이와 거룩한 말씀을 충실하게 증거하도록 권능을 주셨다. 마태복음 28장 19절에 나오는 '제자를 삼으라'는 예수님의 명령을 수행하는 데 필요한 능력은 사도행전 1장 8절에 언급되어 있다. "오직 성령이 너희에게 임하시면 너희가 권능을 받고 예루살렘과 온 유대와 사마리아와 땅 끝까지 이르러 내 증인이 되리라."

여기서 주목해 볼 것은 제자들을 향해 '내 증인'이라고 말씀하신 것이다. 이 사역은 그리스도를 존귀하게 하며 그리스도를 증거하는 사역이다. 그리고 성령님께서는 그들이 전해야 할 범위와 영역이 땅끝까지며, 오직 성령의 능력만이 모든 곳에서 그리스도의 사역이 성취될 수 있게 한다. 칼뱅은 성령의 중대한 역할인 조명하시는 능력을 다음과 같이 설명하였다.

"성령의 증거는 우리의 이성을 다 합친 것보다 뛰어나다. 하나님 자신이 하나님의 말씀을 가장 잘 증거하듯, 사람의 마음속에 성령의 내적 증거로 인침을 받기 전에는 말씀이 받아들여질 수 없다. 따라서 선지자들의 입을 통해 말씀하신 그 성령이 우리 심령에 들어오셔서 선지자들이 선포한 말씀을 받아들이게 해야 한다. 이사야는 다음과 같은 말로 이 관계를 적절히 설명하고 있다. "네 위에 있는 나의 신과 네 입술에 둔 나의 말이 이제부터 영영토록 네 입에서와 네 후손의 입에서와 네 후손의 후손의 입에서 떠나지 아니하리라"(사 59:21). 어떤 복음 전도자들은 확실한 증거를 느끼지 못할 때, 불경건한 자들이 하나님을 대적하고도 심판을 받지 않는 것을 불쾌하게 여기게 된다. 성령께서 경건한 자들의 믿음을 확증하는 '인장'과 '보증'이 되시지 않았다면 어떠했겠는가? 성령께서 그들의 마음을 밝혀주시지 않는다면 그들은 많은 의심들 속에서 영원히 흔들리고 있을 것이다."[49]

성령의 조명과 인도

성령의 조명은 설교자와 청중 모두의 영의 눈을 열어서 하나님 말씀의 뜻을 깨닫게 하신다. 그것은 어떻게 하나님의 말씀이 삶에 적용되어야 하는지를 깨닫게 하는 성령의 계속되는 사역이다. '또 다른 보혜사' 또는 '위로자'를 보내 주겠다고 하신 그리스도의 특별한 약속의 의미가 사도행전에 기록되어 있다. "그리하여 온 유대와 갈릴리와 사마리아 교회가 평안하여 든든히 서 가고 주를 경외함과 성령의 위로로 진행하여 수가 더 많아지니라"(행 9:31). 사도들에게 직접 계시된 하나님의 진리의 메시지는 성령의 능력에 의해 전파되고 확장되었다.[50] 낙스는 설교에서 성령의 중요한 역할을 다음과 같이 설명하였다.

"설교는 옛날에 일어난 사건을 되풀이하고 설명하는 것 이상의 일들을 한다. 성령은 옛날에 일어난 사건을 지금도 일어나게 하신다. 그리고 설교는 성령께서 그렇게 하시도록 하는 매개체이다. 그것이 참된 설교일 때, 그 속에서 과거의 사건이 계속되거나 반복된다. 하나님께서 그리스도 안에서 행하신 계시의 역사는 계속해서 현실적으로 일어나고 있다."[51]

성령의 권능을 힘입은 증거를 통해 사람들은 죄를 깨닫고 회개한다(행 2:37~40). 예수님을 진실로 믿고 신뢰하는 사람은 회개하고 세례를 받는다. 성령 충만함과 권능이 없이는 그 누구라도 사람들을 제자로 만들 수 없다. 이처럼 제자훈련 설교는 성령의 인도를 받아야 한다.

06
바울의 제자훈련 설교

　사복음서에서 확인된 제자훈련 설교의 본질적 요소들은 바울 서신에서 나타난 바울의 설교의 목적과 태도, 두드러진 특징, 동기, 능력에서 발견할 수 있다. 바울의 제자훈련 설교에서 우리가 배워야 할 것들은 바르트가 제시하는 다음의 일곱 가지 주제들이다.

　　1. 예수님의 사역, 고난, 죽음, 그리고 부활
　　2. 이러한 사건들을 통한 예언의 성취
　　3. 예수님의 주와 메시아 되심, 하나님 우편으로 높임을 받으심, 성령

을 보내심

4. 이방인들에게 확장된 사도적 메시지
5. 재림과 심판에 대한 기대
6. 회심에 대한 권고
7. 증인의 삶 [52]

바울 설교의 목적: 증거

사도들의 증거는 하나님의 모든 계획을 세상에 널리 알리게 하였다.[53] 바울의 설교 목적은 복음을 증거하는 것이었다(고전 1:17; 살전 2:9). 바울은 복음을 전파하고, 다른 증인들에 의해 확인된 예수님의 죽으심과 부활을 증거하고, 오래전에 주어진 약속들이 이제 성취되기 시작했음을 확신하는 성도들의 믿음을 든든히 하기 위해 부르심을 받았다(13:32, 33상, 34, 38, 39 참조).[54]

증인이라는 단어가 본래 가진 역사적 의미로 볼 때 바울은 계시의 증인이다. 바울은 새로운 영원의 시간(aeon)이 현재의 시간 속으로 들어온 것으로 설명한다. 바울은 그리스도의 죽음과 부활을 명백히 증거하였다. 그는 하나님의 종말론적 드라마에 따라 하나님 나라의 절정이 그리스도 안에서 이루어졌다고 해석하며 전파하였다.

바울은 "유대인과 헬라인들에게 하나님께 대한 회개와 우리 주 예수 그리스도께 대한 믿음을 증거한 것이라"(행 20:21)고 말한 대로 유대인들뿐만 아니라 이방인들 가운데서 구원의 복음을 전파해야 할 필요성에 대해 강력하게 도전하였다. 그는 자신이 아니라 예수 그리스도에 대해 증거하였다. 그에게 예수 그리스도는 중심적인 존재이며, 그가 딛고 서 있는 기초였다(고전 3:11). 그리스도는 자신의 사랑과 희생을 통해 사도에게 분명한 동기를 제공하신 분이다(엡 5:1하).[55]

바울은 최초의 열두 사도와 같은 증인이다. 바울은 예수님을 증거하는 일에 충성하여 세상에서 죽임을 당한다. 바울의 설교의 원동력과 권위, 확신은 단순히 예수님과 관련된 사건들에 대한 지식에서 온 것이 아니라 부활하신 주님을 직접 만난 바울 자신의 체험에서 온 것이었다.[56]

바울 – 종의 자세

바울이 예수님을 선포할 때 그리스도라는 명칭을 사용하는 것은 십자가에 못 박히신 그리스도를 예언된 메시아로 강조하기 위해서이다(고전 1:23, 2:2; 갈 3:1). 따라서 그는 예수 그리스도의 메시아 되심을 그의 고난과 죽음과의 관련성에서, 그리고 왕 되심을 종 되심과 연결하여 설명하고 있다.

우리는 그의 서신에서 바울 자신이 가졌던 종의 정신을 볼 수 있다. 그는 자신을 "그리스도 예수의 종"(빌 1:1; 딛 1:1 비교)으로 소개한다. 그는 "내가 모든 사람에게 자유하였으나 스스로 모든 사람에게 종이 된 것은 더 많은 사람을 얻고자 함이라"(고전 9:19)고 고백하였다. 로버트슨은 이 구절에 대해 "그는 달리 행동할 수도 있었다. 모든 설교자는 자신의 개인적 자세와 행실의 문제와 관련하여 이 점에 직면하게 된다"[57]고 논평하였다.

바울은 심지어 자신의 육체를 쳐서 복종시켰다(고전 9:27). 이 구절에 담긴 군사적 은유법은 정복지에서 잡은 포로에 대해 그가 자신의 소유가 아님을 인정하며 주인께 드리기 위해 그를 끌고 가는 정복자의 이미지를 연상시킨다. 동사의 현재 시제는 바울이 끊임없이 자기 자신을 그리스도께 종으로 드리고 있음을 말해 준다.[58] 그는 종의 신분을 망각하지 않았으며 삶 속에서 새로운 결정의 상황에 부딪혔을 때마다 자신의 종 됨을 재확인하였다. 그렇게 하지 않을 때 다른 사람 섬기는 능력이 상실될까 봐 두려워했던 것이다.

그는 빌립보교회 성도들에게 그리스도 예수께서 가지셨던 종의 태도를 갖도록 권면하였다(빌 2:5). 그리고 예수님은 본래 하나님의 본체이셨으며 자기를 비워 종이 된 왕이셨다고 강조하였다(빌 2:6, 7). 바울은 사람들에게 종의 자세를 설교할 뿐 아니라 자신이 그들의 종이 되고, 예수님의 본을 따름으로써 사람들에게 종의 본을 보인다. 바울의 복음 전파 사역에는 그리스도 예수의 왕 되심과 바울 자신이 예수의 종이 된 사실이 포함되어 있었다(고후 4:5).

그래서 바울은 자신을 예수 그리스도의 종으로 생각하듯 고린도교회 성도들과의 관계에서도 '종'의 자리에 처하는 것을 기꺼이 받아들였다. 여기서 종이라는 의미는 고린도교회 성도들을 위해 자신의 모든 개인적인 욕망과 이익을 기꺼이 포기하였다는 것을 의미한다.[59] 그의 주된 관심은 더 많은 사람들을 그리스도께로 인도하는 것이었다.

종으로서의 그의 태도는 세상을 향해 막대한 영향력을 끼쳤다. 그는 다른 사람들을 향해 자신에게서 듣고 보고 배운 것을 행하라고 설교하였다(빌 4:9).

예수님의 십자가는 고난과 배척으로 요약될 수 있다. 십자가에서 죽는다는 것은 세상의 멸시와 배척을 받으며 죽는 것을 의미한다. 고난과 배척은 하나님의 부득이한 필요에 의해 예수님에게 지워졌다. 예수님은 자신이 겪은 것과 동일한 고난의 '당위성'이 조금도 가감 없이 제자들에게도 적용된다는 것을 알려 주셨다.[60] 바울은 그리스도의 생명이 자기 몸에 나타나게 하기 위해 항상 그리스도의 죽으심을 자기 몸에 짊어지고 있다(고후 4:10). 그리스도의 임재가 육체의 유혹들과 삶의 시험들을 정복한다는 것을 보여 주기 위해 자신을 부인한 것이다.

바울 설교의 특징: 전적 헌신

바울 서신에는 예수님을 지칭하며 사용된 '주'(kyrios)라는 명칭이 무려 230회나 나오고 있다. 예수께서 주가 되신 것은 바울의 케리그마를 확증하는 중요한 단서이다(고후 4:5, 골 2:6). "예수를 주시라"고 하는 것은 하나님의 영의 감동을 입증하는 특징적인 발언이다(고전 12:3). 그것은 빌립보서 2장 11절에 나오는 온 우주적 경배에 대한 결정적인 표현이기도 하다.[61]

바울은 제자훈련 설교에 전적으로 헌신하였다. 바울은 끊임없이 많은 사람들을 예수님의 제자로 삼았으며, 그들을 주님 안에서 양육하였다. 바울은 "나의 달려갈 길과 주 예수께 받은 사명 곧 하나님의 은혜의 복음을 증거하는 일을 마치려 함에는 나의 생명을 조금도 귀한 것으로 여기지 아니하노라… 내가 삼 년이나 밤낮 쉬지 않고 눈물로 각 사람을 훈계하였다"(행 20:24, 31)고 자신의 삶을 회고하고 있다.

바울은 하나님의 위탁을 받은 청지기 의식을 가지고 복음 전파에 대한 필요와 책임감을 고백한다(고전 9:16, 17). 예수께서 그를 복음의 사도로 부르셨기 때문에 그는 달리 선택할 도리가 없었다. 뿐만 아니라 그는 사도로서의 삶을 살면서 칭찬을 기대하지 않았다(행 9:6, 15; 롬 1:14). 바울은 "헬라인이나 야만이나 지혜 있는 자나 어리석은 자에게 빚진 마음으로"(롬 1:14, 15) 간절히 복음을 전파하려고 하였다. 그는 복음을 부끄러워하지 않았다. 오히려 그는 말씀을 더 많이 전파해야 한다는 자신의 소명에 부담감을 느끼고 있었다(롬 1:15, 15:19).

그는 이 사명의 수행을 제사장의 직무와 신령한 의무로 받아들였다(롬 15:16; 갈 2:7). 예수님은 바울에게 화목케 하는 직책을 맡기셨다(고후 5:18, 19). 바울은 죄인들과 믿음 없는 자들이 하나님께 회복되어 다시 화해하도록 화평의 복음을 전하였다. 바울은 "영생의 소망을 인함이라 이 영생은 거짓이 없으신 하나님이 영원한 때 전부터 약속하신 것인데 자기 때에 자기의 말씀을 전도로 나타내셨으니 이 전도는 우리 구주 하나님의 명대로 내게 맡기신 것이라"(딛 1:2, 3)고 말하였다.

바울은 회중이 자기와 같이 주님께 전폭적으로 헌신하게 하기 위해 제자훈련 설교를 하였다. 바클레이는 "교회 밖의 사람들을 대상으로 한 바울의 설교는 예수 그리스도를 향한 믿음을 촉구하는 설교였으며, 교회 안의 성도들에게는 그 믿음의 헌신을 증거하는 표적이 되는 바른 신앙과 바른 행동을 유지하는 것을 목적으로 하였다"[62]고 말하였다. 바울이 고별 설교에서 에베소교회 장로들에게 "우리 주 예수 그리스도"를 강조한 것은 한 그리스도인이 다른 그리스도인에게 예수님의 주 되심에 대한 동일한 믿음과 인정을 표현하는 것이며, 그분을 향한 동일한 충성을 나타내는 말이다(행 20:17~35).

바울은 데살로니가교회 성도들의 영적인 건강에 깊은 관심이 있었고 그들의 믿음을 "굳게 하고 격려하기" 위해 디모데를 다시 보냈다(살전 3:1, 2). 바울은 데살로니가교회가 "주 안에서 굳게 서 있게" 하기 위해 그들에게 하나님의 복음을 선포하였다. 그는 그리스도의 몸이 제자 삼는 사역을 잘 감당할 수 있도록 세우기 위해 자신이 져야 할 일차적 리더십의 짐을 진 것이다.

항상 삶의 헌신을 강조한 그는 자신의 교리적 가르침 뒤에 항상 교회에서 수준 높은 그리스도인의 삶을 유지하는 데 도움이 될 만한 실제적인 적용점들을 덧붙였다. 성도들에게 자신들을 하나님께 "산 제사"로 드리라고 호소한 후에 바울은 자신의 독자들에게 그리스도인의 전적 헌신을 권면한다. 그는 불경건한 자들의 외적인 행동을 본받지 말고 마음을 새롭게 하여 하나님이 기뻐하시는 삶을 살라고 촉구하였다(롬 12:1, 2). 전적인 헌신은 하나님께서 개개인에게 주신 특별한 능력대로 하는 설교, 가르침, 섬김, 베풂, 다스림과 같은 다양한 사역들(롬 12:3~8)로 연결되어 있으며,[63] 이 모든 일들은 주 예수 그리스도께 전적으로 헌신된 제자들에 의해 이루어진다.

바울 설교의 동기 : 생명을 주는 사랑

제자훈련 설교에서 바울의 동기는 자신을 내어 주는 사랑이었다.[64] 바울은 "우리가 이같이 너희를 사모하여 하나님의 복음으로만 아니라 우리 목숨까지 너희에게 주기를 즐겨함은 너희가 우리의 사랑하는 자 됨이니라"(살전 2:8)고 말하였다. 바울은 다른 사람들이 그리스도를 발견할 수 있다면 기꺼이 자신의 목숨까지도 내어 주려고 하였다. 이것은 그리스도의 삶의 모습이 바울의 삶 속에 나타난 것을 의미한다.

바울 또한 고린도교회 성도들을 향한 자신의 사랑을 고백하였다. "내가 큰 환난과 애통한 마음이 있어 많은 눈물로 너희에게 썼노니 이는 너희로 근심하게 하려 한 것이 아니요 오직 내가 너희를 향하여 넘치는 사랑이 있음을 너희로 알게 하려 함이라"(고후 2:4). 바울은 고린도교회 성도들을 사랑하기 때문에 그들의 환난과 애통을 느꼈다. 그는 그들이 자신의 편지가 사랑과 염려에 대한 표현이며, 자신의 염려가 그들을 위한 특별한 것임을 알기 원하였다. 바울은 그들을 향한 하나님의 사랑의 동기를 품고 있었다.

바울은 약한 자들을 얻기 위해 약한 자들에게는 약한 자와 같이 되었다(고전 9:22). 이 자세는 예수 그리스도께서 사람이 되신 성육신을 연상시킨다. 이것은 다른 사람들의 유익을 위해 바울이 보여 주었던 그리스도를 닮은 사랑과 관심의 자연스러운 표현이었다. 로버트슨은 이 구절에 대해 다음과 같이 언급하였다.

> "이 점은 매우 중요한 사실이며, 깨달은 자 편에서 아직 깨닫지 못한 자들의 유익을 위해 염원하는 사랑의 원리를 가장 잘 보여 준다(8장). 이와 같은 사랑의 예증으로서, 바울은 설교의 대가로 사례를 받는 것을 거절한 자신의 행동을 설명하고 있다"(8:13).[65]

바울 설교의 능력: 성령

성령은 바울의 설교가 권능과 권위를 갖도록 능력을 불어넣으셨다. 성령의 권능으로 무장된 바울의 설교는 특별한 능력과 권세를 나타냈다.[66] 바울은 성령의 감동과 깨우침을 받은 상태에서 말씀을 전하였다. 따라서 그의 입을 통해서 나오는 말은 하나님의 말씀이었다. 인간은 결코 스스로의 힘으로 자신을 바꿀 수 없다. 그러나 성령은 사람이 혼자서 할 수 없는 일을 그 사람 속에서 능력으로 이루신다.[67]

진정한 내적 변화는 오직 그 사람의 마음속에 정해진 길을 성령께서 역사하시도록 허락할 때 일어날 수 있다고 바울은 말하고 있다(롬 8:5). 바울에 따르면, 한 공동체와 그 일원들의 마음은 성령에 의해 변화되고 인도 받을 수 있다. 골로새서 3장 2절에서 제자들은 "위의 것을 생각하고 땅의 것을 생각지 말라"는 권면을 받았다.

코엣제는 로마서 8장 2절에서 "그리스도 예수 안에 있는 생명의 성령"으로 표현되어 있는 성령님의 명칭은 일상적인 명칭이 아니라고 말하였다.[68] 새로운 시대에 '성령 안에서' 산다는 것은 구체적으로 새롭고, 참되고, 영원한 삶을 의미한다. 성령을 통하여 모든 성도들은 새로운 삶으로 거듭남을 얻었다(딛 3:4~7). 이것이 바로 제자훈련 설교를 뒷받침하는 능력이다. 왜냐하면 설교자는 그리스도와 같이 하나님의 살아 있는 말씀을 증거하도록 능력을 받았기 때문이다.

04

제자훈련 설교의 정착을 위한 여섯 가지 디테일

"설교가 거부되거나 흡수되는 조건은 회중 쪽에서도 만들지만, 일차적으로 설교자 자신이 만든다. 이런 조건은 설교자 자신의 내면 혹은 자기이해와 관련된 것이 있는가 하면, 자신이 담당해야 할 기능과 역할에 관한 몰이해에서 나오기도 한다. 한편으로는 설교를 만들어 내는 기술과 문화적 민감성에 관련된 것도 있다. 어떤 영역에서이든 이것들을 솎아내는 작업이 설교자를 기다리고 있다."

01
제자훈련 설교자의 역할

　설교자는 하나님의 나라를 확장해가는 중요한 직책으로 부름을 받았다. 교회가 복음 전하는 일과 제자 삼는 일을 계속할 때 주님은 머지않아 이 땅에 다시 오실 것이다(마 24:14).
　설교자가 제자훈련 설교를 하기 위해 먼저 알아야 할 것은, 주님의 모습을 배우는 일차적인 훈련장이 바로 그분의 몸인 보편적 교회와 지역 교회라는 사실이다. 신약 성경에서 교회는 특정 시간에 특정 장소에서(예를 들어, 고린도, 에베소, 데살로니가, 또는 예루살렘) 모이는 성도들의 지역적 집단으로 지칭된다. 한 집단이 교회가 되기 위해서는 교리, 친교, 성만찬, 기도 등의 일정한 조건을 충족해야 한다(행 2:42).

예수님은 제자들을 부르셨을 뿐만 아니라 그들을 세상으로 보내셨고, 이것을 기초로 그분의 몸인 교회를 세우셨다. "예수께서 또 가라사대 너희에게 평강이 있을지어다 아버지께서 나를 보내신 것같이 나도 너희를 보내노라"(요 20:21)고 말씀하셨다. 간단히 말하면, 교회는 제자들의 증거와 사역에 기초하여 세워졌다. "너희는 사도들과 선지자들의 터 위에 세우심을 입은 자라 그리스도 예수께서 친히 모퉁이 돌이 되셨느니라"(엡 2:20).

큉(Küng)은 교회의 사도적 특성에 대해 다음과 같이 말하였다.

> "모든 교회는 사도들이 전파한 예수 그리스도의 복음으로 모인 새롭게 된 하나님의 백성들이다. 모든 교회는 사도라는 기초 위에 세워진 성령의 전이다.… 이러한 계승은 역사적으로뿐만 아니라 내용적 측면에서도 이해되어야 한다. 거기에는 진정한 내적 지속성이 있어야만 한다. 이 지속성은 단순하게 교회에 의해 저절로 이루어지는 것이 아니다. 이것은 하나님과 그리스도의 영인 성령, 사도들과 사도들의 증거에 권능을 부으시고, 또한 교회가 그들을 따르도록 움직이고 격려하시는 성령에 의해 이루어진다."

교회는 세상을 구원하시려는 하나님의 간절한 목적을 위해 부름 받은 하나님의 백성들이 모인 곳이다. 하나님은 자신의 영광을 위해(행

15:14; 엡 3:21), 성도를 위해(엡 1:4, 4:15, 16), 그리고 세상을 위해(엡 3:8~10; 골 1:20) 지상에 교회를 세우셨다. 설교자는 교회의 이러한 목적을 이루는 데 중요한 역할을 한다. 설교자의 역할은 죽어가고 무력해져가는 세상에 하나님의 말씀을 전달하여 사람들을 구원하고, 새롭게 믿은 이들을 제자화하고, 그들이 다른 사람들을 제자 삼도록 돕는 것이다. 그러기 위해 설교자는 하나님의 말씀을 충실히 전파해야 하며, 근면한 기도생활을 통해 하나님의 도우심을 구해야 한다. 그리고 하나님의 백성들을 사랑해야 하며, 성경이 가르쳐준 대로 기도하고 말씀을 전파할 때 하나님께 영광 돌리고 많은 열매를 맺을 수 있다는 확신을 가져야 한다.

증인된 설교자

복음은 수세기에 걸쳐 예수님을 그리스도로 증거하였으며, 교회를 통해서 전파되었다. 우리는 하나님의 말씀을 증거하지만 사도의 권위를 입은 것은 아니며 또한 부활한 그리스도를 눈으로 목격한 증인들도 아니다. 그러나 하나님의 은혜로 우리는 사도들의 안수로 사도적 사명을 위임 받은 신실한 사람들의 반열에 포함된다. 그리고 우리는 성경의 근거에 기초해서 예수 그리스도를 증거한다.

우리는 디모데처럼 우리 안에 거하시는 성령으로 말미암아 우리에게 맡겨진 아름다운 것을 지켜야만 한다(딤후 1:14). 사도들이 증거한 하나님의 말씀을 붙들 때에 우리는 그렇게 할 수 있다. 우리는 말씀의 사역자로서 하나님의 은혜로 그리스도의 보냄을 받은 지혜로운 사람들이며 선지자들이다(마 23:34). 그리고 선한 일을 감당하기 위해 성경으로 철저하게 훈련되고 공급 받는 전도자이자 목회자이며, 교사들이다. 그러므로 우리는 성경에 근거해서 예수님을 증거해야 한다.

교회는 사람들이 예수 그리스도와 구원의 관계를 맺도록 인도(전도)하고 그들이 예수 그리스도의 명령을 순종하도록 가르침(양육)으로써 하나님께 영광을 돌리기 위해 지상에 존재한다. 따라서 제자훈련 설교는 세상을 향해서는 전도와 선교의 장이 되고, 성도들을 위해서는 양육의 장이 되어야 한다. 교회는 제자를 세우고, 그들을 하나님 나라의 제자화 사역을 감당하도록 준비시키는 장이다.

선교, 세상을 향한 사도적 부르심

제자훈련 설교자는 케리그마로 죄와 불신앙 가운데 있는 사람들에게 회개와 구원을 받아들이도록 촉구하며 믿지 않는 세상에 복음을 선포해야 한다.[1] 바울은 교회가 하나님께 영광을 돌리는 방법은 하나님의 뜻을 행하는 것이고, 이것은 곧 죄인을 구원시키는 것이라고 강력하게 말하였다(빌 2:10, 11). 하나님의 뜻은 모든 사람들이 예수 그리스도를 주라고 고백하는 것이며 제자훈련 설교는 이 일을 하는 것이다. 하나님께 영광을 돌리는 것과 선교는 분리될 수 없다. 선교가 곧 하나님께 영광을 돌리는 것이다.[2]

세상을 향한 사도적 부르심을 무시하는 것은 왕이신 예수 그리스도의 재림과 영원한 하나님 나라의 도래에 대한 소망을 포기하는 것과 같다(마 24:14). 종말론적인 관점에서 볼 때 선교는 '소망을 향한 행진'이다. 이 구원이 미래의 소망이 된다. 그러므로 복음을 증거하는 일에는 하나님의 새로운 피조물을 낳는 숭고한 해산의 고통이 따른다.[3]

또한 설교자는 예언적 메시지를 선포해야 한다. 그는 인간의 필요(육체적, 정신적 그리고 영적인)를 돌보는가 하면, 사회, 문화적 이슈들을 파악하고 거기에 성경적인 관점을 제시하면서 총체적으로 복음을 선포해야 한다.

제자도를 촉진시키는 설교

설교자는 디다케로 교회를 세운다. 제자훈련은 단지 교회의 사역들 가운데 하나로 취급되어서는 안 된다. 제자훈련은 교회의 모든 사역에 대한 요약이어야 한다. 제자로서의 삶이 그리스도인의 삶이며, 제자도가 그 과정이라면, 제자훈련 설교는 그리스도인의 삶의 과정에서 발견되는 모든 영역을 다루어야 한다.[4]

제자화는 시간이 걸리고, 제자훈련 설교자는 성숙의 과정에 있는 많은 성도들에게 결정적인 역할을 한다. 설교자는 성도들을 준비시켜 사역의 임무를 감당할 수 있는 온전한 자로 만들어야 한다. 설교자는 사람들을 교회로 불러들이고, 하나님의 백성들을 세우고 강하게 해야 한다. 각 사람은 그리스도의 몸을 섬기는 사역을 위해 영적으로 세워지고, 숙련되고, 온전하게 되어야 할 목적에 따라 예수 그리스도의 부름을 받았다.

설교자는 제자를 삼으라는 주님의 지상명령을 성취하기 위해 지도자로서의 필수적인 역할을 감당해야 한다. 이러한 궁극적인 목표에 초점을 둔 양질의 설교 사역은 성도들에게 영향력을 끼치게 된다. 모든 사역자들은 자신이 제자화에 이바지하고 있는가를 반드시 생각해봐야 한다. 지역 교회에서 효과적인 제자훈련을 감당하려면 성도들이 더욱 그리스도를 닮아갈 수 있게 해주는 시스템과 관계성을 제공해야 한다. 설교의 목적은 제자를 배출하고 그들을 더욱더 강하게 훈련시키는 것이다.

빌립보서 2장 1~8절에서 바울은 겸손한 마음으로 그리스도의 몸을 세우라고 권면하고 있다. 겸손은 공동체 안에서 결속을 북돋을 뿐 아니라, 강력한 선교의 도구이기도 하다. 제자들 공동체가 예수님의 사역에서 일익을 감당할 때, 그것은 살아 움직이는 예수 그리스도의 몸이 된다. 중요한 역할은 제자들이 개별적으로 감당할 수 있는 것이 아니라, 협력하는 단일체로서 감당할 수 있다.

우리가 영적으로 서로 돌아보는 관계를 형성할 때 사랑은 더욱더 풍성해지며 그리스도의 몸으로서 하나가 되어간다는 것을 깨닫게 될 것이다. 그리고 이러한 관계는 그리스도의 사랑을 현실 가운데서 느끼도록 해줄 것이다. 온전한 공동체를 만들기 위해 우리는 예수님을 본받아야 한다. 예수님이 자신을 비우고 종이 되셨던 것처럼 우리가 서로를 존중하며 낮출 때 교회는 온전한 그리스도의 몸으로서 성장하

게 될 것이다.[5]

제자훈련 설교자는 교회를 주님의 몸으로 여기며 주님을 섬겨야 한다. 제자훈련 설교는 제자훈련에 관계된 모든 일에 대한 격려와 지원, 정보, 예배, 교육 등에 영향을 미쳐 교회를 힘 있게 하고 또 교회 본연의 사명을 담당할 수 있게 한다.

바울은 사람들을 구원하기 위해 어떤 희생도 감수할 준비가 되어 있었다. 그는 많은 반대에도 굴하지 않고 하나님의 복음을 전할 수 있었던, 담대한 믿음의 소유자였다. 그는 사역을 할 때 "사람을 기쁘게 하려 함이 아니요 오직 우리 마음을 감찰하시는 하나님을 기쁘시게 하려 함이라"고 말하였다(살전 2:4). 우리는 여기서 중요한 교훈을 얻을 수 있다. 우리가 하나님을 기쁘시게 하는 것이 마음의 소원이며 또 실제로 그렇게 하고 있다고 확신한다면, 그 어떤 외부적인 압력에도 굴하지 않을 것이다.

그의 한결같은 소망은 사나 죽으나 그리스도가 그의 몸 안에서 존귀하게 되는 것이었다. 예수님도 사역하시는 동안 불붙는 열정으로 하나님을 영화롭게 하였다. 우리의 목표가 하나님께 영광을 돌리는 것이며, 이것에 대해 바울처럼 강력한 확신이 있다면 설교는 아주 단순해질 것이다. 우리는 많은 경우 하나님을 향해 최선이라고 볼 수 없는 설교를 한다. 또한 설교를 했는데도 부흥이 일어나지 않고, 성도들이 변하지 않아 좌절하기도 하고 심지어는 하나님을 향해 원망하기도 한다. 그러나 우리의 설교가 오직 주님의 영광만을 구하는 것이라면 설사 실패하고 실수를 저지른다 하더라도 그 가운데서 성공하는 법을 발견하게 될 것이다. 종으로서 설교자의 목표는 설교를 통해 주님의 영광을 드러내는 것이다. 그러므로 자신의 성공이나 유능함을 설교의 목표로 삼아서는 안 된다.

제사장인 설교자

하나님은 그리스도를 통하여 우리를 하나님과 화해하게 하셨다(고후 5:18, 19). 인간은 죄인이고 하나님의 원수이기 때문에 자기 힘으로 하나님과 화해할 수 없다. 화해는 예수 그리스도의 죽음을 통해 하나님께서 하신 일이다. 세상이 이 위대한 화해의 역사를 들을 수 있는 유일한 길은 설교를 통해서이다. 설교자는 화해의 메시지를 전해야 한다. 그렇지 않으면 복음은 들려질 수 없을 것이다(롬 10:14).

예수 그리스도는 우리를 위해 중보하셨다(히 7:25). 이것이 바로 하나님 앞에 대제사장으로서 나타난 예수 그리스도의 모습이다. 예수님은 하나님께 우리의 사정을 고하고 계신다. 예수님은 하나님의 보좌를 심판에서 은혜로 옮기셨다(히 4:16). 우리는 은혜의 보좌 앞에 나아가 자비를 구해야 한다. 그럴 때 곤란 중에 도우시는 은혜를 발견할 수 있다. 하나님의 은혜는 우리가 바른 길을 걷도록 시련과 환난을 통해 우리를 강하게 하신다.

제사장으로서의 제자훈련 설교자의 가장 중요한 역할은 회중과 불신자를 위해 기도로 헌신하는 것이다. 바운스는 "아무리 많은 해석적 지식을 배우고 또 설교를 작성하고 전달하는 데 뛰어난 재능을 가진 설교자라 하더라도, 그리스도의 학교에서 사람들을 위해 중보하는 숭고하고 거룩한 행동을 배우지 못하였다면 그는 결코 설교의 기술을 배우지 못할 것이다"[6]라고 말하였다.

중보기도는 제사장이 올리는 기도 중에서도 특히 중요한 부분이다. 그리고 이것은 그분의 뜻에 완전히 복종하는 것을 의미한다. 그리스도는 위대한 중보자이시다. 그는 자기를 통해 하나님께로 가까이 가는 자들을 영원히 구원하실 수 있다(히 7:25). 설교자는 성도들이 악을 멀리하고(눅 11:4, 22:32; 요 17:15) 하나가 되도록(요 17:11, 22) 기도해야 한다. 설교자는 '왕 같은 제사장'으로서 "너희를 어두운 데서 불러내어 그의 기이한 빛에 들어가게 하신 이의 아름다운 덕을 선전할 수 있도록"(벧전 2:9) 기도해야 한다. 그러나 많은 설교자들은 목회 사역에 분주해 하고 있다. 꼭 필요한 활동이라 하더라도 만일 자신이 활동에만 몰입되어 있거나, 마음이 온갖 종류의 사라지지 않는 걱정에 사로잡혀 있다면 무릎 꿇고 기도하기란 어려울 것이다.

흔히 진정한 기도는 조용하고 은밀한 것이라 생각한다. 그러나 사도행전의 성도들은 함께 큰 목소리로 기도하였다(행 4:24, 31, 12:5). 통성기도는 우리 자신이 깊은 인간적 필요를 가진 존재임을 증거하며, 그런 만큼 우리의 인간됨에 상응하는 지극히 자연스러운 것이다.[7]

한국 교회는 새벽 예배를 통해 국가와 사회와 개인을 위해 매일 기도하고 있다. 이것은 아주 중요한 일이며, 설교자들은 자신뿐만 아니라 교회에 이 기도의 불이 꺼지지 않도록 해야 한다. 합심기도는 공동체로 하여금 하나님의 뜻을 실현하게 한다. 물론 설교자는 하나님과 친밀함을 유지하기 위해 개인적으로 묵상하고 기도하는 시간을 가져야 한다. 만일 설교자가 하나님과 대화하지 않는다면 다른 사람들에게 하나님에 관해서 확신을 가지고 이야기하지 못할 것이다. 예수님은 종종 뒤로 물러나 한적한 곳에 가서 기도하셨다(눅 4:12, 5:16, 6:12). 여기서 한적한 장소는 방해가 적은 곳이다. 그런데 대부분 사람들은 하나님과 대화할 때 방해를 받는다. 설교자가 은밀한 기도 가운데 설교자로서 자신의 부적격함을 철저하게 통감하면서 동시에 하나님의 무한하고 끊임없는 관대하심을 깊이 묵상할 때, 그는 주님을 온전히 의지할 수 있게 된다.

설교자는 주님이 주시는 메시지를 듣기 위해 날마다 정기적으로 주님을 만나야 한다. 설교자가 기도 속에서 성장할 때 하나님은 자신을 더욱더 나타내 주시며 제자훈련 설교에 하나님의 생명력을 불어넣어 주신다.

생명을 내어 주는 설교자

바울과 그의 일행은 데살로니가로 여행할 때, 건강하고 생명력 넘치는 교회를 세우기 위해 오랫동안 거기에 머물러 있었다. 바울은 그들에게 짐이 되지 않기 위해 주야로 일하면서 말씀을 전파하였다(살전 2:6~9). 그러나 데살로니가 지역에서 더 이상 사역할 수 없게 된 바울과 실라는 유대인들이 선동한 소동 때문에 밤중에 도망쳐야만 하였다. 그럼에도 불구하고 바울의 마음은 데살로니가에 있는 사랑하는 회중을 향해 끓어올랐고, 어떤 박해와 장애물도 바울의 복음 전파를 막을 수는 없었다. 왜냐하면 그에게는 하나님과 사람들을 위해 생명을 내어 줄 수 있는 사랑이 있었기 때문이다.

사랑은 제자훈련 설교의 힘이다. 이것이 결여되면, 그가 천사의 말이나 유창한 웅변을 한다 해도 소음에 불과하다(고전 13:1). 그러나 사랑이 동기가 될 때 제자훈련 설교는 힘 있고 역동적이 된다. 예수님의 사역은 언제나 사람을 위한 연민과 사랑의 사역이었다. 사람들이 예수님의 말씀을 이해하지 못할 때에도 예수님은 인내하시며 그분의 사랑을 분명하게 보이셨다(마 16:5~12 ; 18:1~4).

곤고한 가운데 있는 회중을 향한 연민과 긍휼은 설교자에게 필수적인 요소이다. 설교는 내용을 전달하는 것 이상이다. 설교자는 헌신된 그리스도인들뿐만 아니라 그렇지 못한 성도들을 향해서도 한결같은 사랑과 관심을 보여야 한다. 설교자는 자신의 조급함과 성도를 향한 무관심을 회개하고 그것을 인내와 사랑으로 바꿔가야 할 것이다. 설교자는 자신이 죄에서 돌이킬 때의 심정과 열정으로 성도들의 죄를 직시하고 그들을 사랑해야 한다. 구속 받지 않은 세상에 하나님의 참된 진리를 전파할 만큼 그들을 사랑해야 한다(고후 5:11~14, 20). 그들을 사랑하지 않는다면 우리는 거짓된 진리로 그들을 죽일 수도 있다. 그렇다면 어떻게 예수님이 우리를 사랑한 것처럼 서로 사랑할 수 있을까? 우리 힘으로는 할 수 없다. 우리의 한계를 넘어선 힘이 주어질 때 가능하게 된다. 혼은 사람들을 사랑하는 데 도움이 되는 다음과 같은 몇 가지 사실들을 언급한다.

첫째, 하나님이 먼저 우리를 사랑하셨다. 요한은 "그가 먼저 우리를 사랑했기 때문에 우리가 사랑한다"(요일 4:19)고 말하였다. 누군가 먼저 나를 사랑하지 않으면 우린 결코 사랑할 수 없다. 사랑을 받아들이고, 보답하고, 서로 나눔으로 우린 사랑을 배운다.

둘째, 그리스도의 은혜는 항상 유효하다. 그리스도의 은혜는 항상 우리와 함께 있어 우리를 견고하게 하고, 지탱시켜 준다. 우리가 넘어질 때 그리스도의 은혜가 있기에 다시 일어서서 새롭게 시작할 수 있다.

셋째, 성령께서 사랑할 수 있는 힘을 우리에게 주신다. 우리의 마음은 모든 부정적인 생각, 시기심, 적대감으로 가득한 컵과 같은 모습이다. 그런데 성령님께서 하나님의 사랑을 쏟아 붓기 시작하실 때 부정적인 감정들은 점차 사라지고 결국 마음은 하나님의 사랑으로 가득 채워진다.

넷째, 사랑하고, 용납하고, 서로를 인정하는 교제가 넘치는 교회가 있다. 그런 교회는 우리가 사랑을 배우며 행하는 데 도움이 된다. 그런 교회는 우리 자신의 가면을 벗고 있는 그대로의 모습을 드러나게 해주며, 우리가 죄인들이며 성자가 아니라는 사실을 고백할 수 있게 해 준다. 그 교회 안에는 우리를 거부하기보다는 여전히 우리를 받아들이고 사랑하는 사람들이 있다. 그런 교제를 통해 우리는 사랑을 배운다.[8]

제자훈련 설교자는 하나님께서 세상을 사랑하시며, 사람은 누구나 예수 그리스도 안에서 하나님의 사랑을 누릴 수 있다는 복된 소식, 곧 복음을 전하도록 부름을 받았다. 보살핌과 나눔과 희생적인 관계를 통해 설교자는 회중에게 그리스도의 사랑을 나타낼 수 있는 기회를 가져야 한다.

성령의 권능을 힘입은 설교자

주님은 사역을 시작하기 전에 성령의 기름부음을 받고 갈릴리로 돌아오셨다(눅 4:14). 예수님의 사역에도 성령님의 능력이 필요하였다면, 하나님의 말씀을 전하는 제자훈련 설교자에게는 얼마나 더 많은 성령의 능력이 필요하겠는가? 예수님께서 세례 받으실 때 성령이 예수님께 내려와 머물러 있었듯이 우리가 사람들을 향한 말씀 사역을 완수하기 위해서는 성령의 임재를 경험해야 한다.

오순절 베드로의 설교는 장황한 구약 성경의 내용을 인용한 후에 짤막하게 자신의 말을 덧붙인 것에 불과하였다. 그러나 그 결과는 엄청났다. 베드로가 말하기 시작했을 때 군중은 곧 "형제여, 우리가 어이 할꼬"(행 2:37)라고 물었고, 마침내 그들은 변화되었다.

왜 우리는 성령의 능력을 구하지 않은 채 세월을 허송하는가? 우리의 능력은 하나님이 아닌 우리 자신 때문에 제한 받는다. 우리는 요구하지 않았기 때문에 소유하지 못한다(약 4:2). 속에서부터 거듭나 새롭게 하시는 성령이 우리 안에 계신다. 성령의 역사와 설교는 밀접한 관계가 있다. 사람을 변화시키는 것은 하나님의 능력이다. 성령께서는 사람들에게 죄를 깨닫게 하고 또 거듭나게 해주신다. 그러면 설교자는 제자훈련 설교를 위해 어떻게 성령의 기름부음을 받을 수 있는가? 이를 위해 설교자는 예수님과 친밀한 관계를 맺고 있는 깨끗한 그릇이어야 한다(딤후 2:21). 자신의 마음을 겸손과 간절함으로 준비해야 할 뿐만 아니라, 연약한 제자를 담대한 증인으로 바꾸시는 성령님의 기름부음과 권능을 힘입기 위해 '다락방'에서 기다려야 한다.

02
제자훈련 설교의 원리

바울은 두 가지 관점에서 설교를 구분하고 있다. 하나는 불신자들을 향한 전도설교이며, 다른 하나는 성도들을 향한 양육설교이다. 불신자를 향한 설교는 개개인의 필요에 초점을 맞춰 전한다. 청중들은 유머, 감동적인 예화, 인물들의 일화를 통해 말씀에 마음을 연다. 그래서 설교와 가르침 사이에 실제적인 구분이 생긴다. 설교는 가르침보다는 좀더 주관적이고 감정적인 영향력을 갖고 있다.

양육설교는 하나님에 관한 모든 것을 성실하고 시의적절한 방법으로 가르치는 것이다. 설교자는 회중에게 하나님의 말씀을 정확하게 강해하고 교회생활뿐만 아니라 그들의 개인적인 삶에도 적용하도록 해야 한다. 설교는 전도와 제자훈련에 모두 효과적이다.

설교가 양육의 형태를 띨 때 그 설교는 강해적 성격을 띠게 되며, 목회자들은 자신의 임무를 권고자라고 생각한다. 그들의 초점은 그리스도인들에게 있으며, 성도들의 영적인 생활을 어떻게 자극하고, 그들의 가치관을 어떻게 도전하며, 매일매일 하나님과 교제하는 삶을 어떻게 격려할지에 관심을 갖는다. 이런 교회들에서 많은 사람들에게 예수 그리스도에 대한 공적인 회심의 결단을 요구하는 일은 거의 없다. 제자훈련 설교의 목적은 사람들을 회심시켜 예수님을 따르도록 하고, 다른 사람들에게 전도하고 그들을 훈련시켜 제자를 만드는 것이다. 설교의 사명은 성경 본문을 청중에게 적용시키고 그들 사이에 다리를 놓는 것이다. 제자훈련 설교는 주일 아침에 회중에게 설교를 전달하는 것 이상을 포함한다.

설교의 적절성

제자훈련 설교자의 첫 임무는 사람들로 하여금 하나님의 말씀을 듣게 하는 것이며, 두 번째 임무는 사람들이 말씀에 반응하고 하나님의 말씀에 관해 이야기하도록 하는 것이다. 요약하면, 제자훈련 설교자는 성경을 근거로 말하고 그것을 청중의 상황에 적합하게 만드는 것이다. 적합성을 갖춘 설교의 세 가지 요소는 하나님께서 말씀하신 것에 대한 가르침, 인간 상황의 파악, 그리고 적용을 위한 적절한 행동의 반응을 제시하는 것 등이다.

설교의 목적이 삶을 변화시키는 것이라면 적용은 해석만큼이나 중요하다. 그러나 적용은 바른 해석을 근거로 해야 한다. 설교자는 해석과 적용, 이 두 가지 모두에 익숙해야 한다. 설교자가 방법을 가르쳐주지 않은 채 무엇을 하라고만 강요하면 사람들은 좌절감을 느낀다. 따라서 건전한 해석에는 '반드시 해야 되는 것'을 '어떻게 할 것인가'에 대한 실제적인 제안들이 수반되어야 한다. 이렇게 할 때 청중들은 설교를 통해 큰 유익을 얻게 된다.

워렌은 말씀의 적용을 준비하는 데서 "당신이 말하고 싶은 핵심의 각 요지들을 동사로 표현하여 사람들이 행동으로 옮길 수 있도록 만들라"고 하였다. 그리고 그는 믿음의 적용에 대해 간단한 예를 제시하였다. '하나님을 믿는 믿음을 갖는 여섯 가지 방법'에 대해 적용할 경우 다음과 같이 전할 수 있다.

> 첫째, 믿음은 보이지 않는 것을 믿는 것이다(히 11:1).
> 둘째, 믿음은 이해하지 못하는 것을 순종하는 것이다(히 11:8).
> 셋째, 믿음은 갖지 않은 것을 주는 것이다(고후 8:3).
> 넷째, 믿음은 하고 싶지 않은 일을 계속하는 것이다(히 11:27).
> 다섯째, 믿음은 내가 받기 전에 하나님께 감사하는 것이다(빌 4:6).
> 여섯째, 믿음은 이해되지 않지만 신뢰하는 것이다(롬 8:28).[9]

문화를 이해하라

제자훈련 설교자는 성도들이 적용할 수 있는 것을 제안하기 위해서 그들이 속해 있는 문화와 함께 살아가는 사람들을 이해해야 한다. 또한 설교자는 회중에게 적합한 설교를 하기 위해서 신중한 태도와 기도하는 마음으로 말씀을 먼저 자신에게 적용시키며 성경을 깊이 이해해야 한다. 설교자들은 사람들을 하나님께서 원하시는 곳으로 인도하기 위해 그들이 현재 처해 있는 상황에서부터 설교를 시작해야 한다. 사람들은 가족, 결혼, 직업, 돈, 건강, 인간관계 등 감당할 수 없는 여러 가지 필요에 대한 해답을 찾기 위해 교회를 찾아온다. 그런데 너무나 복음적인 계시에만 초점을 맞춰 설교를 전하면 성도들의 삶의 정황과는 다소 거리가 먼 메시지를 전하게 된다. 설교자는 성숙한 제자들에게도 관심을 둬야 하지만, 특히 예비 제자들의 상처와 필요에 관심을 갖고 설교해야 한다.

하나님께서도 예수 그리스도를 보내심으로써 우리에게 다가오셨다(히 4:15). 예수님은 우리와 함께 느끼셨다. 예수님은 우리와 같이 고난 받으신다. 설교자는 어떻게 설교를 전달할 것인가를 생각하기 전에 회중의 현재 상황과 그들의 필요에 관심을 가져야 하고, 복된 소식과 어떻게 관련지을지를 연구해야 한다. 그들은 앞으로 제자가 될 가능성이 있는 사람들로서 동등한 사역의 동역자가 될 가능성을 갖고 있다.[10]

복음을 현실의 상황에 가장 잘 맞게 전달할 수 있는 방법은 원문에 나타난 수신자와 오늘날 교회와의 유사성을 활용하는 것이다. 만일 이러한 적절성이 발견되지 않는다면 복음의 전체적인 관점과 문맥의 흐름을 통해 본문을 파악하면 설교에서 활용할 수 있는 원문과 오늘날 교회와의 유사성을 발견할 수 있을 것이다. 성경의 모든 단락은 청중의 믿음, 신뢰, 회개, 순종, 감사, 찬양의 반응을 구하기 때문에 문맥상 모든 단락 속에는 분명한 목적이 들어 있다.

트림프는 "하나님은 이 시대의 우리와 우리의 구원을 염두에 두고 하나님의 말씀을 기록하게 하셨다.… 성경의 진리는 설교를 통해 삶에 적용할 수 있으며, 이 적용은 객관적인 설명 이상으로 우리를 한 단계 더 끌어 올린다"[11]고 말하였다. 설교자들은 설명과 적용의 적절한 통합과 그것을 잘 전달할 방법에 대해 늘 고민한다. 설명은 왜 말씀을 삶에 적용을 해야 하는지에 대한 구체적인 근거로 사용된다.

청중은 구체적이고도 생생한 언어를 통해 전달된 메시지와 개인적인 관계를 형성한다. 데이비스는 "짧고, 강력하고, 명료하고, 친숙한 언어들"과 "추상적 언어보다는 감각적인 언어를, 일반적인 언어보다는 구체적인 언어"를 사용할 것을 권하였다. 이어 그는 "감각 언어들은 마음속에 그림을 연상시키고, 우리 귀에 익숙한 소리와 촉각과 미각과 후각을 연상시키기 때문에 오감에 가까운 말들을 사용하는 것이 좋다"[12]고 말하였다. 일단 본문에서 초대 교회의 기초가 되는 적합성을 찾게 되면 이것을 오늘날 교회와의 유사점을 통해 현대 교회의 상황으로 옮길 수 있다.

설교에서 상상의 역할

설교에서 상상의 역할은 제자훈련 설교를 효과적으로 전하기 위해서

꼭 필요하다. 인간은 누구나 그렇지만 특히 그리스도인에게 상상력은 형이상학적인 사고를 위해서나, 자연을 이해하고 감상하며 하나님을 알고 그분께 반응하기 위해서 필수적이다. 워낙은 "상상력은 인식 속에 작용하는 힘이며, 존재하지 않는 것에 대한 우리의 생각이다. 그리고 이것을 통해서 세상을 보며 또 비전을 나누게 되는 것"[13]이라고 하였다.

성화된 상상력은 우리를 "상상의 하나님"께로 인도한다. "그분에 대한 우리의 생각, 말씀에 대한 묵상, 기도의 즐거움, 이 모든 것이 상상력과 관련 있으며, 상상력은 우리가 은혜 안에서 성장하도록 돕는다."[14] 상상력에 의해 우리는 청중들이 설교를 듣는 동안 보이지 않는 것을 생각하고 또 보게 한다. 상상력은 우리의 지식을 활용하여 하나님께서 우리를 위해 준비하신 풍성한 세계를 보게 한다. 포브스는 "상상력은 하나님의 피조물인 사람만이 가진 특징이다. 상상력은 우리가 하나님을 알고 그 안에서 생명을 발견하며 예배하는 것을 도와준다"[15]고 말하였다. 아담은 지음을 받았다. 그리고 그 피조물 속에는 창조하신 하나님의 모습이 나타났다. 하나님을 아는 것은 상상력의 창조자를 아는 것이다.

상상력은 하나님에 의해 설계된 계시의 방법이다. 하나님께서 창조하신 것을 보면 우리는 하나님의 거룩한 상상력이 얼마나 심오하게 표현되었는지를 알 수 있다. 예를 들어, 구약 성경에서 하나님은 인간을 찾고 그들과 대화하시기 위해 매우 창조적인 방법을 사용하셨다. 하나님은 비전(단 7:1~12:13; 슥 1:7~6:15; 행 10:1~16)과 꿈(창 28:12~15; 마 1:20~23)이라는 고도의 상상적 방법을 사용하여 자신과 자신의 뜻을 나타내시고, 선지자들과 교통하셨다. 상상력은 설교자들이 의도한 진리를 전달하고 그것을 이해시키는 데 아주 중요한 역할을 한다.

예수님은 하나님 나라의 비밀을 비유로 말씀하셨다(마 13:3~52). 로빈슨은 "은유와 직유는 듣는 이에게 감동을 일으키거나 이전 경험에 대한 이미지를 떠오르게 한다"[16]고 말하였다. 은유는 진리, 믿음, 희망, 사랑 같은 추상적인 개념들을 청중의 생각 속에 구체화시킨다. 그러나 설교자는 은유가 설교의 주제가 아니란 것을 알아야 한다. 은유는 주제를 풍성하게 하고 청중들에게 생동감과 개인적인 친밀감을 갖게 하지만, 은유 자체가 메시지는 아니다. 은유를 통한 풍자적인(allegory) 설교는 성경적인 설교를 못하게 할 수 있다.

상상력은 영적 세계와 물질 세계를 연결해 준다. 하나님께서 이 땅에 주신 계시에 의해 우리가 처음으로 하나님의 존재에 대해 접하게 되는 것은 상상의 수준 정도이다. 우리는 상상력이란 힘을 통해 구체적인 모습으로 현실을 인지한다. 상상력이 하는 일은 본문의 해석과 적용을 연결하는 것이다. 말씀의 설명을 통해 그리스도의 진리를 의미 있게 만드는 것은 성령님이시다.[17] 상상은 그 자체로는 충분하지 않지만 실제 사건들과 연결되어 있기 때문에 계시의 효과가 있다. 확실히 상상이 없는 사건은 전달되기 어렵다. 상상이 없는 사건은 구름의 그림자에 불과하다. 이처럼 상상력은 하나님의 말씀에 대한 묵상으로부터 나와야 한다.

03 **설교**의 준비 단계

설교란 사건을 선포하는 것이며 사건에 참여하는 것이다. 또한 청중들에게 정확한 전달뿐 아니라, '지금 여기' 모인 사람들에게 직접적이고도 생생한 음성으로 복음을 전함으로써 계시에 참여하게 하는 것이다. 제자훈련 설교는 본문을 문맥에 근거한 역사적, 문법적, 문학적 연구를 통해 도출한 성경적인 커뮤니케이션이다. 성령님께서는 이러한 개념을 먼저 설교자의 성품과 경험에 적용시키신 후에 설교자를 통해 청중에게 적용시킨다.

본문 선정

먼저 설교자는 설교할 주제와 제목에 맞는 본문을 선택해야 한다. 브라운이 제안한 것처럼 "설교자는 설교할 본문을 확보하는 세 가지 과정을 밟게 될 것이다. 첫째, 성경을 전체적으로 훑어보면서 신중하게 설교 계획을 세운다. 둘째, 성경 본문들 가운데서 목적에 맞는 본문을 여러 개 확보한다. 셋째, 참신한 설교학적 접근들을 통해 목적의식을 가지고 설교에 필요한 본문을 찾는다."[18]

설교자는 체계적인 설교 계획을 세우고 몇 주 앞의 설교를 미리 준비한다. 이 점과 관련해 브라운은 한 가지를 더 제안한다. 노련한 설교자들에게는 6개월 또는 12개월의 설교 계획이 좋은 반면, 경험 없는 설교자들은 한 달이나 3개월 정도의 계획이 훨씬 더 유익하다. 시간 제한, 주제 개발의 부담, 교회 안의 여러 다른 행사, 그리고 각종의 압력들이 설교 본문을 결정하는 데 영향을 끼치기 때문이다.[19]

설교를 계획할 때 다음과 같은 질문을 하는 것이 좋다. "어떻게 이 특정 본문이 내 삶과 듣는 이들의 삶 속에서 재현될 것인가?" 회중들의 상황을 아는 것은 설교의 주제와 제목을 정하는 데 중요한 도움을 준다. 예를 들면 증거, 종의 도, 헌신, 기도, 사랑, 성령 충만, 교회, 용서, 나눔, 판단, 소망, 감사, 기쁨, 의, 분노, 죽음, 거룩함, 직업, 유혹과 치유 등은 좋은 주제가 될 수 있다. 제자훈련 설교는 청중들의 개인적인 삶을 깊게 다루면서 그들의 마음을 만질 수 있어야 한다.

본문 해석과 분석

설교를 준비하는 설교자는 성경의 여러 번역본을 함께 읽으면서 본문을 완전히 이해해야 한다. 자신이 설교할 본문의 번역본을 읽는 것으로 시작해 그 다음 단계에서는 청중이 가질 만한 질문들이나 문제들을 파악하기 위해 다른 번역본을 읽어야 한다.

설교자는 성경 해석 과정을 거쳐야 한다. 해석은 개별적인 단어들에 대한 어휘 연구, 그들의 배경, 용례, 유사어, 반의어, 상징적 사용, 그리고 다른 어휘적 측면 등을 포함한다.[20] 이 작업은 설교의 배경이 된다. 그러나 강단에서 해석된 자료 자체를 읽는 것은 바람직하지 않다. 회중 가운데는 해석된 전문 자료들을 이해할 만큼 충분한 배경지식을 가진 사람은 거의 없기 때문이다. 그러므로 말씀을 전하는 사역자는 자신의 설명을 청중들이 이해할 수 있는 어휘력과 관심의 수준에서 적합하게 각색해야 한다. 설교자는 자신의 전문적 분석을 통해 배운 것을 비전문가의 언어로 전달하는 기교를 계발해야 한다. 그것은 바꾸어 말하기, 묘사, 비유, 예화 혹은 다른 다양한 방법이 될 수도 있다. 물론 설교자는 해석에서 제목이나 문단들로 분류된 본문 전체 내용을 한눈으로 개관해야 하고, 도입에 해당되는 문제들을 다루고, 연대를 파악하고, 책의 저자와 수신자를 파악하고, 기록 목적과 주제를 찾아야 한다.

전문적인 연구가 끝난 후에 설교자는 첫 번째의 분석적인 개관을 그려야 한다.[21] 이 단계의 본문 연구에 의해 설교자는 본문에 대한 정확하고 전문적인 해석적 개관을 준비할 수 있을 것이다. 해석적 개관과 논점은 본문의 구조와 개념들을 원저자와 수신자의 입장에서 진술한다. 이런 개관과 해석은 본문의 논점(예를 들면 이유, 태도, 방법, 목적, 문맥, 영역, 출처)을 전문적인 언어로 표현케 한다. 이런 진술들은 해석적 결정에 상세한 설명을 제공한다. 설교자는 해석의 과정에서 본문의 관계성들을 더 잘 파악하기 위해 '나는 이 본문을 어떤 관점으로 파악하고 있는가?' 와 같은 질문들을 많이 던져야 한다.[22]

강해적 작성단계에서 설교자는 해석을 통해 얻은 보편타당한 해석적 원리와 본문 구조 그리고 개념들을 정리한다. 브라운이 제안하기를, 설교자는 "진정한 성경적 설교의 본질적 요소인 본문에 대한 정확한 개관"과 "하나님께서 특별한 문제를 특정 본문을 통해 현대 회중에게 말씀하고자 하신다는 사역자의 생각을 대변하는 논점을 준비해야 한다"고 하였다.[23] 이 단계는 분석적이기보다는 종합적이며, 해석 과정의 다른 요소들보다 더 간명하다.

문제 제기

이제 설교자는 본문의 저자가 말하고자 하는 것을 본문으로부터 발견해야만 한다. 이런 연습은 많은 주제를 생각나게 해준다. 설교자는 저자가 대답하고자 하는 요지가 무엇인지를 계속 물어봐야 한다. 이러한 다중의 질문은 주제들을 점점 축소하며 설교 윤곽을 명확하게 해준다.

설교자라면 '본문은 무엇을 말하려 하는가?' 와 '본문으로 무엇을 하려고 하는가?'에 대해서 늘 질문하고 답해야 한다. 본문의 활용은 보통 본문 형태의 역사적, 문학적 상황으로부터 유추된다. 대부분의 경우, 상황적 지식은 기능적 지식에 밀려난다. 그러나 불확실성은 또 다른 불확실성을 가져온다.

예를 들면, 마태복음 10장 34~36절에서 그리스도가 평화가 아닌 검을 가져왔다고 한 말씀은 가족 구성원이 나뉘는 것과 한 가족 내에서 원수가 생기는 것에 대해 하신 말씀이다. 만일 이 문맥이 냉담과 타협에 관한 것이라면 본문을 통해 무엇을 말할 수 있겠는가? 이 본문은 한 가족 내에서 얼마의 희생을 치르더라도 충실성과 흔들림 없는 헌신을 요구하는 부르심을 말한다. 그러나 이러한 말들이 이미 제자화를 위해 사회와 교회 안에서 어떤 대가를 지불한 교회라면, 본문은 또 무슨 역할을 할 수 있는가를 물어야 한다.[24] 설교자들은 늘 이러한 질문을 통해서 전할 메시지를 더욱더 명확하게 할 수 있다.

설교의 목적 결정하기

모든 설교의 이면에는 분명하고 성경적인 목적이 있어야 한다. 설교의 목적을 구성하는 데는 본문과 청중과 설교자 모두가 연관된다. 특별한 목적을 염두에 둘 경우 설교가 해석된 본문과 정확히 일치하지 않을 수도 있지만, 기본적으로 해석적인 논점은 지켜져야 한다. 그리고 이 목적들은 서로 상충되는 것이 아니라 상호보완적이어야 한다. 설교자는 여러 모양으로 적용할 수 있는 한 가지의 목적을 발견해야 한다.

또한 설교의 목적에는 항상 성경이 말하는 명백한 가르침이 들어가야 한다. 그것은 성도의 변화된 삶이다. 그레이다누스는 "일반적으로 설교의 목적은 회중을 세우고, 격려하고, 위로하며(고전 14:3), 섬김을 위해 준비시키는 것이고(엡 4:11, 12), 가르치고, 교훈하고, 바르게 하고, 의로 교육하는 것이다(딤후 3 : 16)"[25]라고 말하였다. 설교는 사고와 행동의 한정을 전제로 하는 가운데서 준비된다. 설교의 목적은 무엇을 구체적으로 한정해야 할지를 결정하는 것이며, 그것은 서론에서 결론에 이르기까지 논점의 진술과 배치, 논제의 내용과 구조, 그리고 사용된 예화들을 포함하여 설교자가 내리는 모든 결정에 영향을 미친다.

설교의 논제와 윤곽

설교의 개관과 논점은 현 시대의 청중에게 본문을 통해 무엇을 말할 것인지를 정하는 것이며, 본문에 담긴 진리를 청중들에게 전달한다. 채플은 "본문의 내용을 말하기 위해 설교자는 이해하기 쉽게 설명해야 한다. 이해 가능하도록 문맥을 설명해야 하며 함축된 의미를 설명해야 한다"[26]고 하였다. 이렇게 하려면 설교자는 본문에 충실하면서도 청중들에게 적합한 설교의 개관을 작성해야 한다.

설교자는 논점을 가능하면 가장 정확하고, 기억하기 쉽고, 구체적인 문장으로 서술해야 한다. 그리고 이 논점은 해석적, 강해적 논점들로부터 직접적으로 끌어내야 한다. 브라운은 설교 준비의 마지막 단계에 해당되는 여섯 가지 요소들을 다음과 같이 제시하였다.

1. 관심을 끄는 제목 정하기
2. 확실한 성경의 윤곽 작성하기
3. 목적에 충실한 결론 내리기
4. 호소력 있고 정보력 있는 서론 준비하기
5. 감동적인 초청의 말 준비하기
6. 설교의 스타일 다듬기[27]

제자훈련 설교의 강조점

제자훈련 설교의 목적은 말씀의 교훈과 그에 대한 삶의 적용이다. 이 두 가지 목적은 강해설교의 독특한 초점을 성경 본문에 맞춰 설교의 커뮤니케이션이 가능하게 한다. 제자훈련 설교는 첫째, 성경 본문이 정확하게 선포되어야 하고 둘째, 현시대 청중에게 적합하게 적용되어야 한다.[28] 제자훈련 설교는 성경 본문에 대한 설명에 뿌리를 두고 있지만, 형태는 다양하게 취할 수 있다. 설교자는 적용을 강조하는 방식을 선택할 수도 있고, 구원에 관한 성경적 메시지에 강조점을 둘 수도 있다.

역동적인 소그룹의 가치

설교는 사람들을 교육하고 동기 부여하는 일에 도움이 되지만, 서로 커뮤니케이션하기는 힘들다. 맬퍼스는 "강해설교가 삶을 변화시키는 데 가장 중요한 역할과 기여를 한다면, 소그룹 사역은 사람들의 삶의 변화를 가장 잘 촉진시킨다"[29]고 말하였다. 그러므로 회중들이 배운 말씀을 잘 적용하기 위해서는 제자훈련 설교의 후속 과정이 필요하다. 회중을 예수님의 제자로 세우기 위해서는 교회에서 마음을 열고 교제할 수 있는 활동이 필요한 것이다.[30]

소그룹은 구성원에게 삶을 나눌 수 있는 효과적인 기회를 제공한다. 제자훈련 설교를 듣고 그 설교에 근거해서 나눔을 갖는 소그룹 모임에 참석하는 사람들은, 설교를 듣고 소그룹 나눔에 참석하지 않는 사람들보다 설교의 성경적 내용을 더 잘 이해하고 적용하는 경향이 있다. 프라이어는 다음과 같이 말하였다.

"주일에 설교자가 강해한 하나님의 말씀을 가정 성경 공부 모임과 연결시키는 것은 아주 바람직하다. 상황에 따라 사역은 다양한 방법으로 전개할 수 있다. 먼저 설교자가 성도들에게 성경을 풀어 설명해 준다. 그리고 성도들은 들은 말씀을 가지고 가정으로 돌아가 가정 모임 리더의 적절한 지도를 받으며 가족들의 삶 속에서 날마다 말씀을 적용한다. 서로의 삶에 깊은 관심을 갖고 책임감을 느끼는 헌신된 사람들과의 교제를 통해, 하나님의 말씀을 각자의 삶 속에 직접적이고, 개인적이고, 실제적이며, 구체적으로 적용할 수 있게 된다. 소그룹 모임을 통해 사람들은 자연스럽게 성경 말씀을 자신의 삶에 적용하게 되며, 이렇게 할 때 성장과 변화가 일어난다."[31]

소그룹 모임 속에서는 자연스럽게 상담할 수 있어 개인들이 필요한 정보를 얻고, 정서적인 측면에서는 자신을 표현하며 감정을 나눌 수 있는 기회를 갖는다. 소그룹의 나눔 속에서 스트레스를 해소할 뿐 아니라 혼자서 짐을 져야 하는 외로움을 달랠 수도 있다. 여러 사람의 격려가 심리적, 정신적, 신체적으로 해로운 행동을 완화시켜주기 때문에 정서적 불안정이 줄어들며, 평안이 증진된다.[32]

소그룹의 세 기둥

소그룹 모임 속에서 사람들은 설교자의 메시지에 대한 자신들의 느낌을 이야기하며 설교에 반응을 보이고 자신이 깨달은 것을 다른 사람들에게 이야기할 수 있다. 자기 안에 있는 상처와 아픔과 기쁨과 희망을 다른 사람들에게 나누면서 하나님을 발견할 수도 있다. 이처럼 성령님께서는 소그룹 안에서 이루어지는 삶의 나눔을 사용하여 다른 사람들에게 새로운 관점을 깨닫게 하시며 또한 위로하신다. 열 명 안팎의 인원으로 구성된 그룹을 만들고, 매주 모여 설교를 통해 배운 진리와 적용점들을 나눌 수 있다.

오리곤 주의 포틀랜드 시에 있는 뉴호프커뮤니티교회는 미국에서 소그룹 활동이 가장 효과적으로 진행되고 있는 교회 가운데 하나이다. 이 교회에는 약 500개의 소그룹들이 활동하고 있다.[33] 타운즈는 다음과 같이 이야기하였다.

"소그룹의 세 가지 목적은 제자훈련, 전도, 목양이다.… 이 교회에서는 갤로웨이 목사의 설교 내용에 맞추어 소그룹 성경 공부가 연계성 있게 진행된다.… 설교자가 6주에 걸쳐 기도에 대해 설교하는 동안 TLC그룹은 같은 주제로 6주 동안 성경 공부와 나눔을 가졌다. 이 과정이 끝나자 성도들 안에 커다란 영적 성장이 일어났다.… 설교자는 소그룹 나눔에 도움이 될 만한 실제적인 교훈들을 두 페이지로 정리하여 소그룹 모임 자료로 제공한다. 그룹을 이끄는 평신도 사역자들은 이 자료를 가지고 소그룹 모임의 토론과 대화를 진행한다."[34]

역동적인 소그룹 활동은 개개인과 공동체 모두에게 활기와 성장을 가져온다. 살아 움직이는 하나님의 말씀과 예수 그리스도의 이름으로 모인 신자들의 모임이 결합하여 놀라운 성장의 분위기를 만들어낸다. 소그룹 나눔은 사람들이 제자훈련 설교가 삶에 적용되도록 독려한다.

결국 회중에게는 제자의 삶을 사는 데 요구되는 여러 가지 사항을 충족시켜줄 수 있는 다양한 형태의 소그룹 활동이 필요하다. 초신자들에게 기독교의 기본 교리, 윤리, 경건생활, 신앙생활 규범 등을 포함하여 그리스도인의 삶의 기초적인 내용들을 설명하고 도와줄 수 있는 모임들이 있어야 할 것이다. 또한 사람들의 필요에 따라 모범적인 결혼생활, 자녀훈련, 전도, 지역사회 봉사, 사회 문제에 대한 이해와 그리스도인들의 반응, 성경 공부 방법, 직장 내의 도덕성 등과 관련한 원리와 실천 윤리들에 초점을 맞춘 소그룹 활동들도 있을 수 있다.

04
설교에서 이뤄지는 제자훈련 과정

예수님은 제자들에게 복음 전파의 비전도 주셨지만 개종자들을 영적 성숙으로 인도하는 훈련을 시킬 수 있도록 그에 대한 계획도 함께 주셨다. 바람직한 제자훈련의 계획은 다음의 세 가지 단계를 포함한다. 각각의 단계는 제자들이 영적 발달 과정에서 달성해야 하는 특수한 목적을 가지고 있다.

제자훈련 설교의 첫 번째 단계는 전도로서 사람들에게 복음의 내용을 제시하여 그들의 삶을 구세주인 예수 그리스도께 헌신하도록 하는 과정이다. 즉, 제자훈련 과정의 첫 단계는 "와 보라"(요 1:39)로 시작한다. 예수님은 믿는 자들에게 "가라!"고 말씀하신다. 그러나 잃어버린 자들에게는 "오라!"고 말씀하신다. "가서 전하라"와 "와 보라"는 신약에서 발견된다. 우리는 "가라"와 "오라" 사이에서 어느 하나만을 선택할 필요는 없다. 둘 다 타당한 전도의 형태들이기 때문이다. 어떤 이들은 끌림이 있어서 찾아올 것이고, 어떤 사람들은 복음에 직면하고 나서 나오게 될 것이다.[35] 모든 예수 그리스도의 제자들이 "와서 나를 따르라"는 단계를 거쳤듯이, 그들은 점차로 신실한 개종자로부터 세움 받은 제자로 변화되어가는 중요한 전환의 단계를 거치게 된다.[36]

바울은 유대인의 회당에서 설교할 때 자신의 설교에 반응하는 사람들을 찾았다(행 13:14~44, 14:1, 17:1~3, 16, 17, 18:1~4, 19, 19:8). 그는 이방인들에게 복음을 전할 때 영적인 문제에 민감한 자들을 찾았다(행 16:13~15, 17:22, 34, 19:9, 10). 제자훈련 설교는 영적 진리에 목말라 하고 거기에 관심을 보이는 사람들에게 말씀을 증거하는 데서부터 시작된다.

전도는 그 자체가 영적 갈급함을 채워 주고자 하는 자비의 행위이다. 복음 증거는 강요에 의해 억지로 되는 일이 아니다. 그것은 매일 삶 속에서 자연스럽게 흘러나와야 한다. 하나님의 말씀은 '생명의 말씀'이므로 그리스도인은 불신자들이 하나님의 말씀을 접할 수 있는 일이라면 무엇이든지 해야 하며, 그들이 교회에 나오는 것을 편안하게 생각하도록 도와주어야 한다. 제자훈련 설교에서 전도와 관련한 가장 시급한 문제는 설교를 듣도록 초청할 불신자를 찾는 일이다. 왜냐하면 대부분의 전도는 전혀 모르는 사람을 데려오기보다는 이미 관계를 형성하고 있는 사람을 데려오는 경향이 훨씬 더 두드러지기 때문이다.[37] 유감스럽게도 많은 그리스도인들이 믿지 않는 친구들과의 관계를 지속하지 못한다. 심지어 경험이 많은 그리스도인들도 외부 세계와의 의미 있는 접촉을 단절하며 산다.

제자훈련 설교는 복음적인 이벤트나 사람들이 필요로 하는 세미나를 통해서 효과적으로 전달할 수 있다. 이벤트에 관해서 젠슨과 스티븐스는 복음적 설교를 곁들인 남성들의 조찬모임, 여성들의 오찬모임, 혹은 저녁식사 모임을 제안하였다.[38] 불신자를 위한 세미나는 시간관리, 결혼 준비, 결혼생활, 육아, 직업 능력 계발, 여성들의 신체적 필요들, 재정 계획, 독신생활 등과 같은 주제로 그들의 관심을 끌 수 있다.

이런 행사와 세미나는 그리스도인들이 이웃, 친구, 직장동료를 초대할 수 있는 기회를 제공하며, 간증이나 촌극, 흥미로운 프로그램 등을 통해 복음을 전할 수 있다. 이런 일들을 통해 프로그램에 참석했던 사람이 그 자리에서 그리스도께 나아올 수도 있으며, 혹은 이런 일들을 계기로 그 사람을 주일 아침 예배로 초청할 수도 있을 것이다. 윌로크릭교회의 개척자이며 담임목사인 빌 하이벨스 목사는 현대적인 기독교 음악, 드라마, 다양한 영상 매체를 사용한 프로그램 연출과 복음 메시지로 구성된 주말 예배를, 교회 밖의 사람들을 위해 특별히 설계된 '구도자 예배'로 설명하고 있다. 하이벨스 목사는 윌로크릭교회를 '부담 없이 방문할 수 있는 장소, 부담되는 설교를 부담 없이 들을 수 있는 곳!'³⁹이라고 표현한다.

　제자훈련 설교의 다음 단계는 양육과 무장이다. 그것은 예수님을 따름으로써 본격적으로 시작된다(막 1:16). 이 단계에 들어서면 이전에 예수님에 대해 가졌던 막연한 궁금증이 이제는 예수님을 구세주로 받아들이는 확고한 확신으로 바뀐다. 맬퍼스는 "새신자가 회심한 후 곧바로 제자로 훈련 받지 않으면 관심의 창문은 닫히게 되고 명목적인 기독교인으로 남게 된다"⁴⁰고 말한다.

　'양육'은 "가르침이나 본을 보임으로써 성도의 덕을 세우고, 영적 성장과 인격 향상을 촉진시킨다"⁴¹는 의미에서 은유적으로 사용된다. '덕을 세운다'는 말은 바울의 서신들에서 여러 번 나타난다(롬 15:2; 고전 8:1, 10:23, 14:26; 엡 4:29). 양육은 세워 주는 것을 의미한다. 이런 구절들에서 바울은 성도의 성숙을 위해 믿음을 세우는 일을 강조하였다. 영성과 성숙의 차이를 이해하는 것은 중요하다. 영성은 하나님의 뜻에 순종하는 삶을 살 때 얻어진다. 초신자라도 영적인 사람일 수가 있다. 그러나 성숙에는 시간이 필요하다. 시간과 기술과 멘토의 현명한 지도가 필요하다. 제자화란 스승의 바람과 방향에 맞게 삶을 형성해가는 훈련을 내포하고 있다.⁴² 이 성숙은 하루아침에 만들어지지 않는다. 성숙은 성경에 순종하는 삶을 계속 살아나가면서 이루어진다. 제자훈련 설교는 진지하게 성장을 갈망하는 사람들이 영적인 성숙을 지속적으로 돕는다.

　제자훈련 설교자는 회중의 경험 속에 들어가야 하며 그들의 경험의 언어로 회중의 감정을 표현할 수 있어야 한다. 피츠제럴드는 이렇게 말하였다.

> "설교자는 대중매체, 문화, 신앙, 교육 등의 영향을 받으며 사는 사람들의 삶의 문제와 생각에 진정한 관심을 가져야 한다. 설교자가 아무리 지혜롭고, 영리하고, 독창적이고, 또는 세상을 뒤흔들어 놓을 만한 말을 한다고 해도 회중의 생각과 연결시키지 못한다면 그것은 별로 중요하지 않다. 진정한 설교자는 회중의 삶을 이해하고 믿음의 눈으로 그들을 바라보며 돕는 자이다."[43]

제자훈련 설교자는 사람들이 도움을 필요로 하는 문제가 무엇인지 알아야 하며 이를 위해 설교에 대한 회중의 피드백을 구해야 한다. 설교자는 회중의 성숙을 돕기 위해서 성경을 더욱 폭넓게 다루어야 한다. 성경의 어떤 부분들은 제자훈련 설교를 위해 좀더 깊이 연구해야 하는 경우도 있다. 특정 주제와 교리들은 설교나 짧은 시리즈로 다룰 수도 있다. 제자훈련 설교에 있어서 올바른 교리와 도덕성의 제시는 매우 중요한 역할을 한다. 그 설교를 듣는 동안 회중의 믿음이 점점 강화되고 성숙해 갈 수 있기 때문이다.

열두 제자들은 예수님을 따르고 예수님이 행하시는 일들을 관찰하여 '사람을 낚는 어부'가 되는 방법을 배웠다(막 3:14). 예수님은 메시아로서 자신에 대한 제자들의 믿음과 확신을 키우고 강하게 하기 위해 많은 생각을 가지고 행동하셨다. 제자들이 다음 단계의 훈련으로 넘어가기 전에 먼저 분명한 믿음의 확신을 가져야 하였다. 이와 같이 오늘날 제자를 삼는 설교자는 회중에게 정보만 제공할 것이 아니라 회중을 모으고 그들이 그리스도인으로 변화하도록 도와주어야 한다. 사람들을 그리스도 안에서 새 사람으로 만들어가고 새롭게 되도록 인도해야 한다(롬 12:2).

제자훈련 설교에서 교화는 복음의 진리를 삶의 모든 방면에 긴밀하게 연결시킴으로써 삶을 복음으로 '거듭나게 하는' 일련의 과정이다. 그것은 "세상 풍조와 행동을 본받지 않고 생각을 새롭게 함으로 변화받게 하기 위해" 모든 생각을 사로잡아 예수 그리스도께 연합시킴으로써 심령을 새롭게 하는 것을 포함한다.[44] 설교자의 사명은 회중이 그리스도를 닮아가도록 동기를 부여하는 일이다. 따라서 설교를 통해 회중의 태도가 변화되기 시작하고, 관계들이 회복되고, 부정적인 성격과 습관들이 사라지기 시작한다. 물론 성도의 인격 형성을 주도하시는 분은 성령이다. 오직 성령만이 하나님의 성품을 닮은 제자들을 만들 수 있다. "하나님의 존전 또는 하나님의 면전"을 의미하는 라틴어인 코람 데오(coram deo)라는 말에는 새로운 인격 형성의 관점이 담겨져 있다. 피츠제럴드는 제자훈련 설교의 본질을 "하나님의 존재에 대한 더 깊은 믿음으로 심령을 변화시키며, 편협한 비전과 죄성으로부터 돌이켜 새로운 방향과 가능성들로 나아가게 하는 것"[45]이라고 정의하였다. 말하고 행동하는 모든 것에서 하나님의 존재를 의식하며 하나님의 뜻을 이루는 데 초점을 맞추게 한다. 성도들이 일상생활 속에서 하나님을 발견하며, 이전에는 평범하던 것들이 중요한 의미를 갖게 되고 목적을 갖을 수 있어야 한다.

제자훈련의 세 번째 단계는 마가복음 3장 13~15절에 나타나 있는 것처럼 온전하게 하는 것이다. "또 산에 오르사 자기의 원하는 자들을 부르시니 나아온지라 이에 열둘을 세우셨으니 이는 자기와 함께 있게 하시고 또 보내사 전도도 하며 귀신을 내어쫓는 권세도 있게 하려 하심이라." 예수님께서는 사역을 위해 이런 사람들을 준비시키는 데 집중하셨다. 제자들은 예수님이 사역하시는 모습을 곁에서 계속 지켜보고, 예수님의 감독 아래 직접 사역에 참여하면서 제자가 되어갔다. 이것이 예수님께서 제자들의 리더십을 계발하시고 사역을 감당할 수 있는 자들로 준비시키신 방법이다.

하나님의 말씀은 하나님의 백성들을 선한 일을 위해 준비시키고자 주어졌다(딤전 3:16, 17). 그것은 그리스도인들을 섬김의 일을 하도록 준비시키기 위해 설계되었다. 제자화의 원리는 헬라어 엑세르티스메노스(exertismenos)라는 단어 안에 함축되어 있다. 이 말은 번역하면 '완전하게 갖추어진, 무장된'이란 뜻이 된다. 이 완료형 수동태 분사형 단어는 과거에 완료된 어떤 행동의 결과가 미래에 지속적으로 뚜렷한 효력을 나타내는 것을 의미한다. 하나님의 말씀은 평생에 걸쳐 사람을 온전하게 만들어간다. 수동태는 온전하게 된 사람이 하나님의 말씀에 준하여 행한다는 것을 암시한다.[46]

'온전하게 하다'라는 말은 '완전하게 하다', 혹은 '부족한 것을 채우다'라는 의미가 있다. 이것은 무언가를 사용하기에 적합하게 만들고, 회복시키고, 온전히 하거나, 또는 영적인 면에서 성숙시킨다는 의미이다.[47] '충분히 갖춰진'이란 의미의 헬라어 어근 엑사르티조

(exartizo)는 에베소서 4장 12절에 나오는 '준비시키다'라는 말로 번역되는 카타르티조(katartizo)와 밀접한 관련이 있다. 오직 하나님의 말씀만이 한 사람을 효율적인 사역을 위한 건강하고 생산적인 사람으로 온전히 준비시킬 수 있다. 온전하게 됨은 당연히 재생산과 배가의 열매를 가져온다.

회복을 위해 온전하게 함이 필요하다(갈 6:1). 온전하게 하는 것은 죄 지은 형제나 자매가 자신의 죄를 회개하고 온순하고 겸손한 마음으로 하나님과 교제하는 관계로 돌이키도록 돕는 것을 포함한다. 믿음을 강하게 하기 위해서도 온전하게 함이 필요하다(살전 3:9, 10). 바울은 데살로니가 성도들에게 그 믿음의 부족한 것을 "채울"(헬라어로는 '온전하게 하다'와 같은 단어임) 기회를 주시길 기도하였다.

에베소서 4장 11, 12절은 설교자의 중요한 임무에 대해 말씀하신다. 목사들과 교사들(설교자들)은 예수 그리스도를 위해 효과적인 사역을 감당하도록 사람들을 준비시켜야 한다. 이것은 사람들을 영적으로 성숙시키고, 최종적으로는 하나님의 사람들을 통해 하나님의 모든 은사들이 충분히 사용되는 것을 포함한다. 모든 성도가 자기 역할을 잘 감당할 때, 교회는 사랑으로 세워져갈 것이다.

바울이 이르기를 "목회자들은 교회에서 설교를 통해 성도들이 봉사의 일을 하도록 준비시키는 것"이 그들의 역할이라고 지적하였다. 다른 말로 하면, 제자훈련 설교자는 선수를 지도하는 코치와도 같다. 설교자는 성도들이 각자의 사역을 수행하도록 준비시킨다. 제자훈련 설교자의 책임은 하나님의 말씀을 가르치는 일(설교)뿐만 아니라 성도들이 사역을 감당하도록 온전하게 세우는 일도 해야 한다. 가르치는 일(설교)은 주로 적용에 필요한 정보 제공을 강조하는 반면, 온전하게 하는 일은 사역을 감당하는 데 필요한 기술이나 능력을 갖추는 데 중점을 둔다. 사람들은 제자훈련 설교를 통해 자신들이 해야 할 일이 무엇이고, 그 일을 어떻게 해야 하는지를 이해하게 된다.

온전하게 하는 일은 설교자가 말씀 사역에만 전무할 수 있도록 다른 모든 일들은 떠넘겨버리는 것을 의미하지는 않는다. 온전하게 한다는 것은 사람들을 훈련시키고, 필요한 사역들을 앞장서서 감당해야 할 사람들에게 양도하는 것을 말한다. 이것은 교회를 향한 하나님의 거룩한 작전 계획의 핵심이다.[48] 설교자는 성도들이 세상 속에서 사는 동안 하나님께서 그들에게 매일매일 맡겨 주신 사명을 감당하도록 돕는 조력자이다. 그러므로 설교자는 평신도들이 교회 내에서뿐만 아니라 직장과, 더 넓게는 지역사회에서 섬김의 일을 감당할 수 있도록 온전하게 세워야 한다.

디도서 2장에서 바울은 제자훈련 설교자의 표본을 제시하였다. 디도에게 바울은 바른 교훈에 합한 것을 가르치라고 권면하였다(1절). 설교자는 바른 교훈을 가지고 나이가 더 많은 남자들과 여자들을 가르쳐서 그들로 하여금 젊은 사람들을 가르치게 해야 한다. 그것은 디도가 젊은 사람들과의 관계가 여의치 않아서가 아니라, 목회자가 연장자들에게 그들이 해야 할 책임을 가르치고 그들을 온전하게 함으로써 그들이 또 다른 사람들을 온전하게 하는 일을 감당할 수 있게 하려는 것이다. 나이 든 성도들이 젊은 세대를 훈육하는 것이 가장 효과적이다.

온전하게 하는 일은 성도들이 그들의 삶에서 그리스도를 닮은 인격을 나타내도록 돕는 일에 필수적인 요소이다(눅 6:40). 설교를 통해 제자들을 온전하게 하고자 할 때 디모데후서 3장 16절에 언급된 것처럼 교훈과 책망과 바르게 함과 의로 교육함이라는 네 가지 사역의 균형을 가지고 성경을 사용해야 한다.[49] 일단 문제점이 파악되고 영적인 원인이 드러나게 되면 설교자는 회중의 행동과 태도를 바로잡아 줄 수 있어야 한다.

회중은 제자훈련 설교와 하나님의 말씀을 자신들의 삶에 적용하면서 예수 그리스도의 신실한 일꾼들이 된다(롬 16:3). 훌은 중요한 일꾼의 세 가지 목표에 대해 다음과 같이 언급하였다. 일꾼들은 "자신이 수고를 감수해야 할 일에 대한 깊은 확신(결단과 헌신)을 가져야 하며, 멘토의 지도(본보기, 설명, 시범, 검토, 비평, 그리고 기술의 연마) 아래 감독을 받는 훈련을 해야 하며, 사역 기술을 배우고 계발해야 한다"고 하였다.[50] 설교자의 역할은 주로 방향 제시, 리더 훈련, 그리고 제자훈련자의 모델을 보여 주는 것이다.

평신도 사역이 일어나야 한다

온전하게 된 일꾼은 설교자의 감독 아래 훈련을 마치고 하나님 나라를 위한 수고를 감당하기로 헌신하여 세움을 입은 제자이다. 그들은 사역 기술뿐 아니라, 세상을 주님께로 회복시키는 일에 깊이 헌신한 사람이다. 평신도 사역은 효과적이고 건강한 목회의 중요한 열쇠이다. 그러나 아직 사역의 전략적 중요성을 발견하지 못한 교회들이 많다. 설교자와 스태프는 동분서주하며 모든 사람의 필요를 채우기 위해 바쁘게 뛰어다니는 한편, 신자들은 회중석에 앉아 그들에게 격려를 보내는 것 외엔 하는 일 없이 방관하고 있다. 전통적인 교회의 경우 20%의 성도가 80%의 사역을 감당하고 있는 실정이다.[51] 설교자는 사역을 감당할 사람들을 준비시키기 위해 평신도들과 함께 자신의 사역, 예를 들면 가르치는 일, 돌보는 일, 심방, 전도와 같은 일들을 기꺼이 나누어야 한다.

기독교는 처음부터 평범한 어부들을 제자로 삼는 평신도 운동이었다. 예수님은 그들을 사람 낚는 어부로 만드셨다. 예수님은 평범한 이들이 비범한 하나님의 종이 되리라고 믿으셨으며, 베드로와 같은 사람들을 통해 교회를 세우실 계획을 가지고 계셨다. 예수님은 보통 사람들을 제자로 부르셔서 자신을 대신하여 나라와 족속들을 제자 삼도록 보내실 예정이었다. 요즘 교회의 갱신과 선교 활동을 방해하는 가장 커다란 걸림돌은 목회자와 평신도 간의 역할을 경직된 기준으로 구분한 데 있다. 이것은 목회자가 평신도들에게 교회 안팎에서 중요한 책임을 맡기거나, 진정한 그리스도의 사역자로 설 기회를 주지 않는 결과를 가져왔다.[52]

교회의 여러 가지 일은 평신도와의 동역으로 이루어져야 하는 것이지 설교자 혼자서만 하려 해서는 안 된다. 설교자의 직무는 복음을 전파하고 제자를 훈련하고 많은 사람들을 가르쳐서 그들이 설교자를 의지하지 않아도 되도록 강하게 세우는 일이다. 또한 하나님 말씀으로 양 무리를 정결하게 하고 먹이는 것이다. 설교자는 교회의 사역을 감당할 만한 이들을 발굴하고, 훈련하고, 동기를 부여해야 한다.

교회의 사역을 위해 하나님께서는 평신도들에게 다양한 은사를 주셨다. 예를 들면, 교회는 가르침의 은사가 있는 자들의 가치를 인정하고 격려해야 한다. 소그룹 모임은 준비된 평신도 사역자들이 성경을 가르칠 수 있는 훌륭한 환경을 제공한다. 평신도 리더는 한 주에 한 번씩 새 신자를 만나 돌보고 제자훈련에 관한 자료를 바탕으로 함께 성경 공부를 할 수도 있다. 또한 일대일 성경 공부와 적용은 매우 효과적인 제자훈련 방법이기도 한다. 일대일로 이뤄지는 제자훈련 관계는 가르침, 돌봄, 그리고 교제의 요소들을 부분적으로 포함할 수 있으며 그리스도인의 삶에 활력과 성장을 보충해 줄 것이다.

설교를 통한 재생산

교회 전체에 제자화가 일어날 때 생명은 스스로 재생산된다. 견습생이 모델이 될 때 재생산이 일어난다. 견습생이 모델이 된다는 것은 그 사람 안에 어느 정도의 성숙이 이루어져서 다른 사람들이 그 사람의 본을 보고 따름으로써 그들도 그리스도의 성품을 닮아가게 되는 것을 말한다. 그리고 그것은 재생산을 가져온다. 재생산이 대량으로 일어날 때 함수적 성장이 시작되고 그것은 곧 배가를 의미한다.

제자훈련 설교자는 바울이 평생 그랬던 것처럼 제자훈련 설교를 통해 제자훈련 사역을 수행할 제자들을 세우고 온전하게 하는 일에 헌신해야 한다. 설교자는 전체 회중을 대상으로 한꺼번에 설교를 하는 게 보통이지만, 때로는 시간을 내어 소수의 사람들을 집중적으로 훈련하여 그들이 다른 사람들을 제자훈련 할 수 있도록 계발하는 일도 필요하다.

재생산은 영적 은사를 통해서도 일어난다.[53] 제자훈련 설교자는 서로 다른 환경에 처해 있고, 서로 다른 특징들을 가지고 있는 많은 제자를 격려하도록 부름 받았다. 우리는 모두 다른 사람을 제자로 만드는 일에 기여하도록 하나님께 훈련 받고 세움을 받은 존재들이다. 설교자는 각 사람을 격려하여 공동체의 연합을 조성하고, 그리스도의 한 몸으로서 사역의 능률이 오르게 한다. 사도행전 14장 23절에서, 바울의 일행은 각 교회에 장로를 세우고 기도로 그들을 주님께 맡겼다. 설교자는 다른 사람들에게 자주 사역의 권한과 책임을 위임하며 그들이 믿음 안에서 리더십과 영적 은사를 발휘하는 법을 배울 수 있는 기회를 갖도록 해야 한다.

다른 말로 하면, 설교자는 제자들을 분명한 목적을 가지고 가르치고 파송하여 그들이 다른 사람들을 통해 배가를 실현하게 해야 한다. 영적 배가는 그리스도의 몸 된 교회가 세상을 변화시키는 중요한 방법 중 하나이고, 그것은 오늘날의 설교자들이 다음 세대의 새로운 그리스도의 제자들과 제자훈련가들을 길러낼 때 실현될 것이다.

05
제자훈련 설교를 위한 지침

한국은 괄목할 만한 경제 발전과 함께 개신교의 성장으로 세계의 주목을 받는 나라가 되었다. 100년이 약간 넘은 선교 역사를 지닌 한국의 개신교는 특히 지난 20년간 큰 부흥을 이루어 세계의 주목을 받았다.[54] 하나님의 은혜로 이처럼 놀라운 성령의 역사가 일어났지만, 한국 교회는 제자훈련 설교를 통한 참된 기독교 문화 계발을 위해 일해야 할 과제를 남겨 두고 있다.

길선주 목사의 주제 설교

1900년대 초 선교사들과 한국인 설교자들은 전국적인 부흥집회를 열었다. 이 운동은 큰 열심과 전도의 열정을 가지고 시작됐다. 브라운은 한국 교회의 전도 방법을 크게 세 가지로 설명하였다. "첫째, 여러 중요한 지역들을 중심으로 대중 전도 집회들이 열렸다. 둘째, 컬렉션 오브 데이즈(Collection of Days)라고 불리는 한국 정서에 맞는 독특하고도 기발한 아이디어가 동원되었다. 셋째, 대부분의 노력을 쪽복음과 전단지를 배포하는 데 쏟았다."55 이러한 대중집회들을 통하여 전국적인 부흥이 일어났다.

한국의 부흥 운동에 핵심적인 역할을 감당한 전도자들 가운데 한 사람이 길선주 목사(1869~1935)이다. 1907년에 평양에서 열린 남성들의 모임에서 길선주 목사의 설교를 듣고 2,200명이 회심하는 일도 있었다.56 길선주 목사의 설교는 성령으로 충만하였으며, 시각적인 예화들을 사용하였다. 그의 설교는 권위가 있었으며 영감이 넘쳐서 그의 설교를 들은 청중들은 모두 자신의 죄를 회개하였다.

그는 자신의 가슴에 줄을 묶고 한 남자에게 줄의 다른 쪽 끝을 잡으라고 하였다. 그는 또 윤 선교사에게 강단 옆에 서라고 말하였다. 이 예화는 어떻게 해서 죄인이 죄의 줄을 끊고 하나님께로 돌아서는지를 보여 주기 위한 것이었다. 길선주 목사는 줄을 잡고 몸부림치다가 마침내 줄을 끊고 하나님을 나타내는 선교사를 껴안았다. 윤 선교사는 길 목사가 밧줄을 끊으려고 안간힘을 쓰는 동안 회중 가운데는 숙연한 침묵이 흘렀다고 당시 상황을 기억한다. 그러다가 그들이 껴안는 순간, 그 감동은 말로 형언할 수가 없었다. 많은 사

람들이 선 채로 그들의 죄를 회개하였다.[57]

이 설교의 의도는 사탄과 죄의 권세 아래 살고 있는 사람들을 빛 되신 하나님께로 인도하는 것이었다. 길선주 목사는 자신의 설교에 대해 다섯 가지 지침을 제시하였다.

1. 청중의 필요에 따라 설교함.
2. 마음의 세 가지 요소인 생각, 감정, 그리고 의지에 따라 설교함.
3. 주제별 설교방법을 사용함.
4. 설교의 운율을 살림.
5. 주제 설교와 본문 중심 설교를 구별함.[58]

은사 운동의 문제점

한국 교회의 급격한 배가에는 교회 안에서 일어난 '성령 운동'으로 알려진 현상이 큰 몫을 감당하였다. 이 운동은 또한 '방언 운동'이라고도 불리는데, 성령의 은사들과 특히 방언으로 말하는 것을 강조했기 때문이다. 그러나 방언을 말하는 것은 해석의 은사 없이는 교회의 덕을 세우지 못한다(고전 14:2~19).

카리스마 운동의 성공은 교회를 위협한 자유주의의 도전과 영적 활기가 부족했던 상황에서 비롯된다. 이것은 많은 전통적인 개신교회들 안에 흐르는 냉담하거나 영적으로 잠든 상태에 대한 역반응이었다.

그러나 카리스마 그룹의 구성원들은 권능에 지나치게 몰입되는 경향이 있다. 온통 능력 받는 일에 전력을 추구하고 몰두하다 보니 카리스마주의자들은 사도 바울이 영적인 능력과 관련해서 강조한 것, 특히 그리스도와 복음을 위해 고난 받는 것을 간과하는 오류를 낳았다.[59] 사실 그들은 교회 안에서 죄 때문에 생기는 부정적인 것들, 즉 고난, 질병, 박해, 가난, 심판, 질책, 책망, 그리고 징계를 피할 길을 찾으려는 듯하였다. 설교는 종종 신자가 아프거나 어떤 식으로 고난을 당하고 있으면 그것은 믿음이나 순종이나 다른 영적인 자질이 부족하기 때문이라고 가르쳤다. 크래브는 카리스마 운동을 이렇게 평가한다.

> "현대의 기독교는 성경의 가르침과는 정반대로 타락한 세상에서 살아가는 고통을 덜어 주겠다고 약속한다. 우리에게 유리한 어떤 규칙들에 충실하게 살 것을 요구하는 근본주의자들의 메시지이든, 혹은 성령의 능력에 더 깊이 빠져들도록 권면하는 카리스마주의자들의 메시지이든 간에 그들은 자주 같은 내용을 담고 있다. 즉, 그들은 현세를 위한 축복의 약속을 외친다. 이생에서 우리는 완전한 만족을 누릴 수 있다고 말한다. 그리스도인의 삶의 중심이 그리스도를 알아가고 섬기는 것에서 우리 영혼의 진통을 달래거나 적어도 무시하는 법을 배우는 것으로 바뀌어버렸다."[60]

카리스마주의자들이 흔히 말하는 능력은 영혼을 구원하고 복음을 증거하고 그리스도를 전파하는 것과 별 관련이 없다. 오히려 그것은 성공적인 삶, 행복, 번영, 치유 등을 위한 능력이다. 그리고 예수님을 따르는 삶의 필수요소인 고난은 간과되거나 축소된다. 설교자들은 그들의 견해나 신념을 전하는 데 관심을 기울일 것이 아니라 성경이 말하는 진리를 선포하는 데 관심을 기울여야 한다.

이민 교회의 제자훈련 설교

전 세계에는 수많은 디아스포라 한국인들이 있다. 한인 이민자들의 숫자가 증가하는 것만큼이나 한인 교회가 증가하고 있다. 특히 최근 들어 한인 교회에서는 단지 이국 땅에서 생존하는 것에서 탈피해 다음 세대의 성장과 교육을 책임지려는 노력이 일어나고 있다.

게츠는 하나님께서 우리에게 절대적이고도 문화를 초월하는 성경적 원리들을 주셨다고 지적한 바 있다.[61] 성경은 우리의 삶과 사역에 대한 변하지 않는 원리들을 가르친다. 성경적 원리는 처음 기록될 때뿐만 아니라 오늘날에도 유효하고 적절한 원리들이다. 제자훈련 설교가 직면한 도전은 성경의 절대적인 원리들을 취하여 지금 우리가 살고 있는 현재의 사회·문화적 상황에 적절하게 적용하는 것이다. 하나님께서는 수세기에 걸쳐 다양한 문화와 사회가 경험하게 될 자연적 변화들을 바라보시면서, 그분의 지혜로 우리에게 변화하는 때와 필요를 따라 두루 적용할 수 있는 사역 원리들을 주셨다.

한민족 교회들은 교회의 수적 증가와 함께 설교를 통한 성도들의 제자화에서 성숙의 단계로 이끌어야 할 분명한 필요를 가지고 있다.

이민 교회의 제자훈련 설교는 성도들의 삶 가운데 실제로 적용할 수 있는 성경적 원리들을 제시해 주는 것이어야 한다. 성도들이 주일 아침에 들은 설교를 일주일 동안 살면서 부딪치는 특정 상황들에 적용하고 있는지를 항상 점검해야 한다. 설교가 주는 함축적인 의미들을 붙잡고 삶 속에서 몸부림치도록 해야 한다. 제자훈련 설교의 내용은 예수 그리스도의 제자들의 삶 가운데 제자다운 행동과 인격을 계발하고자 하는 목표를 분명히 담고 있어야 한다.

교회 리더십의 문제점

이민 교회들은 더욱더 새로워지고 부흥할 필요가 있다. 성도들과 목회자들 간의 불신, 교회의 분열, 자질을 갖추지 못한 교회 리더십 등 다양한 문제로 인해 고민하는 이민 교회들이 많다. 분리주의와 율법주의, 무기력함과 불화는 많은 이민 교회들의 고민거리가 되었다. 이런 문제들의 한 가지 이유는 사람들이 훈련 받지 않고 준비되지 않은 채 사역에 투입되기 때문이다.[62]

이민 교회들이 새로워지기 위해서는 설교자 스스로 교회에 대한 고정화된 개념과 사역 철학을 바꿔야 한다. 사역의 목적을 분명히 알고 이해할 때 교회가 하는 모든 일에 올바른 방향과 의미를 설정해 갈 수 있을 것이다. 이민 교회들은 평신도 지도자들을 훈련시키는 제자훈련의 비전을 가져야 한다. "회중이 강한 리더십 자질을 계발할 수 있도록, 회중의 전략적 우선순위와 관계있는 주요 목적과 결정에 집중하는 사람"이 바로 설교자이다.[63] 이러한 설교자의 사명을 다할 때 다음 세대의 교회를 책임질 지도자들을 배출할 수 있다.

예수님이 제자들에게 기독교 사역의 핵심 진리를 보여 주기 원하셨을 때 그는 종의 태도를 본으로 보여 주셨다. 대야에 물을 붓고 제자들의 발을 씻긴 후 허리에 두른 수건으로 그들의 발을 닦아 주셨다(요 13:5). 설교자들은 회중들 위에 군림하거나 다스리도록 부름 받은 것이 아니라, 그들을 섬기도록 부름 받았다. 설교자들과 교회 지도자들에게 있어서 사역을 세우는 것은 자신들의 권력 기반을 마련하는 것이 아니라 하나님 나라를 세우는 것이라는 사실을 결코 잊어서는 안 된다. 그들은 회중을 제자로 훈련시키는 모든 일을 한 후에 "우리는 무익한 종들입니다. 우리는 마땅히 해야 할 일을 했을 뿐입니다"라고 말할 수 있어야 한다(눅 17:10 참조).

언어와 문화의 장벽

한인 이민자들은 삶 속에서 언어의 어려움, 다른 문화에 적응하는 어려움, 적당한 배우자를 찾는 일 등 많은 문제를 안고 있다. 한인 이민자들이 직면하고 있는 가장 큰 문제는 이민국의 언어와 문화 규범들에 적응함과 동시에 자신들의 전통적 가치와 민족적 정체성을 유지하고자 하는 열망이다. 또한 이민 교회들은 이민 1세대와 2세대 간에 언어와 문화의 장벽이 존재한다는 특수한 문제를 안고 있다.

매킨토시는 세대를 "시간적으로 공통된 경계와 공통된 특성을 가지고서 같은 장소에 연결되어 있는 사람들의 집단"[64]이라고 정의하였다. 이민 교회 안에서 끊임없이 일어나는 세대 간 갈등 중의 하나는 교회 안에 영어를 할 줄 아는 한국인들을 위해 영어예배를 두어야 하느냐의 여부이다. 왜냐하면 한인 2세대가 성장함에 따라 영어를 사용하는 한국인들의 숫자가 급격히 증가했기 때문이다. 언어가 문화를 형성하는 만큼 한국어를 사용하는 한국인들과 영어를 사용하는 한국인들 사이에는 사고방식과 태도에 현저한 차이가 존재하기 때문에 이와 같은 갈등이 일어나는 것은 어쩌면 당연한 현상일 것이다. 그러나 이같은 갈등은 반드시 해결해야 한다. 그렇다면 갈등의 원인이 되는 이 차이점을 어떻게 극복할 것인가?

이민 교회 안의 모든 필요를 당장 해결할 수는 없다. 우선 벌어진 틈을 연결할 수 있는 1.5세대 제자훈련 설교자를 더 많이 양성해야 한다. 한인 1.5세대란 미국에서 태어나지는 않았지만 어릴 때 미국에 와서 한국어와 영어가 모두 가능한 사람들을 말한다. 미국에 있는 이민 교회 안에서 제자들을 배가시키는 데 성공하기 위해서는 한인 1.5세대 지도자를 양성해 그들로 하여금 한인 2세를 잘 무장된 리더로 재생산해야 한다.

한인 1.5세대들은 이민 교회의 비전을 계발하는 일에서 1세대의 저력을 배우고 수용해야 한다. 한국 교회의 장점은 특히 기도와 전도에서 보여 준 하나님을 향한 열정과 열심이다. 한국 성도들은 교회를 지원하고 확장시킨 그들의 열정으로 유명하다.[65] 교회는 한인 2세들이 이민 교회에서 제자훈련 설교를 들을 수 있는 예배에 참석함으로써 한국어를 배울 수 있는 기회를 함께 제공해야 한다.

그들은 한국 교회와 미국 교회 모두로부터 배운 것을 이용하여 방황하는 한국계 미국인들에게 다가갈 수 있다. 가정에서나 교회에서 2세대 자녀들에게 한국어와 한국 문화를 가르치는 것이 필수적이다. 왜냐하면 앞으로 교회의 리더십이 자연스럽게 2세대에게로 옮겨질 것이기 때문이다. 2세대는 기독교 문화와 한국 문화 그리고 미국 문화 모두를 통합함으로써 더 풍부한 자질과 경험을 가질 수 있다. 그러므로 1세대 이민자들은 제자훈련 설교의 비전을 가질 필요가 있다. 그들은 한국어와 영어 사역을 적절하게 조화시킴으로써 미래 세대에 대한 투자를 위해 더 많은 자원을 사용해야 한다.[66] 그들은 차세대 교회를 위한 비전을 세워나감과 동시에 제자훈련 설교를 통해 2세대 지도자 훈련의 비전을 지속해 나가야 한다.

세계선교를 위한 잠재력

미전도 종족 중 일부는 우랄알타이어를 사용하는 사람들이다. 그래서 한국인과 문화적으로 가깝다. 이 사실은 한국인 선교사들이 제자훈련 설교를 위해 잘 준비되면 선교에 기여할 수 있는 전략적 위치에 설 수 있으며, 서구 선교사들보다 더 효과적으로 선교를 감당할 수 있다는 반증이기도 하다. 한국인 선교사들은 문화적으로 미전도 종족들과 가깝기 때문에, 그들을 이끌 수 있는 선천적인 자원을 가지고 있다.

한국계 미국인 그리스도인들은 세계선교에 기여할 수 있는 언어의 능력과 타문화 경험이란 이점을 가지고 있다. 그들이 다른 문화권에서 제자훈련을 채택하는 것은 중요한 의미를 갖는다. 바울은 그리스도인의 생활양식에 좋은 본을 보여 주었다. 바울은 "유대인들에게는 내가 유대인과 같이 되었으며 율법 아래 있는 자들에게는 율법 아래 있는 자같이 된 것은 율법 아래 있는 자들을 얻고자 함이요"(고전 9:20)라고 말하였다. 바울은 자신을 낮추었으며 더 많은 사람을 얻기 위해 실제로 그는 모든 사람의 종이 되었다. 제자훈련 설교자는 바울과 같이 모든 사람들과 어울릴 수 있도록 어떠한 상황 가운데서도 적응할 수 있는 문화적 성육신을 이루기 위해 노력해야 한다.

  하나님께서는 교회가 정식으로 허락되지 않는 몇몇 모슬렘 국가들을 포함하여 세계 여러 곳에서 디아스포라 한국인들을 사용하고 계신다. 세계 여러 나라를 복음화하는 데 디아스포라 한국인이 가진 잠재력은 크다. 사도 시대에 유대인 디아스포라 조직을 통하여 초대 교회가 퍼져나간 것처럼 한국인 디아스포라는 여러 나라에 복음을 전파하고, 제자를 삼는 일에 긍정적인 기여를 할 수 있다.[67] 지금은 한국 상품들이 세계 시장을 채우고, 한국 자동차들이 세계 거리를 누비고 있으며, 한국인 해외 유학생들이 기하급수적으로 늘어나고 있다. 이들 디아스포라 한국인들은 한국인 선교사들이 새로운 지역에 정착하고 현지어로 제자훈련 설교를 하는 데 도움을 줄 수 있다.

06
새로운 설교를 위한 제자훈련 패러다임

　패러다임은 우리가 사역을 바라보는 방법이며, 그것은 제자훈련 설교자의 사역 방향을 결정한다. 우리가 회중을 새로운 패러다임으로 움직이려고 할 때, 그것을 패러다임 전환이라고 부른다.
　변화는 약간의 희생을 동반한다. 일단 변화가 시작되면, 나이가 많은 성도들은 변화되는 과정에서 그들이 져야 할 책임이 실제보다 훨씬 더 크다고 느낄 것이다. 그들이 비록 변화와 개선의 필요를 느낀다고 하더라도, 그 변화가 지시적인 형태로 강요된다면 변화에 대해 매우 완고한 반응을 보이고 저항하게 될 것이다. 혁신적인 변화의 형태는 종종 사람들의 일반적인 생각과 다를 수 있다. 스스로를 책임 있고 충분히 동기부여 된 사람들이라고 여겨 조언을 거부하고, 의논하는 과정을 생략한 채 권위적인 방식으로 변화가 진행될 때 자주 갈등이 발생한다.[68]

제자훈련 설교자들이 이민 교회들을 변화시키려고 할 때, 먼저 그들의 문화를 이해하는 것이 반드시 필요하다. 왜냐하면 문화는 정체성의 바탕이 되기 때문이다. 문화를 수용한 상태에서 변화를 시도할 수 있다면, 사람들이 변화를 받아들이는 일은 훨씬 수월해질 것이다. 사실 행동을 바꾸는 일은 기존 문화의 바탕 위에서 이루어질 때 효과가 있다.

만일 제자훈련 설교자가 독창적이고 효과적인 사역을 계발한다면, 그것은 분명히 어느 정도의 변화를 수반하게 된다. 변화와 도전은 위협적이지 않으며, 과정의 일부로 인식되어야 한다. 그러므로 제자훈련 설교자들은 성경의 경계선 안에서 사람들에게 성장과 쇄신을 촉구하며 끊임없이 교회와 성도들을 예수 그리스도의 주권과 성경의 기준으로 불러들여야 한다.

선교의 사명을 이루는 것이 전통을 이어가는 것보다 훨씬 더 중요하다.[69] 하나님의 사람들은 그들이 그리스도를 닮은 사람들로 더욱더 꾸준히 성장하도록 성령께서 그들 안에서 변화의 능력을 행하신다는 것을 아는 한, 늘 조직적이거나 어떤 형태의 외적인 변화를 직면할 수 있다.

바울은 변화에 대한 중요한 관점들을 마음이 새롭게 됨으로써 변화되는 것(롬 12:2), 하나님을 향한 비전을 통한 변화(고후 3:18), 우리의 육신이 승천하신 그리스도의 영화로운 몸과 같이 변화됨(빌 3:20, 21), 우리를 그리스도의 제자로 부르시는 메시지와 사역 안에서의 변화(고후 5:17~21) 등의 네 가지로 제시하고 있다. 이러한 관점들은 제자훈련 설교의 기초가 된다.

새로운 우선순위, 헌신, 열정

이민 교회들이 제자훈련 설교를 위한 새로운 우선순위, 새로운 헌신, 새로운 열정을 갖기 시작할 때 갱신은 일어날 것이다. 이민 교회들은 선교 사명을 감당하고 2세대를 준비시킴으로써 그들의 정체성을 한국계 미국인으로 확립하는 데 성공할 수 있을 것이다. 영은 다음과 같이 말하였다.

> "갱신하는 교회 안에서는 구성원들의 개인적 신앙, 형식의 개방성, 자신감과 동기부여라는 역동적인 변화의 힘이 발견된다. 갱신이 이루어지고 있는 교회는 훈련하는 공동체이고, 예배하는 회중이며, 증거하고 섬기는 교회이다."[70]

제자훈련 설교에 의해 새롭게 된 교회는 새로운 생각들과 변화하는 구조들에 대해 열려 있어 예수 그리스도를 위하여 뭉쳐야 한다.

이민 교회가 새롭게 되는 데는 중요한 요소들이 있다. 새로운 문화에 맞는 패러다임 전환, 교회 지도자들의 신뢰 회복과 성도들의 역량이 그것이다. 이민 교회의 가장 커다란 위기는 1세대와 2세대 간의 문화 충돌이다. 모든 문화는 그 나름대로 사고하고 행동하는 방식에서 전통을 가지고 있기 때문에 개인의 정체성과 문화 전통과도 깊은 관련이 있다. 이것을 잘 극복해야 한다.

리더십에서 신용과 신뢰도는 필수적이다. 훌은 "복음의 재생산과 전파를 기대할 수 있는 신실한 사람들을 얻기 원하는 지도자들은 자신이 먼저 신실한 사람이 되어야 한다.… 교육적 효과가 가장 높은 교수법은 지식을 가르칠 뿐만 아니라 그 지식을 적용하는 방법을 시범적으로 보여 주는 것이다. 교회 지도자가 교회의 가르침과 우선순위를 삶으로 보여 준다면 다른 사람들은 그를 따르게 될 것이다"[71]라고 하였다. 이것은 다음과 같이 표현될 수 있다.

시공간을 뛰어넘는 제자도

교회 갱신은 성도의 삶과 사역 속에 여러 방법으로 반영된다. 그들의 초점은 내부를 향하고 있거나 외부를 향하고 있을 것이다. 즉 그들은 교회가 가지는 존재가치의 우선순위를 자신들을 살찌우는 데 두거나, 아니면 복음의 영향력을 미치기 위해 세상으로 나아가는 데 둘 것이다.

성장하는 교회는 항상 성장의 아픔을 가지고 있다. 그들은 형식과 자유 사이의 긴장감을 지닌 채 씨름한다. 조직은 필수적이다. 그러나 과다한 조직은 사역을 억제하고 독창성을 방해하며 사기를 저하시키고 지나치게 많은 사람들을 중요하지 않은 일에 배치하게 된다. 이것은 회중의 사기를 꺾고 불평과 불만으로 가득한 환경을 조성한다. 반면 자유로움은 사역의 독창성과 흥분과 역동성을 고양시키는 데 필수이지만 지나칠 경우 혼란과 좌절을 불러일으키고, 결국은 무법상태로 이끈다. 교회생활에서 형식과 자유 사이의 적절한 균형은 아직 완전히 정착되지 못하였다. 예수님은 마태복음 6장 34절에서 "그러므로 내일 일을 위하여 염려하지 말라 내일 일은 내일 염려할 것이요 한날 괴로움은 그날에 족하니라"고 말씀하신다. 마태는 우리에게 믿음 안에서 믿음으로 살라고 말한다. 우리는 하루하루 하나님의 공급하심으로 살아간다. 그러나 하나님은 현재뿐 아니라 미래의 하나님이시기도 하다. 우리는 믿음으로 미래지향적인 마음을 가질 수 있다.

설교자는 변화의 압력을 받고 있는 이민 교회 성도들의 영적 필요에 관심을 기울여야 한다. 그들은 인간의 모든 행동과 견해의 절대적인 기준은 성경뿐이라는 사실을 알아야 한다. 한국의 문화나 다른 문화적 규범들을 지나치게 중시하기보다는 성경에 기초한 그리스도인의 생활양식을 확립하는 것이 더 중요하다.

한인 목회자들은 제자훈련 설교를 통해 성도들에게 그리스도인의 생활양식 모델을 제시할 수 있어야 한다. 그들이 따라야 할 가장 중요한 생활양식은 예언자적인 증인의 삶, 예수님께서 종의 모습으로 보여 주신 구원의 은혜를 실천하는 삶, 제자훈련에 온전히 헌신하는 삶, 생명을 주는 사랑으로 영적·문화적 분별력을 발휘하는 삶, 성령의 역사를 경험하는 삶이다. 이처럼 삶의 모든 영역에서 항상 하나님의 실존을 의식하는 삶을 살아야 한다.[72] 이민 교회의 성도들은 새로운 삶의 현장에서 잃어버린 영혼들을 교회로 인도할 책임이 있다. 이것은 그들이 세상 어디에 있든지 상관없이 실천해야 하는 삶을 통한 전도이다.

죽기로 작정한 교회들

이민 교회의 목적은 열매 맺는 삶을 살기 위하여 예수 그리스도의 제자를 만들어야 한다는 지상명령을 성취하는 것이다. 교회가 하나님께서 원하시는 방법대로 성장하기 위해서는 성도들이 제자훈련 설교로 훈련 받아야 한다. 이민 교회 목회자들은 사람들이 교회의 사역뿐만 아니라 그들의 공동체를 섬기도록 준비시켜야 한다.

이런 점에서 성장은 하나님의 말씀과 하나님의 사람들의 개인적인 상호작용 가운데, 말씀을 그들이 살고 있는 환경과 상황에 적용시킬 때 일어난다. 돌보고 나누는 관계를 통해 회중은 예수 그리스도의 제자로서 새로운 사람들을 성장시키는 일에 적극적으로 참여하는 데까지 성숙해갈 수 있다. 캘러헨은 다음과 같이 말하였다.

"새로운 그룹들을 만드는 데 관심을 들이지 않는 교회들은 죽기로 작정한 교회들이다. 신중한 고려 끝에 계획적으로 새로운 그룹들을 시작하는 교회들은 서서히 혹은 빠르게 성장하기로 결단한 교회들이다.…

그러므로 지역 교회가 효과적이고도 성공적인 미래의 발전을 이룩하기 위해서는 중요한 관계 그룹들을 세우기 위한 장기 계획을 갖는 것이 중요하다."[73]

성숙한 제자들의 뿌리가 새롭게 이식된 토양에서 사람을 돌보는 개인적인 양육의 뿌리를 내릴 때 회중의 토양은 옥토가 된다. 제자화의 뿌리는 회중의 토양 상태에 따라 자란다. 제자훈련 설교자들은 회중들을 건강한 믿음의 뿌리로 준비시켜야 한다. 건강한 믿음의 뿌리는 건강한 교회 체제를 준비한다. 이것은 바울이 교회를 세우기 위해 에베소 공동체 안에 복음을 뿌리내리게 한 것과 같다.[74]

이 뿌리들은 적절한 시기가 되면 영적 열매를 맺는다. 조직체가 주는 물만 먹은 뿌리들은 이런 열매를 맺을 수도 없으며 맺히지도 않는다. 영적 열매는 하나님의 말씀으로 심겨진 영적 뿌리의 결과이다. 사도행전 2장 42절에 보면, 제자들이 사도들의 가르침을 듣고 떡을 떼고 친교와 기도를 통해 서로에게 헌신하고자 모였을 때 그리스도 안에서 믿음의 뿌리들이 훈련되었다고 기록하고 있다.

기독교적 세계관을 세우라

제자훈련 설교는 조직 교회 회중의 토양과 지역 사회 공동체의 토양에 제자화라는 기초 조직을 세우고 거기에 뿌리를 내리는 데 쓰임 받는다. 아쉽게도 많은 이민 교회가 성경의 가르침이 부족한 나머지 영적으로 기아상태에 빠져 있다. 제자훈련 설교는 평신도 스스로 성경을 깊이 연구하도록 훈련시키는 것을 목적으로 해야 한다. 제자훈련 설교의 형식은 회중에게 물고기를 던져 주는 것이 아니라 고기를 낚는 방법을 가르치는 것이어야 한다.

예수님께서도 베드로에게 양 떼를 돌보고 성도들을 가르치는 책임을 맡기신 것처럼, 하나님은 설교자들에게 이 일을 위임하셨다. 훌륭한 설교자는 단지 양 떼의 짐을 대신 져주고 끊임없이 생기는 문제들을 대신 해결해 주는 것으로 만족해서는 안 된다. 사람들을 교회의 위대한 사명으로 인도하는 것을 자신의 소명으로 여겨야 한다.

설교자는 단지 사람들을 교회 프로그램에 끼워 넣기 위해 부름 받은 것이 아니라 그들을 훈련시키고 무장시켜서 하나님께서 쓰시기로 계획한 일에 합당한 사람으로 만드는 일에 부름 받은 사람이다. 설교자는 하나님의 나라를 세우도록 위임 받았고, 이로써 사람들의 삶을 세우는 것이다. 그러므로 설교자는 평신도들이 다른 사람들에게 하나님의 말씀을 나눌 수 있게 해줄 창의적인 방법들을 가르치고 이 일을 하는 데 필요한 모든 훈련과 자원을 제공해야 한다.

이민 교회의 회중이 기독교적 세계관을 세우는 중대한 임무를 감당하려면 그들에게 적절한 도움이 필요하다. 바울은 이 일이 마음을 새롭게 함으로 일어난다고 말하였다. 명확한 가르침과 설교를 통해 마음이 새롭게 됨으로써 어렵고 민감한 쟁점들을 두려움 없이 성경적 관점으로 다룰 수 있게 된다.

이렇게 마음을 새롭게 하는 일은 설교자가 기독교적 교리와 경건

생활이라는 안전지대 안으로만 설교의 범위를 제한할 때는 일어날 수 없다. 제자훈련 설교는 성도들이 지역 사회 안에서 씨름하는 쟁점들을 다루어야 한다. 설교자는 교회에서 그리스도의 양을 보호하고 훈련하며(요 20:15), 그리스도의 몸을 세우고 성숙시켜 성도들이 여러 교리의 풍파에 떠밀려 이리저리 흔들리는 미성숙 상태에 머물지 않게 하는 데 지속적으로 가르치고 돌보아야 할 임무를 가지고 있다(엡 4:11이하).

선교 동원가가 되라

월드 미션 미국 본부가 정의한 바에 따르면, 선교 동원이란 "하나님의 사람들이 세계 복음화에 전략적으로 참여할 수 있도록 자신들의 위치를 발견할 때까지 일깨움을 얻고 움직이고 성장하는 과정"이다.[75]

선교 동원가는 제자훈련자들이어야 한다. 이것은 우리의 삶을 소수의 가능성 있는 사람들에게 끊임없이 투자하는 것을 의미한다. 우리는 우리의 비전과 열정을 다음 세대로 전달할 수 있도록 주의를 기울여야 한다. 선교 동원에서 제자훈련 설교는 매우 중요한 사명을 지닌다.[76] 선교에서 다른 사람들을 제자화하는 것과 관계없는 프로그램과 프로젝트는 별 소용이 없다. 설교자는 회중이 같은 마음으로 선교에 헌신하게 될 때까지 신중하게 그들을 제자로 만들어야 한다.

한국계 미국인 교회의 역사가 보여 주듯, 성령께서는 지상명령에 순종하는 일에 더 많은 사람이 참여하도록 설교자와 평신도 지도자,

교회, 1.5세대와 2세대 한국계 미국인들을 사용하셨다. 그들은 복음으로 세상을 얻고 하나님의 동역자로서 그리스도께서 자기 교회를 세우는 일을 돕기 위해 성공적으로 일해야 하였다(고전 3:19).

1.5세대와 2세대 한국인들은 선교 활동에 도움이 될 수 있는 타문화 경험을 가지고 있다. 그러나 효과적인 선교 동원을 위해 가장 중요한 요소는 세계선교에 헌신한 사람들의 영적인 삶을 지속적으로 유지하고 성장시켜 나가는 일이다. 이민 교회들은 일꾼들을 일으키고, 선교 후보자들을 훈련시킬 만한 전문적인 선교기관이 부족한 문제에 직면해 있다. 그러므로 이민 교회들은 제자훈련 설교자들이 선교사를 동원하고, 훈련하고, 파송하는 일을 지원해야 하며 동시에 선교를 위한 네트워크를 구축해야 한다. 이민 교회들이 세계선교를 위해 다음 세대를 동원할 때, 그들은 미국의 주류 교회들에 긍정적인 영향을 끼칠 수 있을 것이다. 한국 교회와 이민 교회는 21세기에 맞는 패러다임으로 전환하여 선교를 위한 비전을 세우고 2세들을 교육하는 일과 선교단체들 사이에 네트워크를 만드는 데 힘을 쏟아야 한다. 불행히도 많은 이민 교회들이 목적의식을 잃어버리고 쇠퇴하거나 정체되어 있다.[77]

사람들이 이기적이거나 자기중심적이며 세상을 향한 비전이나 열정을 가지지 못할 때 교회는 죽어간다. 비전의 결핍이나 구시대적 패러다임은 다른 사람들을 돌보기보다는 폐쇄된 조직에 갇혀 있을 때 나타난다. 그러나 사람들은 다른 사람들을 예수 그리스도 안에서 성장하도록 도울 때 자신들도 더불어 성장하는 것을 보고 기뻐하며 놀란다. 제자훈련 설교자의 역할은 회중에게 제자훈련의 비전과 열정을 심어주는 것이다.

무어가 지적하듯이 "모든 구성원들이 그리스도의 제자로 성장하고 일상생활의 정황 속에서 예수님의 은혜 가운데 거하는 회중을 세우는 것은 다른 형태의 비전과 사역에 더욱 집중된 접근과 장기적인 헌신을 요한다."[78] 회중이 살아남고 성장하기 위해서는 변해야 한다. 비전은 회중을 행동하게 하며 예언적 증인의 소명을 갖게 해준다.

비전은 설교자가 어떤 수단을 동원하거나 조직 운영 자체에 치중하기보다는 각자의 필요와 기회, 그리고 하나님께서 회중에게 말씀하시고자 하는 것에 초점을 맞출 때 나온다.[79] 만일 설교자의 생각이 수단을 동원하는 데 치중되어 있다면, 회중을 새로운 비전이 아닌 단지 수적 증가를 위한 도구만으로 이용하는 치명적인 실수를 범하고 있는 것이다. 제자훈련 설교자는 하나님의 계획을 생각하며 미래에 초점을 맞추고자 노력해야 한다.

채플은 "모든 성경 본문에서 구속적인 맥락을 발견하게 될 때 우리는 성경 전체에서 우리가 설교하고 살아가는 데 필요한 하나님의 은혜를 발견할 수 있게 되며, 이로써 우리는 다른 사람들을 주님과 더욱 더 친밀한 교제 가운데로 인도할 수 있다.… 만일 당신의 목표가 그리스도의 영광이라면 당신은 주님과 주님의 메시지에 더욱 충실함으로써 위대한 설교자가 될 수 있다"[80]라고 말하였다.

비전은 모든 사람을 충분히 포함시킬 수 있을 만큼 폭넓어야 한다. 동시에 특정 그룹을 특정 방향으로 동기 부여하고 격려할 수 있을 만큼 특수성을 수반해야 한다. 제자훈련 설교자는 하나님의 사람들을 어떻게 변화시킬 것이며, 어떠한 가치관과 원칙을 가지고 이러한 변화와 행동을 자극하고 인도할 것인지에 대한 사역 원칙을 숙지하고 있어야 한다.

무어는 "신중한 계획과 책임을 가질 때 우리는 회중을 하나 됨과 성숙 가운데 성장시키며 주변 공동체에 중대한 영향을 끼치는 회중으로 세우는 교회의 전체적인 비전을 좀더 잘 깨달을 수 있게 된다"[81]고 말하였다. 제자훈련 설교자는 자신의 교회를 공동체 속에서 살아가는 하나님의 사람들로 그려야 한다. 제자훈련 설교자는 이민 교회 공동체에 하나님의 모범을 보여 줄 때 어떤 모습으로 승화될지를 고민하며 이민 교회의 잠재력을 바라보아야 한다. 제자훈련 설교자는 지속적으로 교회와 공동체 내에서 섬길 하나님의 뜻과 방법을 구하며 세상에 영향력을 끼칠 수 있어야 한다.

제자훈련 설교를 위한 준비

제자훈련 설교자는 설교를 시작하기 앞서 스스로 준비되어 있어야 한다. 무엇보다도 먼저 설교자는 분명한 사역 철학을 가지고 있어야 하며, 사역에 대한 신학적 기초를 가져야 한다. 둘째, 회중의 특징과 배경을 주의 깊게 분석해야 한다. 설교를 하기 전에, '이 설교가 회중을 훈련시키는 데 어떤 도움이 될 것인가?' 하는 질문에 대답할 수 있어야 한다. 설교자는 회중이 세상으로 나아가도록 도전해야 한다. 따라서 설교자는 한 달에 한 번이나 석 달에 한 번 정도는 회중에게 믿지 않는 친구들을 데려오도록 권면해 전도에 대해 집중적으로 다룰 수도 있을 것이다. 셋째로 제자훈련은 교회의 중요한 주제가 되어야 한다. 제자훈련을 주제로 하는 특별한 강의나 세미나를 제공하기도 하고, 제자훈련의 결과로 삶의 변화를 경험한 사람들에게 간증을 부탁할 수도 있다. 설교자는 주일예배 때 제자훈련에 관한 설교를 해야 한다. 더 많은 예배자들이 제자훈련을 받게 되면 예배의 분위기는 점차 바뀌게 될 것이다.

성도들이 하나님을 더 많이 알아갈수록 더 깊고 적극적으로 반응하며 신령과 진리로 하나님을 예배할 수 있다. 성숙한 예배자들은 예배를 잘 드리는 반면 은혜로운 예배가 반드시 성숙한 예배자들을 만드는 건 아니다. 제자훈련 설교는 성도들이 매일의 삶 속에서 경험하는 믿음의 성공 사례와 실패 사례들을 함께 다루면서 삶의 변화를 도전한다.

제자훈련 설교에 몇 가지 장애물이 있다. 많은 목회자가 배가 사역의 경험이 없기 때문에 어떻게 제자를 만드는지를 모른다. 그들이 신학교에서 배운 것은 온통 신학과 교리들이며, 원리를 중시하는 전통적인 교회에서 그들이 본 것이라고는 다소 수동적인 평신도의 모습뿐이다. 설교자는 제자훈련의 핵심을 배우고 제자훈련 사역이 성공적으로 진행되고 있는 실제 사역 현장을 둘러보아야 할 필요가 있다.

나는 많은 설교자에게 제자훈련 설교가 필요한 이유와 그 방법을 소개하고 사역 현장의 이야기를 나누기 위해 전 사역지인 남가주사랑의교회에서 설교자를 대상으로 제자훈련 세미나를 시작하였다. 로스앤젤레스와 오렌지 카운티의 이민 교회들에서 사역하는 동안 내가 경험한 것은, 오랜 전통의 보수적인 교회에서 제자훈련 사역을 적용하기란 매우 힘들다는 사실이었다.

로스앤젤레스와 오렌지 카운티 지역에는 많은 이민 교회들이 있지만 제자훈련을 하는 교회는 많지 않다. 그들 대부분은 제자훈련 사역보다는 여전히 개인적인 돌봄에 사역의 초점을 맞추는 전통적인 교회들이다. 왜냐하면 이민자들은 외로움을 많이 느끼고 특별히 목회자들로부터 인정받기를 원하고 있기 때문이다. 이처럼 이민 교회들은 한국인 이민자들의 필요를 채우는 사회적 친교단체로서의 역할에 머물러 있는 경우가 적지 않다. 외국생활에서 경험하는 외로움은 많은 한국인 이민자들에게 종교의 필요성을 불러일으키지만, 많은 사람들이 주일예배만 참석하는 이름뿐인 기독교인들이다. 나는 인간관계에서 받은 실망과 상처로 힘들어하는 한국계 그리스도인들을 많이 만났다. 그리고 그들의 교회가 제자훈련 설교를 통해 신자들을 온전하게 하기보다는 친교에 초점을 맞추는 문제점을 발견하게 되었다.

나는 로스엔젤레스 지역에 있는 이민 교회에 제자훈련 사역에 대한 비전을 제시하였다. 이 비전을 공유하는 교회에서는 성도들이 영적으로 성장하며 각자가 가진 은사에 따라 하나님께 쓰임 받도록 회중을 권면하며 그들을 제자화할 것이다.

나는 1988년에 세리토스에서 열두 명의 멤버와 함께 남가주사랑의교회를 시작하였다. 나의 사역은 제자훈련 설교와 소그룹 성경 공부에 초점을 맞추었다. 성도들은 하나님의 말씀을 배우고 삶에 적용하면서 변해갔다. 그들은 가족과 친구를 교회로 인도하였다. 하나님의 은혜로 오늘날 남가주사랑의교회는 3,500여 명의 장년 성도와 3천여 명의 어린이와 청년 성도가 출석하는 교회로 성장하였다. 이런 배가는 제자훈련 그룹들을 통해 이루어졌다.

설교자를 위한 제자훈련 지도자 세미나

5일 동안 진행되는 제자훈련 지도자 세미나는 열한 개의 주강좌와 소그룹 인도법에 관한 실제적인 방법을 공유하는 나눔 시간, 실제 상황 속에서 제자훈련 수업이 어떻게 진행되는지를 관찰하는 네 번의 현장학습 그리고 목회자들이 직접 '다락방'에 참석하여 소그룹 성경공부를 인도해 보게 하는 실습 시간 등으로 구성하다 보니 매우 빡빡한 일정으로 진행된다.

이 세미나에서는 기본적으로 사역 철학, 사역 전략, 사역 방법 등 세 가지 분야를 다룬다. 이 세미나는 제자훈련 사역을 어떻게 진행하는지를 보고 싶어 하는 모든 목회자들에게 열려 있다. 이 세미나는 목회자들에게 평신도들이 다른 사람들을 도울 수 있도록 훈련시키고 그들을 동원해야 할 필요성을 깨닫게 할 뿐 아니라 하나님께서 각각의 참석자들이 각자의 교회에서 어떻게 사역하기를 원하시는지에 비중을 둔다.

하나님은 준비되어 있지 않거나 기꺼이 순종할 자세가 되어 있지 않은 사람들은 사용하지 않으신다. 이 세미나는 설교자들이 교회를 굳게 하도록 격려하는 데 효과적이며, 어둡고 죽어가는 세상에서 빛과 소금의 역할을 감당하도록 교회를 돕는다.

이 세미나의 효과를 좀더 잘 이해하기 위해서 실제로 참석한 목회자들의 의견을 살펴볼 필요가 있을 것이다. 다음은 몇몇 목회자들의 참석 소감이다.

"나는 이민 교회의 최고 세미나에 참석할 기회를 가졌다. 비록 육체적으로, 물질적으로 많은 대가를 요구한 세미나였지만 독특한 스타일과 사역에 관한 생각들을 자극하는 아이디어들 때문에 무척이나 흥미로웠다.

세미나의 가장 매력적인 부분은 옥한흠 목사님의 첫 강의였다. 설교자에게 철저한 헌신을 촉구한 그의 도전은 신선하고 강력하였다. 그는 평신도가 소그룹에서 사역을 감당하도록 훈련되고 준비되어야 한다고 역설하였다. 이런 개념은 전통 교회 안에 공통적으로 존재하는 통합 구조와 비교할 때 훨씬 더 유기적인 구조를 요구한다. 참석한 목회자들은 귀중한 정보를 얻고 배우려는 열망으로 열심히 따라갔다. 세미나의 내용이 참석한 목회자들에게 무척 독특하고 새로운 내용이라서 그들은 다시금 교회의 성경적 모델을 발견할 수 있었다."

- 문종성 목사, 뉴저지 한인 침례교회 담임

"교회를 향한 하나님의 목적을 분명히 전달한 세미나였다. 교회의 비전과 방향성에 대해 많은 것을 배웠다. 하나님께서 남가주사랑의교회를 통해 뜻하신 목적을 이루시기 위해 어떻게 교회를 준비시키셨는지를 보게 된 것은 축복이었다. 이 세미나가 해외에 있는 이민 교회들에게 꼭 필요한 세미나라고 확신한다."

- 안기환 목사. 토론토 장로교회 담임

"교회라는 상황 속에 실질적인 형식으로 제자훈련 사역을 적용한 점은 직관력이 매우 뛰어나다고 할 수 있다. 다른 훈련과는 다르게 제자훈련은 영적으로 죽어 있는 그리스도인을 유용하고 생산적이며 살아 있는 그리스도인으로 변모시키는 데 매우 중요한 역할을 감당한다. 이 세미나는 그들의 사역 속에서 마태복음 28장 20절의 지상명령을 순종하고자 애쓰는 모든 설교자들에게 잃어버린 퍼즐 조각을 찾아주는 것과 같은 귀중한 도움을 주었다."

- 박청수 목사. 휴스턴 제일감리교회 담임

교회를 새롭게 하는 사역

제자훈련 지도자 세미나는 이민 교회 목회자들이 제자훈련의 당위성을 깨닫고, 크게는 제자훈련 하는 교회의 총체적인 사역을 경험하도록 교육시키는 것을 목적으로 하였다. 이민 교회 설교자를 대상으로 실시한 제자훈련 세미나는 미국 사회에서는 독특한 것이기 때문에 많은 사람들이 관심을 보였다.

남가주사랑의교회의 평신도 중 많은 사람이 이를 위해 휴가를 얻어 수송, 장식, 식사 준비, 기도 그리고 다른 여러 가지 일로 봉사에 헌신한다. 참석한 목회자들은 평신도들의 헌신적인 노력과 자원 봉사에 감동을 받고, 자신의 교회에서 제자훈련 사역의 열매를 보게 되리라는 기대감으로 고무되었다. 이 세미나의 목적은 기존 교회를 새롭게 하여 지상명령을 성취하는 일에 효과적인 도구가 되게 하는 것이었다. 남가주사랑의교회를 통한 나의 비전은 이민 교회에 제자훈련을 소개해 그들로 하여금 제자훈련 사역을 전개하게 함으로써 정의로운 사회 풍토를 형성해 가도록 하는 것이었다. 또한 제자훈련 지도자 세미나를 통해 사회 문화에 영향력을 확대해 나가는 것이었다. 100여 년 전에 미국 선교사들이 한국에 복음을 전하고 교회를 개척했기 때문에 한국 교회는 미국 교회에게 빚을 지고 있다. 이제는 한국의 교회들이 세계 각국에 선교사를 파송하고 선교하는 교회가 되어야 한다. 이제는 우리가 미국의 교회를 격려하고 도전함으로써 그들의 청교도 정신이 회복되고 미국에 대각성이 일어나게 해야 할 차례이다.

설교자는 사역의 효과가 하나님을 섬기는 마음만으로는 나타날 수 없음을 알아야 한다. 그것은 예수 그리스도의 제자와 대사들로 세우시고자 사람들을 부르시는 하나님의 선택에 달려 있음을 잊어서는 안 된다. 우리가 하나님을 위해서 일하는 것이 아니라 하나님께서 우리를 통해 자신의 뜻을 이루고 일하시는 것이다. 하나님께서 모든 일을 주관하시며 모든 일을 합력하여 자신의 선한 목적을 이루게 하신다.

우리는 하나님 앞에 철저히 순종하고 충성해야 할 책임이 있다. 사명에 응답하고 충성하는 것은 우리의 책임이다. 누구도 이러한 하나님의 일에서 제외될 수 없다. 우리는 차세대로 하여금 역동적인 사역을 감당하도록 훈련시키는 한편 우리 자신들을 갱신시켜야 한다. 오늘날의 교회는 완전함과는 거리가 멀다. 그러나 예수님은 당신의 교회에 지상명령을 위임하셨다. 예수님은 "내가 세상 끝 날까지 너희와 항상 함께 있으리라"고 하신 약속을 지키실 것이다.

05

실제 사례를 통해 본 제자훈련 설교

"바이올린 교습의 대가 스즈키 교수는 바이올린 켜는 법을 가르치기 전 1년 동안은 바이올린을 만지지도 못하게 한다. 학생들은 이 1년이라는 기간 동안 바이올린 명연주곡들을 충분히 감상한다. 좋은 설교를 많이 듣고 스스로 분석하는 노력 없이 좋은 설교가 나오지 않는다. 설교집, 예화집을 내려놓고 제자훈련과 설교를 조화시킨 목회자들의 설교를 직접 분석해 봐야 한다. 그들 설교에서 나오는 복음의 빛을 분광기(分光器)로 잘라 봐야 한다."

# 01
마태복음 제자훈련 설교

마태복음의 중심 주제는 예수님을 예언된 메시아와 이스라엘의 왕으로 증거하는 것이다. 마태복음은 유대인을 향해 쓰였기 때문에 구약 성경의 예를 많이 사용하고 있다. 그리고 그리스도는 구약 성경의 예언을 성취하신 분임을 증거하고 있다. 또한 마태복음은 교회에 대한 특별한 가르침과 언급을 기록하고 있는 유일한 복음서이다(마 16:18, 18:17하). 교회는 예수 그리스도의 예언적 설교를 이어나갈 책임을 부여 받은 예수님의 제자들의 공동체이다.

마태복음은 구약 성경의 예언을 사용하여 메시아이신 예수님을 증거하였다. 구약과 신약의 연속성을 통해 예수님을 설명하는 것은 중요한 교육학적인 원칙을 따르는 것이다.[1] 설교자도 이와 같은 방법을 통해서 말씀을 증거할 수 있을 것이다. 마태는 구약에 예언된 말씀을 통해서 "성경에 응하게 하려고"와 같은 표현을 쓰면서 연결성을 활용하였다. 또한 마태복음은 복음 전파와 증거에 대해 강조하고 있다. 초대 교회는 사도들의 강력한 복음 선포 사역에 의해 세워졌다. 복음은 전파되어야 할 메시지이다. 그리스도인은 어떤 형태로든 전도해야 한다. 복음은 그리스도를 전파하는 것이 되어야지 성도 개인의 삶을 돌아보는 방편이 되어서는 안 된다. 특히 설교자에게 있어 설교는 전도의 분명한 도구이다. 설교자는 설교를 통해 예수님께서 사역하시면서 하나님께 온전히 순복하신 제자도를 가르쳐야 한다.

마태복음에서 주로 사용된 용어들은 '보내다', '가다', '선포하다', '증거하다', '가르치다' 그리고 '제자 삼다' 등이다. 이러한 용어들은 제자들이 악의 세력에 대한 예수님의 궁극적 승리를 증거하고, 세상이 하나님의 사랑을 알도록 인도하는 일에 부름 받은 사람임을 증명하는 용어이다. 마태복음은 선지자들이 그토록 간절히 보고 듣기를 원했던 것을 직접 보고 듣는 제자들의 눈과 귀는 복되다고 기록하고 있다.

증인이 된다는 것은 두 가지의 의미가 있다. 먼저 증인은 그리스도의 가르침과 일치되는 삶을 살아야 하며, 그리스도에 대해 말하는 삶을 살아야 한다는 점이다. 두 번째로 증인은 사람들이 그의 믿음에 대해 질문할 때 대답할 수 있는 준비가 되어 있어야 한다. 마태복음의 관점에서 볼 때 그리스도인의 정체성은 전도할 때 나타난다. 자신의 변화된 모습으로 다른 사람들을 구원하기 위해 헌신하는 모습이 바로 그리스도인의 참된 모습이다.[2] 설교자는 성도 한 사람 한 사람이 잃은 영혼들을 되찾는 일에 헌신하고 그 증인이 되도록 권면해야 한다.

한 사람이 그리스도 안에서 구원을 경험하였다면, 그는 자신이 보고 들은 것에 대해(마 10:18) '증거'하고 '간증'할 수 있다. 이처럼 하나님께서는 설교자에게 회중을 하나님의 증인들로 세워가는 특별한 사명을 위임하셨다. 우리는 하나님의 메시지를 받은 왕의 전달자인 동시에 증인들이다. 삶 속에서 그리스도를 자연스럽게 증거해야 하며, 설교자는 이러한 일들을 도와야 한다.

아래의 설교문은 내가 '교회의 복음 증거'에 대해 전한 제자훈련 설교의 한 예이다.

본문 : 마태복음 16장 13~20절

"예수께서 가이사랴 빌립보 지방에 이르러 제자들에게 물어 가라사대 사람들이 인자를 누구라 하느냐 가로되 더러는 세례 요한 더러는 엘리야 어떤 이는 예레미야나 선지자 중의 하나라 하나이다 가라사대 너희는 나를 누구라 하느냐 시몬 베드로가 대답하여 가로되 주는 그리스도시요 살아계신 하나님의 아들이시니이다 예수께서 대답하여 가라사대 바요나 시몬아 네가 복이 있도다 이를 네게 알게 한 이는 혈육이 아니요 하늘에 계신 내 아버지시니라 또 내가 네게 이르노니 너는 베드로라 내가 이 반석 위에 내 교회를 세우리니 음부의 권세가 이기지 못하리라 내가 천국 열쇠를 네게 주리니 네가 땅에서 무엇이든지 매면 하늘에서도 매일 것이요 네가 땅에서 무엇이든지 풀면 하늘에서도 풀리리라 하시고 이에 제자들을 경계하사 자기가 그리스도인 것을 아무에게도 이르지 말라 하시니라."

◉ 들어가는 글 : 그리스도께서 증거하신 것

많은 사람들이 교회에 대해 오해하고 있습니다. 돌이나 시멘트 벽돌의 건물이 교회라고 생각하는 사람이 있는가 하면, 그나마 신앙이 좋다는 사람도 교파나 교단을 교회라고 여깁니다. 참 놀라운 일입니다. 신약 시대에는 교회에 대해서 이런 표현을 단 한번도 사용하지 않았습니다. 교회에 대해 더 잘 이해하려면 '그리스도께서 증거하신 것'에 대해 이해해야 합니다. 예수님께서 교회에 대해 가장 중요하게 여기신 부분이 무엇인지 살펴보도록 하겠습니다.

◉ 교회의 터

예수님께서는 "내가 이 반석 위에 내 교회를 세우리라"(마 16:18)고 말씀하셨습니다. 이 구절은 해석상 많은 논쟁이 있습니다. 그러나 계속해서 예수님께서 "너는 베드로라 내가 이 반석 위에 내 교회를 세우리니"(마 16:18)라고 선언하신 것을 보면 예수님은 언어의 유희를 사용하고 계심을 알 수 있습니다.

베드로(헬, Petros)라는 이름은 '바위' 또는 '바위처럼 견고한 사람'이라는 뜻이 있습니다. 다음에 이어지는 구절인 "이 반석 위에"에서 예수님은 사람의 이름 대신 페트라(Petra)라는 바위에 해당하는 여성 명사를 사용하셨습니다. 라이리 스터디바이블은 이 부분에 대해 예수님께서는 "'베드로, 네 위에'라거나 '너의 후계자들 위에'라고 말씀하지 않으시고, '이 반석 위에' 즉, '하나님이 너에게 알게 하신 그리스도에 대한 신앙의 고백 위에' 내 교회를 세우리라고 말씀하셨다"고 말합니다. 이 말씀은 교회가 미래에 형성될 것임을 시사하는 표현이기도 합니다. 교회는 오순절 성령강림과 더불어 시작되었습니다(행 2장).[3]

베드로는 오순절 성령강림 이후 예수님을 살아 계신 하나님의 아들이시요 메시아로 믿는 믿음에 초점을 둔 설교를 하였습니다. 그의 설교를 들은 무리가 고민하자 베드로는 무리에게 "회개하여 예수 그리스도의 이름으로 세례를 받고 죄 사함을 얻으라"(행 2:38)고 말했습니다. 그 결과 "그 말을 받은 사람들이 세례를 받으매 그날에 제자의 수가 삼천이나 더하였고 그들이 사도의 가르침을 받아 서로 교제하며 떡을 떼며 기도하기를 전혀 힘썼다"(행 2:41, 42)는 놀라운 기록을 보게 됩니다.

교회의 기초는 예수 그리스도이십니다. 바울은 후에 "이 닦아 둔 것 외에 능히 다른 터를 닦아 둘 자가 없으니 이 터는 곧 예수 그리스도라"(고전 3:11)고 말했습니다. 예수께서 "이 반석 위에"라고 말씀하셨을 때 아마 예수님은 가이사랴 빌립보에서도 바라볼 수 있는 장엄한 바니아스 성(Castle of Banias)을 예로 가리키고 계셨을지도 모릅니다. 이 성은 약 300m 높이의 헬몬 산에서 뻗어 나온 암석 지반 위에 세워져 있었습니다. 돌출된 성의 위치 때문에 잦고 격렬한 폭풍의 공격을 받았지만 흔들림이 없이 견고하게 버텨내어 이 성의 지반의 견고함이 유명해졌습니다.

우리 구원의 반석이신 그리스도는 어떤 분이십니까? 그분은 구원의 반석이 되시기 위해 갈보리의 폭풍을 맞았습니다. 그러나 찬양 받으실 우리 주님은 무덤에서 일어나 교회의 반석이 되셨습니다. 본문에서 말하고자 하는 교회의 변치 않는 원리는, 예수님께서 교회를 무오한 진리의 말씀과 성령의 권능 위에 세우셨다는 점입니다. 세상의 모든 것들이 변한다 하더라도 이 절대적인 원칙들은 변하지 않고 그리스도의 교회가 완성되는 마지막 날까지 계속될 것입니다.

● 영적 유산의 보고

"내가 이 반석 위에 내 교회를 세우리니 음부의 권세가 이기지 못하리라"(마 16:18). 이 말씀의 후반절인 음부의 권세가 이기지 못한다는 말씀은 "지옥의 문들 혹은 보이지 않는 세계가 그것을 무너뜨리지 못하리라"고 번역될 수 있습니다. 이 구절에서 각 단어들을 이해하는 데는 다소 어려움이 있습니다. 지옥(hades)은 보이지 않는 세계이며, 히브리어로는 스올이라고 합니다. 지옥은 죽은 자들의 땅, 곧 죽음을 의미합니다.

주님께서 하신 말씀의 핵심은 베드로가 그랬듯이 그리스도를 향한 신앙 고백을 가진 사람들이 모인 교회는 끝나지 않는다는 것입니다. 그리스도께서 생명을 보존하시기에 지옥이나 음부가 교회를 무너뜨리지 못합니다. 지옥이라는 표현 뒤에는 죽음의 사상이 담겨 있습니다. 여기에는 죄와 절망과 죽음이 있습니다. 그러나 이런 것들이 그리스도의 교회를 엄습하지 못할 것입니다.

죄와 죽음과 절망이 예수 그리스도의 교회를 이기지 못하는 것은 예수님 자신이 죄와 죽음과 절망을 정복했기 때문입니다. 복음은 우리에게 "그리스도께서 우리 죄를 위하여 죽으시고 장사 지낸 바 되었다가 사흘 만에 다시 살아났으며"(고전 15:3, 4), 지옥의 문들을 없이 하셨고 단번에 그 무서운 세 가지 지옥의 권세들을 정복하셨다고 말씀합니다.

따라서 그리스도의 교회의 미래는 영광의 불꽃으로 이글거립니다. 요한은 자신이 바라본 환상 속에서 "거룩한 성 새 예루살렘이 하나님께로부터 하늘에서 내려오니 그 예비한 것이 신부가 남편을 위하여 단장한 것 같더라"(계 21:1)며 승리를 확신했습니다. 바울은 그날에 교회가 "티나 주름잡힌 것이나 이런 것들이 없이 거룩하고 흠이 없게 될 것"(엡 5:27)이라는 확신을 줍니다. 세상은 분열되고 상처 나며 패배한 것처럼 보이는 교회를 비웃거나 조롱할 것입니다. 그러나 예수님은 "지옥의 문들이 결코 교회를 이기지 못할 것이다"라고 약속하셨습니다(마 16:18). 만약 교회가 말을 할 수 있다면 아마도 이렇게 말할 것입니다. "나는 인간들의 영적 유산의 보고이다. 나는 그리스도의 복음을 가지고 있다. 나는 너의 가장 간절한 희망의 수호자다. 내 안에 사랑과 진리와 감화와 가르침과 기쁨과 희락과 도움과 힘이 있다. 혼란스런 세상의 가장 커다란 필요를 해결할 수 있는 능력이 내게 있다. 내 안에 내일에 대한 약속이 있다. 다른 것들은 다 소홀히 해도 나만은 소홀히 하지 말아라." 2,000년의 교회의 역사는 그리스도와 기독교, 그리고 교회가 영원히 선다는 것을 증명하고 있습니다.

◉ 천국의 제자된 서기관마다

하데스(Hades)에 대한 승리의 약속에 이어 예수님은 "내가 천국 열쇠를 네게 주리니 네가 땅에서 무엇이든지 매면 하늘에서도 매일 것이요 네가 땅에서 무엇이든지 풀면 하늘에서도 풀리라"(마 16:19)고 말씀하셨습니다. 비록 이 구절은 베드로를 직접 겨냥하여 전하신 말씀이지만, 마태는 이 말이 다른 제자들과 그리스도의 교회에 소속된 모든 사람들에게도 적용된다고 말합니다. 이것은 교회가 맡은 기능을 설명하는 말들입니다.

내부적으로, 교회의 기능은 예배, 사역, 섬김의 교제를 위해 진리의 보화를 공개하는 것입니다. "내가 천국 열쇠를 네게 주리라"(마 16:19)는 말씀은 이것을 암시하고 있습니다. 모든 유대인 필사들은 다른 사람들을 가르칠 수 있기에 충분한 훈련과 권위를 갖추게 되면 스승으로부터 지식을 상징하는 열쇠를 받게 됩니다. 그때부터 그는 진리의 보화들을 열 수 있는 자신의 권위와 능력에 대한 가시적인 상징으로 그 열쇠를 허리에 차고 다니거나 옷자락에 꿰매어 달고 다닙니다.

여기서 마태는 교회 안에서 가장 무식한 자라고 할지라도 하나님의 진리의 보화를 열 수 있는 권세와 책임을 가졌다는 사실을 말하고 있습니다. "그러므로 천국의 제자된 서기관마다 마치 새것과 옛것을 그 곳간에서 내어 오는 집주인과 같으니라"(마 13:52). 베드로는 이 보화들을 먼저는 유대인들에게, 그리고 다음은 이방인들에게 열어 보였습니다. 그리고 오늘날 예수님을 따르는 이들은 동일한 특권과 책임이 있습니다.

외적으로 교회의 기능은 구속력 있는 영향력을 행사하는 것입니다. 말씀의 내용을 이해하기 위해 유대인의 언어를 이해할 필요가 있습니다. 여기서 '묶다'라는 말은 금지를 의미하며, '풀다'라는 말은 허락의 의미를 가지고 있습니다. 이처럼 교회는 부정적 증거와 예언적 증거로 세상을 향해 하나님의 사랑을 전파해야 합니다. 하나님께서 우리를 용서하신 것뿐 아니라 금지하신 것도 전해야 합니다.

● 그냥 그 속에서 살았네

한 선교사가 몇 년간 파푸아뉴기니에서 사역하고 파송지로 돌아왔습니다. 그는 그의 친구와 이런 대화를 나누었습니다.

"존스, 파푸아뉴기니에서 무엇을 발견했는가?"

"무엇을 발견했냐구? 만약 호랑이가 우글거리는 정글로 파송되었더라도 보지 못했을 훨씬 더 깊은 절망을 보았다네. 사람들은 너무나 타락해서 도덕성이 완전히 결여된 것처럼 보였네. 그들은 짐승보다 못했어. 한 어머니가 아기를 데리고 있다가 아기가 울기 시작하자 아기를 더러운 구덩이에 던져 죽도록 내버려두는 일도 있었네. 또 어떤 남자는 다리가 부러진 아버지를 죽으라고 길가에 버려두고 가는 일도 보았지. 그들에게는 인정이라곤 찾아볼 수가 없었어. 그들은 인정이 무엇인지도 모르는 사람들이었어."

"그래, 그런 사람들을 위해 자네는 무슨 일을 했나? 그들에게 전도했나?"

"전도? 아니! 그냥 그 속에서 살았네."

"살아? 어떻게?"

"아기가 구덩이에 빠져 울고 있는 것을 보면 아기를 건져서 달래 주었고, 다리가 부러진 남자를 보았을 때는 그를 데려다가 치료해 주었지. 낙심한 사람들이 있으면 그들을 데려다 위로해 주고 돌봐 주었네. 그렇게 살았다네. 그러자 사람들이 나한테 와서 말하더군. '이런 일을 하는 의도가 뭡니까? 왜 이런 일을 합니까?' 그때 나는 기회를 놓치지 않고 복음을 전했지."

"그래서 성공했나?"

"내가 떠날 때 그곳에 교회를 두고 왔네."

● 결론: 하나님의 영광을 증거하는 희생

우리는 마태복음에서 '교회'라는 용어를 사용할 때 그것이 무엇을 의미하는지를 살펴보았습니다. 설교를 마치면서 여러분에게 예수 그리스도의 교회에 대해 묻고 싶습니다. 삶 속에서 얼마나 깊이 교회의 기초와 기능, 그리고 미래에 대해서 알고 살아갑니까? 반석이신 그리스도를 머리로 한 교회 안에서 산 돌로 살고 있습니까? 만일 그렇지 않다면 예수 그리스도의 제자된 증인, 즉 예수 그리스도를 증거하는 제자가 되십시오.

교회의 사명은 '용서하는 그리스도'에 관한 이 메시지를 우리의 예루살렘, 유대, 사마리아와 땅 끝에서 나누는 것입니다. 우리는 우리의 가정, 일터, 가게, 휴가처, 그리고 이웃들과 관계하는 일상생활 속에서 증인이 되어야 합니다. 우리의 직업은 하나님의 영광을 증거하라고 주어진 것입니다. 우리는 서로를 돌아보고 사랑으로 섬겨야 합니다. 섬기고, 내가 가진 것을 주고, 희생하고, 돌보는 증인은 전도의 열매를 거둘 것입니다. 이런 사람의 삶은 하나님과 사람들에게 향기롭고 살아 있는 희생제물입니다.

평가

이 설교는 예수님의 지상 화신으로서 예수님의 증인이 된다는 것이 무엇을 의미하는지에 대한 마태의 이해와 관련하여 마태복음을 잘 설명하고 있다. 기독교 역사상 논쟁의 여지가 가장 많은 문제들 가운데 하나를 담고 있는 이 설교는 증인들의 공동체인 교회의 기초가 베드로 한 사람이나 종교적 계통을 따라 베드로를 잇고 있는 후계자들이 아닌, 한 반석에 의존하고 있다는 점을 분명히 보여 준다. 물론 그 반석은 "예수님은 그리스도시요, 살아 계신 하나님의 아들입니다"라고 한 베드로의 고백이다. 그것은 지금의 교회가 이 신앙 고백 위에 서 있을 뿐 아니라 교회의 미래 역시 이 불변하는 진리의 고백에 달려 있음을 나타낸다. 즉, 교회가 이 고백 위에 서 있는 한 "음부의 권세가 교회를 이기지 못할 것"이다. '음부의 권세'는 특별히 죽음, 절망, 죄를 지칭한다. 그것은 이 세상의 그 어떤 권세나 지위도 교회를 무너뜨리지 못한다는 것을 의미한다. 왜냐하면 예수님께서 십자가에서 정복하신 것이 바로 이러한 권세들이기 때문이다. 요한계시록 21장 2절과 에베소서 5장 27절과 같은 구절들은 베드로의 신앙 고백에 근거하여 복음을 증거하는 교회의 승전적 이미지를 나타낼 때 자주 인용된다.

마태가 자신의 복음서에서 예언적 복음 증거를 특별히 강조한다면, 이 설교는 '교회의 기능'이라는 제목으로 이 주제를 탐구한다. 무엇에 관한 증거인가? 이 설교는 그것이 진리의 보화를 드러내는 것이라고 설명한다. 유대교에서 유대인 필사자와 같은 몇 명의 인물들이 권위를 나타내기 위해 눈에 보이는 열쇠를 간직하였다면, 기독교에서는 모든 그리스도인들이 이 진리의 보화를 열 수 있는 권세를 가지고 있다.

이 설교는 복음의 메시지가 예수를 그리스도요 살아 계신 하나님의 아들이라고 고백하는 모든 사람들에 의해 전파되어야 한다는 점을 바르게 지적한다.

02
마가복음의 제자훈련 설교

마가의 메시지는 예수님과 제자의 두 가지 관점을 포함하고 있다. 복된 소식은 예수님에 대한 것이다. 마가복음에서 제자들은 마가가 살던 당대의 그리스도인 공동체의 특징이기도 하며, 지금까지 이어져 오는 각 세대 그리스도인들의 특징이기도 한, 열정과 오해와 실패들을 그대로 보여 준다.[4] 마가는 이 복음서를 통해서 제자들과 독자가 동일함을 깨닫도록 권하고 있다. 우리들은 제자들처럼 늘 실패하지만, 그럼에도 불구하고 예수님께서는 끊임없이 사명을 주시며 따르라고 말씀하고 계신다.

종의 마음으로 전하는 설교

마가는 우리를 왕이지만 종 되신 예수님을 따르는 삶으로 초청한다. 우리가 이 초청에 응답할 때 우리는 우리 자신의 능력을 초월하는 위대한 능력의 체험을 기대할 수 있다. 그 힘은 결코 우리 자신의 욕망만을 채우기 위한 것이 아니다. 겟세마네와 십자가는 하나님의 법과 뜻에 복종하는 것에 대한 대가이다.

마가복음은 행동의 복음으로 이른바 세상을 지배하는 '강한 사람'으로 상징되던 로마인들에게 사용됐다. 마가복음에서 예수님은 왕의 의복을 포기하고 섬김의 수건으로 자신을 두르셨으며,[5] 사람들의 요구에 대한 예수님의 반응은 즉각적이었다(막 1:31). 낮이나 밤이나 할 것 없이 심지어 예수님이 몹시 피곤에 지쳐 있을 때에도 그를 만날 수 있었다(막 1:32~34, 6:55, 56). 예수님은 왕이지만 종의 자리에 앉으셨다. 예수님은 하나님 나라에서는 섬김의 자세가 그 사람의 위대함을 평가하는 척도가 된다고 가르치셨다. 예수님은 겸손함으로 사람들을 섬겼다. 예수님은 하나님께서 자신에게 권능을 주신 것을 아셨다(막 7:34, 35). 예수님은 자신이 누구이며, 어디서 왔는지, 무엇을 가졌는지, 어디로 가고 있는지를 아셨기 때문에 섬길 수 있었으며, 죄의 희생 제물로 자신을 십자가에 내어 줄 수 있었다.

제자훈련 설교자는 회중이 하나님의 말씀을 통해 성숙한 제자가 되도록 예배 때 제자훈련 설교를 선포해야 한다. 설교의 목적 가운데 하나는 청중이 승리의 삶을 살 수 있도록 영적으로 회복되고 정서적으로 재충

전되게 돕는 것이다. 이러한 삶의 원동력은 성장을 위해 절대적으로 필요하다. 우리가 서로를 향해 섬길 때 사람들은 성장하게 된다(갈 6:2).

이 섬김에는 종의 마음이 필요하다. 좋은 설교자는 가슴으로 성도들을 이해할 때까지 회중의 말과 마음에 귀를 기울여야 한다. 이 과정을 통해 긍휼과 이해를 갖게 되며 성도들의 삶에 민감하게 반응할 수 있으며, 필요를 섬기는 설교를 할 수 있는 것이다. 예수님께서 사람들을 가르치시고, 긍휼함을 보이셨듯이(막 6:34) 설교자는 자신의 내면의 삶을 끌어내어 나누면서 다른 사람들과 공감대를 형성해야 한다. 회중은 자신들의 필요와 삶 속에 일어나고 있는 일에 대해 설교자가 관심을 가지고 있다고 느낄 때, 비로소 설교자의 말에 귀와 마음을 열게 된다. 간단히 말해서 설교의 본질은 성도의 삶을 돌아보는 사랑과 종의 자세에서 발견된다.

마가복음 설교의 예[6]

다음의 설교는 예수님과 제자들의 관계에 관한 설교이다.

본문: 마가복음 10장 42~45절

"예수께서 불러다가 이르시되 이방인의 소위 집권자들이 저희를 임의로 주관하고 그 대인들이 저희에게 권세를 부리는 줄을 너희가 알거니와 너희 중에는 그렇지 아니하니 너희 중에 누구든지 크고자 하는 자는 너희를 섬기는 자가 되고 너희 중에 누구든지 으뜸이 되고자 하는 자는 모든 사람의 종이 되어야 하리라 인자의 온 것은 섬김을 받으려 함이 아니라 도리어 섬기려 하고 자기 목숨을 많은 사람의 대속물로 주려 함이니라"

◉ 들어가는 말: 배경, 예언, 오해, 제자도

예수님과 제자들, 그리고 그들의 관계는 마가복음(8:22~10:52)의 제자 관련 본문에서 나타나는 주요 관심사입니다. 이들 각각의 주제들은 결정적으로 예수님의 수난에 대한 예언에서 분명하게 드러납니다. 이 본문의 구조는 배경(32절), 예언(33, 34절), 오해(35~40절), 그리고 제자도에 대한 가르침(41~45절)으로 이루어져 있습니다.

◉ 대속물로 오신 예수

처음과 마지막의 초점은 예수님께 맞춰지고 있습니다. 예수님은 제자들과 예루살렘으로 올라가는 길에서 말씀하셨습니다. 예수님은 자신이 어디로 가고 있는지, 예루살렘에 도착하면 자신에게 무슨 일이 일어날지를 알고 계셨습니다(막 10:33, 34). 분명히 말해서 예수님은 자신을 쉽게 죽음에 내던지지도 않지만 또한 당황하거나, 놀라움이나 불확실함으로 죽음을 맞이하지도 않으셨습니다. 이 행로의 목적은 순례가 아닌 수난이었습니다. 예수님은 유대인의 왕으로 환호를 받았지만 그의 즉위식은 죽음이었습니다.

 이 본문은 우리가 예수님의 신적인 예지력에 대해 감탄하기보다는 자신의 삶과 죽음의 목적을 의식하고 계시는 예수님의 마음에 대해 더욱더 깊이 숙고하기를 바라고 있습니다. 이것은 제자도의 절정이자 결론이라고 할 수 있습니다. 마가복음 10장 45절에서 "인자의 온 것은 섬김을 받으려 함이 아니라 도리어 섬기려 하고 자기 목숨을 많은 사람의 대속물로 주려 함이니라"고 말씀하셨습니다. 예수님의 이 말씀은 자신의 삶과 죽음의 의미를 천명하면서 자신의 사역을 해석하신 말씀입니다. 예수 그리스도께서 행하신 최고의 섬김은 많은 사람들의 대속물로 자신의 생명을 자진하여 내어 준 것입니다.

헬라어 용례에서 '많은'이란 말은 '모든 이가 아닌 큰 수'를 의미합니다. 그러나 여기서 '많은'이란 말은 유대인들의 용례에서 개별적인 의미와는 대조적으로 다수를 지칭하는 포괄적인 의미로 쓰입니다. "많은 사람들을 위한 대속물"이란 구절은, 궁극적으로 그럴 가능성이 있기는 하지만, 어떤 사람들이 포함되지 않을 수도 있음을 의미하지는 않습니다.

대속물의 개념은 전쟁 포로, 노예, 또는 사형을 언도 받은 죄수들을 풀어 주기 위해 값을 치르는 일에서 유래합니다. 오늘날 이에 상응하는 예들을 유괴와 납치 사건들에서 찾아볼 수 있습니다. 여기서 지불되는 돈을 '몸값' 또는 '대속물'이라고 부릅니다. 신약 성경에서 대속물은 '구속' 또는 '해방'을 의미하며, 이집트의 노예생활에서 해방된 이스라엘의 경험에 근거한 신학적 개념으로 사용되었습니다.

◉ 제자들의 거듭되는 오해

세 차례나 예언된 고난과 죽음 그리고 부활은 예수님뿐만 아니라 제자들에게도 중요합니다. 이것은 몇 가지 방법으로 제자들에게 초점이 맞추어집니다.

첫째, 32절에 보면 제자들이 길에서 예수님을 따르고 있는 것으로 나타납니다. 그러나 예수님의 의연함과는 대조적으로 제자들은 놀람과 두려움에 차 있었습니다. 제자들에 대한 이 묘사는 그들이 마침내 예수님께서 예루살렘에서 죽게 될 것이라는 사실을 이해하기 시작하였다는 점을 보여 줍니다. 그러나 그들은 이 상황에서 왜 예수님이 그곳에 가려고 하는지는 이해하지 못했습니다. 예수님처럼 그들은 임박한 운명적 상황을 예감했습니다. 그러나 예수님과 달리 그들은 그 안에 담긴 목적을 알지 못했습니다. 그들은 잔뜩 긴장한 채 예수님을 뒤따라 같은 길을 걷고 있었습니다. 그러나 그들의 걸음은 목적이 없으며, 불안과 두려움에 차 있었습니다.

둘째, 본문은 제자들의 계속되는 오해에 초점을 맞추고 있습니다(막 10:35~40). 그들은 예수님께서 고난을 당하셔야 한다는 것이나 자신들도 예수님처럼 고난을 당해야 한다는 것을 이해하지 못했습니다. 한때 야고보와 요한이 예수님께 드린 부탁은 자신들의 부르심과 목적에 대한 오해를 정확하게 말해 줍니다.

마태는 그들의 어머니의 요청을 언급함으로써 야고보와 요한보다는 그들의 어머니의 야심을 드러내줍니다. 그러나 마가복음에서와 같이 마태복음에서 예수님은 이 두 형제에게 직접 대답하셨습니다. 마가는 그들의 둔한 이해력을 감추려 하거나 변명하려고 하지 않고 우리 눈앞에 있는 그대로 노출시킴으로써 그 부당성과 아이러니에 대해 깊이 생각해 보도록 유도하고 있습니다.

마가복음 9장 36절에서 예수님은 어린아이를 모델로 세우셨습니다. 하지만 야고보와 요한은 어린아이 같은 겸손과 신뢰를 가지고 예수님을 따르기보다는 유치한 술책으로 예수님을 조종하여 자신들의 이익을 챙기려고 합니다. "무엇이든지 우리의 구하는 바를 우리에게 하여 주시기를 원하옵나이다." 그러나 예수님은 그들의 요청에 대답하기 전에 먼저 그들이 원하는 것을 말하게 하셨습니다.

더욱 아이러니한 것은 그들이 예루살렘으로 가는 예수님의 의도를 알고 있으면서도 여전히 예루살렘을 향한 여행이 영광으로 끝나기를 바라면서 예수님의 오른편과 왼편에 앉게 해주시기를 요청한 것입니다. 사실 그들이 요청한 자리에는 두 명의 강도가 서게 될 자리였습니다. 그것은 결코 영광스러운 자리가 아니었습니다. 예수님은 왕의 자리에 앉게 되지만 그의 보좌는 십자가였고, 그의 왕관은 가시관이었습니다. 야고보와 요한은 자신들이 요청하고 있는 것이 무엇인지도 몰랐습니다.

베드로를 꾸짖으신 예수님, 자기를 부인하고, 자기 목숨도 포기하고, 자기 십자가를 지라고 한 예수님의 가르침(8:34~37), 어린아이를 예로 들며 높은 자리를 두고 벌인 말다툼에 대한 꾸짖음, 모든 자리의 말석에 앉고 모든 사람의 종이 되라고 하신 예수님의 말씀(9:35, 36)에도 불구하고 야고보와 요한은 여전히 다가올 영광에 대한 환상을 품고 있었으며, 특권의 자리에 오를 계획을 구상하고 있었습니다.

이 본문에서 보면 열두 제자 모두가 자리다툼을 하고 있었습니다. 나머지 열 명의 제자들은 야고보와 요한의 요청을 듣고 그들에게 화를 내기 시작했습니다(41절). 41절은 열두 명의 제자들 모두가 오해에 빠져 있는 부분에 대한 단락을 결론짓고 또 다시 진정한 큰 자의 특징에 관심을 돌리면서 제자도에 대한 예수님의 가르침을 전개합니다.

● 하물며 너희는 어떠하겠느냐?

이 본문은 예수님의 확고한 목적과 제자들의 어리석음을 선명하게 대조시키면서 예수님과 제자들의 관계를 집중적으로 부각시키고 있습니다. 이것은 세 가지 사실을 통해 확인할 수 있습니다. 첫째로, 그들의 부적절한 질문에도 불구하고, 예수님은 야고보와 요한을 꾸짖지 않으셨습니다. 그들이 예수님이 마시는 잔과 예수님이 받으시는 세례를 받을 수 있다고 단언하자 예수님은 그들의 말을 받아들여 올바른 방향으로 수정해 주셨습니다. 그들은 예수님의 잔과 세례를 예수님의 영광에 동참하는 수단으로 생각했습니다. 예수님은 그러한 관련성을 깨뜨리고 예수님의 잔과 세례는 고난의 잔(막 14:36)이며, 죽음(롬 6:3)과 함께 사명을 감당하기 위한 능력을 입히는(막 1:8~11) 세례이며, 예수님과 교제를 나누는 방법이며, 예수님을 따르는 유일한 길임을 확인시키셨습니다. 예수님은 그들을 있는 그대로 받아들이시지만, 동시에 그들에게 예수님 자신이 향하고 있는 길로 새로운 방향을 분명하게 제시하십니다.

둘째로, 예수님은 제자들이 자신과 같아지도록 요청하십니다. 45절에서 자신에 대해 말씀하고 계시지만 예수님은 제자들이 어떤 사람들이 되어야 하는지를 분명히 생각하고 계십니다. "인자의 온 것은 섬김을 받으려 함이 아니라 도리어 섬기려 하고 자기 목숨을 많은 사람의 대속물로 주려 함이니라." 여기서 '하물며'(how much more)형의 논법이 나타납니다. 주 예수님께서 종이 되셨는데, 하물며 당연히 제자들도 종이 되어야 한다는 것입니다.

셋째로, 제자들은 더디게 배우며 야심적이며 이기적인 모습으로 묘사되어 있지만, 그럼에도 불구하고 그들은 계속 예수님을 따릅니다. 예수님에 대한 그들의 관계는 불완전합니다. 그러나 그것은 또한 끊어지는 관계는 아닙니다. 본문은 제자들에 대해 변명을 하는 것도 아니며 그들을 배척하지도 않습니다. 오히려 우리도 열두 제자들과 같이 휘청거리며 예수님을 따르는 자들이며 불완전한 주님의 종들임을 깨닫기를 바라고 있습니다.

◉ 아무런 위험부담이 없는 복음

여러분은 어느 정도 예수님의 죽음과 같이할 수 있을 것입니다. 그러나 더 복된 소식은 예수님께서 당신을 위해 죽으셨다는 사실입니다.

본문은 교회 안에 있는 안일함과 냉담함에 도전장을 내밀고 있습니다. 우리는 예수님 당시 추종자들의 우둔함과 두려워 떠는 모습에 대해 안타깝게 생각할 수도 있습니다. 그러나 그들은 최소한 일깨움을 얻을 만큼의 지각은 있었습니다. 오늘날 복음은 흔히 아무런 위험부담 없는 선물로 제시되곤 합니다. 그리고 때때로 사람들은 문제를 피하기 위해 예수님을 따릅니다.

그러나 본문은 제자도에 대한 자기중심적인 이해에 대해 무섭게 도전하고 있습니다. 예수님께 나아옴으로써 하나님과 바른 관계를 맺는 것은 일상생활에만 관련된 기본요소는 아닙니다. 제자도는 문제없음을 의미할 수도 있지만, 더 많은 문제를 의미할 수도 있습니다. 어떤 점에서 그것은 일시적으로 통증을 억제하는 효과가 있지만 예수님을 따르는 것은 다른 사람들이 볼 때는 어리석은 길처럼 보일 수 있습니다.

진정한 제자도는 연로한 부모든, 까다로운 배우자이든, 문제아이든, 독특한 필요를 가진 교회 안의 사람들이든, 다른 사람에게 개인적인 희생을 요구하는 이웃의 형편이든, 그 모양이 어떤 것이든지 다른 사람들을 위해 자신의 삶을 내어주는 대가 지불을 특징으로 합니다. 두려움과 떨림이 없이 예수님을 따르는 일에 대해 생각하는 사람은, 마가의 견해에 따르면 아직 참된 제자도를 이해하였다고 볼 수 없습니다.

◉ 결론: 그들과 같아서는 안 되는 이유

여러분의 삶은 현 시대의 기본적인 가치관과 성공에 대한 우리의 기준들에 도전을 주는 삶이 되어야 합니다. 42절에서 '이방인들'은 정치적 권세를 가진 사람들을 의미하지만, 그들이 행사하는 권세는 위대함을 평가하는 일반적이고 세속적인 기준을 나타냅니다. 이러한 기준들은 그때와 마찬가지로 지금도 사람들의 생각을 사로잡고 있습니다.

"너희들은 그들과 같아서는 안 된다"고 하신 말씀은 제자도의 목적이 문화 전체를 변화시키는 것이라는 점을 말해 줍니다. 여러분은 세상의 기준들로부터 자신을 분리시켜 위대함과 성공에 대해 예수님께서 가르쳐주신 평가 기준으로 삶의 모델을 세워나가야 합니다. 그리고 예수님을 따르는 동안 계속해서 치러내야 할 대가를 인식하고 결단하도록 사람들을 도전함으로써 세상을 지배하고 있는 문화에 저항해야 합니다.

평가

설교에 사용된 본문은 마가복음에서 메시아의 종 되심에 관한 주제를 구성하는 가장 중심 구절들 가운데 하나이다. 이 설교는 예수님께서 왕이지만 종의 몸으로 오신 것처럼 제자들에게 예수님께서 몸소 보여주신 종의 자세를 닮도록 제안하고 있다. 이 설교는 예수님과 제자들, 그리고 그들의 관계를 왕이 종이 되셔야 했던 불가피성이라는 마가의 관점으로 다루고 있다. 무엇보다 저자는 예수님께서 어디를 향하여 가고 계시는지를 알고 있었다는 사실을 분명하게 한다. 그는 자신의 운명에 대한 예수님의 예지력에 초점을 맞추기보다는 자신의 삶과 죽음에 대한 분명한 목적의식에 초점을 맞춘다.

예수님과는 달리 제자들은 목적 없이 불안한 마음으로 두려움에 쌓여 예수님을 따르는 것으로 그려지고 있다. 설교는 예수님을 따르는 것이 무엇을 의미하는지에 대한 제자들의 오해를 지적하면서 제자들의 부적절함과 아이러니를 노출시킨다. 41절에 주의를 기울임으로써 설교는 야고보와 요한뿐만 아니라 다른 제자들도 마찬가지로 참된 제자도의 의미를 이해하지 못하고 있음을 말하고 있다.

여기서 우리는 이러한 제자들의 형편을 있는 모습 그대로 받아들이면서도 단호하게 새로운 방향을 제시해 주시는 주님의 태도를 알 수 있다. 예수님은 자신과 교제하는 수단과 자신을 따르는 유일한 길이 고난의 잔(막 14:36)과 죽음의 세례(롬 6:3)와 사명을 감당하기 위한 성령의 권능(막 1:8~11)임을 가르치신다.

설교는 주님과의 관계에 대한 제자들의 이해가 완전하지는 않았지만, 계속해서 주님을 따르는 제자들의 모습을 통해 청중을 격려한다. 예수님은 제자들에게 자신을 닮도록 계속해서 도전하신다. 설교는 예수님께서 종이 되신 것처럼 제자들도 종이 되어야 한다고 강조한다.

이 설교의 적용은 제자도의 대가를 적절히 다루고 있다. 예수님께서 자신의 생명을 많은 사람을 위해 버리신 것처럼, 참된 제자는 그들이 누구이든지 다른 사람을 위해 자신의 생명을 나누는 희생으로 특징지어질 수 있다. 더 나아가 이 설교는 제자들에게 그들의 모든 가치체계를 변화시키도록 도전함으로써 절정에 달한다. 제자도의 목적은 문화를 통째로 변화시켜 세상 문화의 기준이 예수님을 따르는 제자들 가운데 자리 잡지 못하게 하는 것이다. 이 설교는 마가복음의 주제를 적절히 담고 있는 본문을 명료하게 해석함으로써 매우 훌륭한 제자훈련 설교가 되었다.

03
누가복음 제자훈련 설교

누가는 예수 그리스도를 완전한 하나님이자 완전한 사람으로서 메시아적 대제사장이며, 우리들과 같이 연약한 감정을 경험하고 우리에게 도움과 자비와 사랑을 베푸시는 분으로 설명하고 있다. 누가복음에는 사람들에 대한 예수님의 연민이 가득하게 나타나고 있다.[7]

제자도에 헌신하는 제자

누가는 제자가 치러야 하는 가장 큰 대가는 즉시 예수님을 따르고

뒤돌아보지 않는 것이라고 하였다(9:57~62). 예수님은 한 사람을 부르셔서 "가서 하나님 나라에 대해 전하라"고 하셨다. 다른 곳에 관심이 있던 그는 하나님을 신뢰하는 믿음이 부족하여 주저하였다. 예수님은 그에게 먼저 충성과 즉각적인 순종을 요구하셨다. "또 다른 사람이 가로되 주여 내가 주를 좇겠나이다마는 나로 먼저 내 가족을 작별케 허락하소서"(9:61). 이 사람은 예수님을 따르겠다고 결단했으나 마음이 세상과 주님, 이 두 갈래로 나뉘었다. 그는 예수님보다 가족에게 더 많이 집착했던 것이다. 훌은 "구원 자체는 아무 대가를 요구하지 않는다. 그러나 제자도는 모든 것을 요구한다"[8]고 말하였다.

제자화는 배타적이지도 않고 엘리트주의를 표방하는 것도 아니다. 그것은 사람들에게 자신의 영적 생활에 대해 책임을 지도록 하며, 변화와 훈련을 권하는 것이다. 효과적이고도 능력 있는 제자훈련 설교의 열쇠는 헌신이다. 절반의 헌신은 대개 좌절과 실패로 끝난다. 우리가 제자훈련 설교에 헌신하였다면 하나님께서는 우리에게 헌신을 이룰 수 있는 용기도 주실 것이다.

전적인 헌신은 우리가 결코 넘어지지 않을 것임을 의미하지는 않는다. 하지만 그것은 우리가 넘어지더라도 헌신을 지킬 수 있도록 그리스도 안에서 새로운 용기를 발견하게 해줄 것이다. 헌신한다는 것은 성령 안에서 산다는 것을 의미하며(눅 24:29), 이웃을 자신의 몸과 같이 사랑하며(눅 10:30~37), 하나님의 명령에 순종하며(눅 10:27) 우리가 하는 모든 일에서 그리스도를 높이는 것(눅 6:27~38)을 의미한다.

기도에 헌신하는 제자

누가는 제자훈련 사역에서 기도를 강조하고 있다. 기도는 하나님과 함께하는 훈련이며 헌신의 든든한 기초가 된다. 우리는 예수님께서 밤에 산에서 홀로 하나님과 고요한 시간을 보내신 사실(눅 6:12)을 보면서 교훈을 얻어야 한다. 기도는 영적 자양분을 공급 받는 예수님의 방법이었다. 예수님은 그것이 영적으로 중요하다는 것을 아셨기 때문에 기도를 택하셨다.[9]

기도는 우리를 제자로 부르신 분의 음성에 귀 기울일 수 있는 수단이기 때문에 중요하다. 기도는 그 음성이 우리 존재의 중심에 말씀하시도록 하는 것이며, 그 목소리가 우리의 전 존재 속에서 공명하도록 하는 것이다. 그것은 예수님께서 요단 강에서 세례를 받고 나오실 때 들으셨던 음성이다. "너는 내 사랑하는 아들이라 내가 너를 기뻐하노라"(눅 3:22). 예수님은 항상 그 음성을 들으셨다. 그리고는 바로 삶 속으로 걸어 들어가실 수 있었다.

우리도 이처럼 기도해야 한다. 기도는 우리 삶에 찾아오신 하나님께 응답하는 것이다. 우리는 우리 삶 속에서 하나님의 부르심을 발견하고 하나님의 뜻을 들으며,[10] 우리를 "사랑하는 자"라고 부르시는 하나님의 음성을 들어야 한다. 그렇지 않으면 우리는 하나님이 아닌 사람들의 인정과 칭찬과 성공을 구걸하며 헤매게 될 것이다.

기도 가운데서 마술적인 소리가 아니라, 우리로 하여금 하나님과 대화 하고 있는 어떤 진리에 대해 확신을 갖게 하심으로써 하나님께서 우리에게 말씀하신다는 것을 신뢰하면서 기도의 자리에 나아간다는 것은 쉬운 일이 아니다. 기도는 하나님의 마음을 흡족하게 하며 우리의 삶을 향한 그분의 목적을 깨닫기를 바라는 간절한 염원에서 시작된다.

기도는 제자훈련 설교를 시작하는 출발점이다. 예수님은 제자들에게 더 많은 일꾼을 보내주시도록 기도하라고 가르치셨다(눅 10:2). 복음으로 찾아가 수확해야 할 귀중한 영혼들은 많은데 일꾼들은 적다. 이 필요는 매우 시급하다. 사람들은 삶의 목적과 의미와 중요성을 알기 원하고 참된 삶을 원한다. 그들은 예수님께서 생명의 주인 되신다는 복음을 들어야 한다. 하나님은 예수님의 이름으로 죄 용서를 받게 하는 회개를 선포할 일꾼들을 준비시키시고 보내신다(눅 24:47).

누가가 기록한 예수님의 아홉 가지 기도 중에서 다른 복음서들에도 기록된 것은 오직 두 개이다. 이 기도들은 세례(눅 3:21)와 제자들을 선택하기 전(눅 6:12)이라는 중요한 사건들과 연관되어 있다. 누가가 기록한 특별한 비유들 중에 두 가지는 기도에 대한 내용이다(즉, 한밤중에 찾아온 친구 이야기: 눅 11:5 이하, 불의한 재판관의 비유: 눅 18:1~8). 누가만이 베드로를 위해 기도하신 예수님(눅 22:31, 32), 겟세마네 동산에서 제자들에게 기도하라고 권면하신 일(눅 22:40), 그리고 예수님이 원수들과(눅 23:34) 자신을 위해서(눅 22:41) 기도한 사실을 기록하고 있다.

누가복음 설교의 예[11]

다음 설교는 예수님께서 제자들에게 기도하는 법을 가르치실 때 보여 주신 기도의 모델에 초점을 맞춘 것이다. 이 기도는 우리 기도의 모델이 되어야 한다. 이 설교는 우리가 기도할 때 따라야 할 점들에 대해 말하고 있다.

> 본문 : 누가복음 11장 3, 4절
>
> "우리에게 날마다 일용할 양식을 주옵시고 우리가 우리에게 죄 지은 모든 사람을 용서하오니 우리 죄도 사하여 주옵시고 우리를 시험에 들게 하지 마옵소서"

◉ 들어가는 말: 삶의 세 가지 영역

여러분은 이 기도가 인간 존재의 전 영역에 걸친 기도라는 사실을 알게 될 것입니다. 그리고 이 기도는 우리의 기도에 지침서로 주어졌습니다. 각각의 영역은 얼마든지 세밀하게 쪼개질 수 있습니다. 우리의 삶에는 그 어느 것 하나 소홀히 여길 수 있는 곳이 없습니다. 사람을 향한 하나님의 관심과 사랑은 우리 삶의 모든 구석구석을 만지시고 있습니다. 이것이 예수님께서 "너희가 내 이름으로 무엇이든지 구하면 내가 시행하리라"(요 14:14)고 말씀하신 이유입니다.

◉ 육체의 영역 (눅 11:3)

흔히 육체적인 필요에 대한 기도는 무언가 잘못되었다고 느끼는 경우가 많습니다. 그러나 그것은 기도에 대한 왜곡된 생각입니다. 그러한 기도는 이방인들의 삶의 개념을 반영하는 것 같다고 여겨 두려워합니다. 헬라인들은 몸을 하찮고 구원받을 가치가 없는 것으로 여겼기 때문에 학대했습니다. 그러나 성경 그 어디에서도 이런 가르침은 없습니다. 기도가 이 단계에서 시작되어야 한다는 사실을 아는 것은 매우 중요합니다.

하나님께서는 우리의 몸을 설계하시고 창조하셨습니다. 그러므로 우리가 우리 몸의 필요들에 관해 기도하는 것은 지극히 당연합니다. 여기서 빵은 육체적 삶에서 필요로 하는 모든 것을 상징합니다. 그것은 우리의 육체적 삶이 요구하는 것, 즉 의식주를 포함한 모든 것을 의미합니다.

이 영역에서 매우 중요한 관심은 우리가 즉각적이고도 끊어지지 않는 공급을 받을 수 있다는 점입니다. "우리에게 날마다 일용할 양식을 주옵시고." 우리는 일용할 양식을 위해 기도해야 합니다. 여러분은 육체적 필요를 위해 매일 기도하고 있습니까? 당신은 그런 것들을 하나님께 구할 시간을 갖고 있습니까? 아니면 최소한 그것들에 대해 감사하고 있습니까? 아마도 이것은 평소에 주기도문을 반복하다 보니 너무 익숙해져서 본래의 참된 의미를 상실하고 중요하게 생각하지 않게 되었는지도 모르겠습니다.

저는 예수님이 이미 다른 데서 "너희 아버지께서 너희가 구하기도 전에 너희에게 이러한 것들이 필요하다는 것을 아신다"고 말씀하셨기 때문에 하나님께 우리의 필요를 말씀드릴 필요가 없다고 이의를 제기할 사람이 많다는 것을 압니다. 그러나 기도는 우리에게 영향을 미치기 위해 설계되었습니다. 기도는 우리에게 필요한 것입니다. 하나님께서는 일일이 우리의 필요를 들으실 필요가 없을 수도 있지만 우리는 그분께 말씀드려야 합니다. 이것이 핵심입니다.

만약 왜 그런지를 알고 싶다면, 자신에게 이렇게 질문하십시오. "내가 이 기도를 하지 않을 때 무슨 일이 일어날까?" 당신은 틀림없이 물질적 필요를 위해 기도하지 않고, 생활에 필요한 것들을 매일매일 공급해 주시는 하나님께 감사하는 시간을 갖지 않는 작은 변화가 서서히 한 그리스도인의 마음에서 일어나는 것을 보게 될 것입니다. 그 변화는 우리가 이런 공급들을 당연하게 여기고 점점 우리 혼자 힘으로도 이런 필요들을 채울 수 있다는 어리석은 착각으로 몰고 갈 것입니다. 이런 식으로 생각하게 되면 교만이 찾아와 우리의 영적 통찰력을 가리고, 우리가 기분에 휩쓸리거나 조급해하고 침체되는 것을 발견합니다.

결국 하나님께 감사해야 할 사람들은 우리들 자신입니다. 우리에게 필요한 모든 것들이 하나님의 손에서 나온다는 것을 항상 기억해야 하는 사람들은 우리들 자신입니다. 그리고 우리의 삶을 지탱하는 끊임없는 공급이 우리를 향한 하나님의 은혜와 선하심이라는 사실을 기억해야 합니다. 따라서 감사하지 않는 죄를 피할 수 있는 유일한 방법은 날마다 육체의 필요를 위해 기도하는 것입니다.

● 인간관계의 영역 (눅 11:4 상)

"우리가 우리에게 죄 지은 모든 사람을 용서하오니 우리 죄도 사하여 주옵시고." 이 두 번째 기도의 요청은 인간관계, 생활, 감정, 지성, 그리고 의지의 영역과 관계되어 있습니다. 다른 말로 하면 인간의 혼의 문제입니다. 우리 주님은 이 삶의 영역에서 용서를 중심적인 문제로 다루십니다.

여기에 양심의 청결, 평안함, 하나님과 사람과의 관계에서 누리는 안식에 대한 필요가 있습니다. 이것 또한 우리 삶의 영역에서 중요한 문제입니다. 정리되지 못한 우리의 감정에서 발생하는 많은 영적인 증상들이 있습니다. 성경과 현대 심리학 모두 이러한 증세들 아래에 두려움과 죄의식이라는 두 마리의 무서운 괴물들이 웅크리고 있다는 것을 인정합니다.

죄의식은 많은 그리스도인들의 경험에서 발견할 수 있는 고민과 번뇌 가운데 숨어 있는 가장 흔한 문제입니다. 그러나 이 단순한 기도 안에 충분한 해답이 있습니다. 왜냐하면 만약 우리가 하나님의 용서를 굳게 붙잡지 않는다면, 우리는 주님과 우리가 더 이상 아무런 상관이 없음을 알기 때문입니다. 하나님의 용서 안에서 우리 마음은 주님 앞에서 완전한 자유를 누릴 수 있으며, 그로 말미암아 평안으로 마음을 가득 채우게 될 것입니다.

예수님의 죽음으로 우리에게 거저 주어진 하나님의 사랑과 용서를 경험하기 전에 누군가를 용서한다는 것은 불가능합니다. 바울은 "그의 은혜의 풍성함을 따라 그의 피로 우리가 구속 곧 죄 사함을 얻었다"고 말씀했습니다. 은혜, 그것이 전부입니다. 우리는 예수님께서 십자가에서 죽으심으로 우리 죄의 무거운 짐을 이미 벗겨 주신 사실에 감사하며 하나님 앞에 나올 뿐입니다. 그러나 우리가 그 용서를 받았다면, 이제 우리는 그리스도인의 삶을 살다가 잘못을 범한 죄에 대해 용서받을 수 있으며, 우리에게 잘못 행한 사람에게도 동일한 용서를 베풀 준비를 할 수 있는 것입니다. 이 용서는 우리로 하여금 하나님 아버지와 그의 아들과의 관계가 끊이지 않도록 하며, 우리 심령의 정서적 고요함과 안식의 비밀이 됩니다.

다른 사람들을 용서하십시오. 그러면 용서하시는 하나님의 치유의 은혜가 당신의 마음에 넘칠 것입니다. 그리고 하나님께서 여러분의 존재, 그 깊은 중심에 주신 평화를 깨뜨릴 것이 아무것도 없음을 알게 될 것입니다. 만약 우리가 다른 사람을 용서하기를 거부한다면, 우리는 우리에게 이미 보여진 은혜가 다른 사람에게 흘러가지 못하도록 붙잡고 있는 것이 됩니다. 오직 우리 자신으로서는 갚을 길이 없는 그 엄청난 죄의 빚을 이미 용서받았기 때문에 다른 사람이 우리에게 행한 상대적으로 가벼운 죄들을 용서할 수 있는 은혜를 발견할 수 있는 것입니다.

◉ 영적인 영역 (눅 11: 4 하)

"우리를 시험에 들게 하지 마옵시고." 이 기도는 보이지 않는 영적인 싸움에서 우리 삶의 가장 큰 필요인 건지심과 돌보심을 위한 기도입니다. 하나님 자신은 결코 우리를 죄로 유혹하지 않습니다. 그분은 우리 삶의 모든 과정 가운데서 우리를 연단하시고, 세우시고, 승리를 경험하게 해 주십니다.

이 간구는 미처 인식하지 못한 유혹으로부터 보호해 주시길 구하는 기도입니다. 유혹이 저항할 수 있는 상황에서 인식되고 우리가 그것에 저항할 때, 그것은 항상 우리 삶의 힘과 성장의 원천이 됩니다. 우리가 음욕을 음욕으로, 미움을 미움으로, 비겁한 마음을 겁쟁이가 되라는 유혹으로 인식할 때 이것은 오히려 쉬운 문제입니다. 우리가 정말로 하나님과 동행하고 있다면 명백하게 악으로 드러나는 것에 대해 저항하는 것은 비교적 쉽습니다.

그러나 유혹은 항상 간단하지는 않습니다. 나는 옳다고 생각하는 일을 했지만 나중에 돌이켜보면 완전히 틀렸다는 것을 깨닫게 될 때가 있습니다. 이것이 바로 이 간구가 나타내고자 하는 사실입니다. 베드로의 경우가 그렇습니다(마 26:31~46, 69~75; 눅 22:31~62). 베드로는 다락방에서 성급함과, 자신감과, 순진함으로 "다른 사람들은 주님을 버린다 해도 저는 절대로 주님을 버리지 않겠습니다"라고 주님께 맹세합니다. 베드로는 "베드로야, 오늘 날이 새기 전 새벽닭이 울기 전에 네가 나를 세 번 부인할 것이다"라고 하신 주님의 말씀을 기억하며 다락방에서 나갔습니다. 여전히 자신만만한 베드로는 겟세마네 동산으로 갔습니다. 예수님은 그 동산에서 "베드로야, 시험에 빠지지 않도록 깨어 기도하라"고 그에게 말씀하셨습니다. 그러나 베드로는 그 말씀을 귀담아 듣지 않고, 대신 잠에 빠졌으며 주님께서 다시 오셔서 그를 깨워 주님을 위해서가 아니라 베드로 자신을 위해 기도하라고 말씀하셨습니다. 그러나 베드로는 기도하지 않았습니다. 그리고 그가 대제사장의 뜰에 들어가 그곳의 모닥불 옆에 서 있을 때 사탄이 그를 붙잡아 작은 계집아이 앞에서조차 주님을 부인하게 했습니다. 자신이 저지른 그 엄청난 일을 깨닫고 나서 그는 깊은 밤의 어둠 속으로 들어가 심히 애통하며 눈물을 흘렸습니다.

● 결론: 영혼육의 필요를 채우시는 주님

예수님께서 주신 이 기도는 우리의 어리석음과 연약함, 그리고 눈먼 어리석음을 범하는 우리 삶의 습관들을 인식하게 해주는 것입니다. 예수님께서 우리가 간절히 기도해야 하는 이유를 가르쳐주셨습니다.

이 세 가지 요구들은 모두 예수님께서 우리에게 깨닫게 하시고자 애쓰신 중대한 한 가지 진리를 반영하고 있습니다. 즉 우리는 영, 혼, 육 모두 영원히 주님을 필요로 하는 존재라는 사실입니다. 우리가 내딛는 한걸음 한걸음마다 살아 계신 하나님을 지속적으로 의지할 때 이러한 우리의 필요는 적절히 충족될 수가 있습니다. 우리가 어떤 말로 표현하든 상관없이 마음에서부터 우리 자신이 이런 단순하고 어린아이 같은 기도에 헌신하지 못할 때 우리는 스스로 불필요한 혼란과 낭패와 실패에 노출됩니다.

평가

우리가 앞장에서 살펴본 것처럼, 누가복음은 주님께 대한 제자들의 전적 헌신을 강조한다. 누가는 기도 자체가 헌신의 표현이라고 한다. 누가복음에는 예수님의 제자훈련 사역에서 기도의 우선순위가 특별히 강조된다. 왜냐하면 기도로 하나님과 함께 있음으로써 하나님께 대한 전적 헌신의 기초를 강하게 세울 수 있기 때문이다. 이처럼 이 설교는 누가복음에서 제자훈련 설교의 본질적 요소들을 탐구하고 예수님이 가르쳐주신 기도를 살펴봄으로써 우리가 기도해야 할 영역을 알게 한다.

먼저 이 설교는 우리의 육체의 필요를 위해 기도하는 것은 합당하지 않다고 여기는 일부 그리스도인들의 잘못된 생각을 지적한다. 누가복음 11장 3절에 초점을 맞춤으로써 이 설교는 이러한 오해가 육체를 천하고 구원받을 가치가 없는 것으로 여겨 학대하던 헬라인들은 이방 문화의 영향을 받은 것으로 지적한다.

어떤 사람들은 하나님께서 우리의 필요를 다 아시는데 굳이 기도해서 아뢸 것까지 있느냐고 생각할지도 모른다. 그러나 분명한 점은 하나님이 아시고 모르시고는 중요한 문제가 아니고 우리의 필요를 하나님께 간구하고 있느냐가 중요하다. 우리의 기도에서 제외해도 되는 것은 아무것도 없다. 이것이 주님께 헌신된 제자들의 표징이다.

다음으로 이 설교는 용서가 인간관계의 중심에 있음을 가르친다. 인간관계에 관한 한 우리가 먼저 용서를 받지 못하면 우리는 다른 사람을 용서할 수 없다는 점을 말한다. 우리의 용서는 예수 그리스도께서 십자가에서 당하신 죽음으로 가능해졌다. 그래서 이 설교는 용서에 근거한 인간관계가 없이는 참된 제자도가 불가능하다고 적절히 지적한다.

참된 제자도가 반드시 수반해야 할 것은 영적 싸움에 대한 분명한 자각이다. 이 싸움은 비록 구원을 받았지만 이 땅에서 사는 동안은 우리 모두가 피할 수 없는 싸움이다. 그래서 이 설교는 4절 하반부를 깊이 관찰하면서 우리에게 진정한 제자도는 매일의 삶 속에서 승리하는 것이라는 점을 상기시킨다.

결과적으로 악에서 건져 주시고 보호해 주시도록 하나님께 기도하는 것은 제자들의 삶의 중요한 부분으로 남게 된다. 예수님께서 제자들에게 유혹으로부터 보호해 주시도록 기도하라고 말씀하신 사실은 제자들의 삶의 현실에서 투쟁의 실체가 갖는 중요성을 보여 준다. 베드로가 기도하지 않고 자신을 의지했을 때 어떻게 유혹에 넘어졌는지는 우리에게 기도의 중요성을 가르쳐주는 좋은 예가 된다. 그래서 기도는 우리의 연약함과 눈먼 어리석음에 빠질 수 있는 우리의 경향을 인식하는 데서 시작된다는 것은 진리이다.

04
요한복음 제자훈련 설교

　요한은 예수님께서 특별한 사랑을 보이신 사도였으며, 그는 하나님의 아들이신 주 예수님에 관한 심오한 진리를 배웠다. 요한복음은 주님의 신성을 드러내는 것으로 시작한다. 요한은 예수님의 인성을 결코 놓치지 않으면서도 그리스도의 영광을 보여 주고 있다. 요한은 예수님의 지상생활에 대한 역사적 연구 결과를 알리기 위해 복음서를 기록하진 않았다. 그 부분을 이미 마태와 마가, 누가가 충분히 보여 주었다. 그의 의도는 그리스도의 인격을 강조하고 그분의 신성을 증명하는 표적들을 제시하는 것이었다.

존재 이전부터 존재한 사랑

요한은 태초부터(요 1:1) 하나님께서 영원한 사랑으로 우리를 사랑하셨다고 가르친다. 그 사랑은 우리 존재 이전부터 있었다. 우리가 태어나기 전부터 거기 있었으며 우리가 죽은 후에도 거기 있을 것이다. 따라서 요한은 하나님께서 우리를 위해 생명을 주는 사랑을 보여 주신 그 하나님의 말씀으로 예수 그리스도의 사랑을 설명한다. 왜냐하면 하나님께서 우리 죄를 대속해 주시기 위하여 독생자를 주셨기 때문이다(요 3:16).

하나님은 당신의 사랑을 가장 완벽한 방법으로 보여 주셨다. 하나님은 죄인들을 용서하기 위해 스스로 상하시고, 종속되고, 심지어 십자가에서 죽음의 수치를 당하기까지 하신다. 하나님의 사랑에 대한 가장 영광스러운 증거는 우리의 구원을 위한 노력을 하나님 편에서 시작하셨다는 점이다(요 10:17, 18).

요한복음 13장 35절에 기록된 예수님의 말씀에 근거하여 모든 설교자들이 우리를 향한 하나님의 사랑을 바라보기 시작하고 우리에게 하나님의 사랑이 머물고 있음을 교회에 보여 줄 때, 제자훈련 설교는 회중을 감동시킬 뿐만 아니라 그들에게 가장 큰 영향력을 미치게 될 것이다. 이 역동성 안에서 우리는 자기 사람들을 끝까지 사랑하신 예수님과 같이 될 것이다(요 13:1).

이 사랑은 하나님의 사랑과 생명에 대한 강력한 증거가 된다. 우리가 하나님께 개인적으로 반응할 때 하나님의 사랑은 우리의 삶을 강력하게 변화시킬 수 있으며, 우리를 통해 배가될 수 있다. 예수님은 그분의 사랑 안에 거하는 것은 성도들의 책임이라고 말씀하셨다(요 15:9, 10). 하나님은 항상 우리를 사랑하신다. 그러나 그 사랑 안에 거하느냐 거하지 않느냐 하는 것은 우리에게 달려 있다. 그분의 사랑 안에 적극적으로 거하지 않으면 우리는 주님의 사랑을 알 수도 경험할 수도 없다.

사랑은 성도의 증거

우리는 서로 사랑하라는 분명한 명령을 받았다. 요한복음 13장 34절에서 예수님은 제자들에게 새 계명을 주시겠다고 말씀하셨다. 그 계명은 한 사람의 삶을 지배하는 지침이며 원리이고 교훈이다.[12] 예수님께서 제시하신 지침은 그 자체로 전혀 새로운 것이었다. 구약의 율법도 다른 사람에 대한 사랑을 요구한다. 그러나 신약에서 말하는 새로운 사실은 그 기준이다.

예수님은 제자들에게 다른 사람들을 사랑하라고 가르치시되 예수님께서 우리를 사랑하신 것처럼 사랑하라고 가르치신다. 예수님은 일단 자신이 성도들의 마음에 거하게 될 때 오직 자신만이 할 수 있는 종류의 사랑에 대해 말씀하신다. 그것은 하늘로부터 오는 것이기 때문에 세상이 알지 못하는 형태의 사랑이다(요 14:17 참조). 세상의 사랑은 이기적이고 자기중심적이다(요 9:20~23, 10:12 참조).

예수님께서는 우리가 이렇게 서로를 사랑할 때 다른 사람들이 우리가 예수님의 제자인 것을 알게 될 것이라고 말씀하셨다(요 13:35). 사랑은 우리의 상징이며 우리가 성도임을 증명하는 반박할 수 없는 표시이다. 사랑의 자연스러운 결과는 하나 됨이다. 사랑은 우리가 예수님의 제자들임을 확인시켜 주며, 사랑의 부산물인 하나 됨은 세상에 강력한 메시지를 보낸다.

요한복음 17장 20~23절에서 보면, 예수님은 제자들과 우리를 위해서 기도하셨다. 예수님은 모든 제자들이 하나가 되기를 구하셨다. 성도들의 사랑에 기초한 일치는 세상에 하나님께서 자기 아들을 보내셨다는 사실을 드러내 보여 줄 것이다. 사람들은 항상 불일치의 삶을 살기 때문에 성도들의 하나 되는 삶은 세상에 그리스도께서 오셨다는 사실을 가르치는 충분한 근거가 된다. 그리고 이런 모습은 다른 사람들을 그리스도께로 초대할 수 있는 기회를 제공한다.

또한 이러한 사랑의 일치는 하나님께서 세상 사람들을 사랑하신다는 것을 알리는 강력한 메시지가 된다. 하나님께서 아들을 세상에 보내신 것은 사랑의 동기에서였다. 성도들이 서로를 사랑할 때 그들은 성장할 것이다. 그리고 세상이 성도들의 이러한 일치된 사랑의 삶을 볼 때 그들 역시 하나님의 사랑을 경험하고 싶어할 것이다. 그들은 하나님께서 그들을 너무나 사랑하셔서 자기 아들을 보내셨다는 메시지에 귀를 기울일 것이다.

성장하는 교회는 하나님과 서로를 사랑하는 사람들이 이끌어가는 공동체이다. 이 역동성이 역사할 때 더 많은 사람들이 그리스도께 나아오기를 원할 것이다. 따라서 설교를 통해 제자를 훈련하는 교회는 예수님께서 요한복음 15장 7~17절에서 말씀하신 것처럼 건강한 그리스도인들을 길러냄으로써 하나님을 영화롭게 한다.

요한복음 설교의 예 [13]

다음에 소개하는 설교문은 스토드맨이 사랑에 관해 설교한 내용이다.

본문: 요한복음 15장 12~17절

"내 계명은 곧 내가 너희를 사랑한 것같이 너희도 서로 사랑하라 하는 이것이니라 사람이 친구를 위하여 자기 목숨을 버리면 이에서 더 큰 사랑이 없나니 너희가 나의 명하는 대로 행하면 곧 나의 친구라 이제부터는 너희를 종이라 하지 아니하리니 종은 주인의 하는 것을 알지 못함이라 너희를 친구라 하였노니 내가 내 아버지께 들은 것을 다 너희에게 알게 하였음이니라 너희가 나를 택한 것이 아니요 내가 너희를 택하여 세웠나니 이는 너희로 가서 과실을 맺게 하고 또 너희 과실이 항상 있게 하여 내 이름으로 아버지께 무엇을 구하든지 다 받게 하려 함이니라 내가 이것을 너희에게 명함은 너희로 서로 사랑하게 하려 함이로라"

● 들어가는 말 : 미운 사람을 사랑하려면

여러분은 주 예수의 이름으로 원수를 사랑할 수 있습니까? 여러분은 자신에게 상처를 준 사람을 사랑할 수 있습니까? 여러분을 미워하고 모욕한 사람을 사랑할 수 있습니까? 여러분은 자신이 좋아하지 않고 또 자신을 좋아하지 않는 누군가를 사랑하라는 부르심을 듣게 될지도 모릅니다. 여러분은 어쩌면 자신에게 심각한 상처를 준 누군가를 사랑하라는 부르심을 받게 될지도 모릅니다. 그리스도인의 사랑의 문제에 대해서는 이론이나 가설이 따로 없습니다. 이것이 지금 우리가 살고 있는 이 세상에서 우리에게 요구되는 주제입니다.

◉ 감정이 아닌 결단으로

예수님은 이미 "네가 내 안에, 내가 네 안에"라는 말씀을 통해 모든 것의 근원이 되는 그리스도인의 삶의 기본적인 비밀을 보여 주셨습니다. 요한복음 15장 후반부에서 우리는 그리스도인의 삶의 이 비밀이 어떻게 적대적인 세상 속에서 우리의 사랑을 통하여 나타날 수 있는지를 배우게 됩니다.

오늘 본문의 처음과 마지막 구절 모두에서 예수님은 우리에게 서로 사랑하라고 명령하십니다. 우리가 스스로 그리스도인이라고 주장한다면, 예수님의 생명이 우리 안에 있고 우리가 그분 안에 있다면, 우리는 이 문제에 대해 선택의 여지가 없습니다. 그러나 주님의 명령은 감정을 뛰어넘는 그 이상의 것입니다.

예수님께서 우리에게 사랑하라고 명령하실 때, 그것은 감정을 이끌어내라는 것이 아니고 결단하는 것입니다. 그리스도를 닮은 아가페의 사랑은 다른 사람의 유익을 위해 행동하려고 하는 결단입니다. 우리가 그리스도의 사랑의 참된 특성을 이해할 때까지는 우리 주님의 명령에 온전히 순종할 수 없을 것입니다.

● **모든 사랑의 출발점**

우리 사랑의 동기는 예수님의 사랑이어야 합니다. "내가 너희를 사랑한 것처럼" 우리가 서로 사랑해야 한다고 예수님께서 말씀하셨습니다. 그러면 예수님은 어떻게 제자들을 사랑하셨습니까? 때로는 예수님께서도 제자들을 사랑하시기가 어려웠을 것이라고 생각해본 적이 있습니까? 그들은 고집이 세고, 이기적이고, 다툼을 일으키고, 야망에 사로잡힌 사람들이었고, 자주 뻔뻔하게 보이기까지 했습니다. 그들은 때로 불순종했으며 게을렀습니다. 그들은 계속 예수님을 따르는 데 실패했습니다. 그들은 대부분 우둔하여 예수님께서 같은 진리를 반복해서 설명해도 여전히 이해하지 못했습니다. 예수님께서는 "내가 얼마나 더 너희와 함께 있어야 하겠느냐?"고 한탄하셨습니다. 이들은 대하기 귀찮고 화를 돋우는 사람들이었을 것입니다. 간단히 말해서 그들은 우리와 똑같은 사람들이었습니다.

9절에서 예수님은 어떻게 제자들을 사랑하셨는지를 말씀하십니다. "아버지께서 나를 사랑하신 것같이 나도 너희를 사랑하였다." 이 말씀은 사랑의 핵심입니다. 우리는 가슴이 뜨겁게 달아오르는 감정에 대한 반응만으로 사랑해서는 안 됩니다. 우리의 사랑은 하나님의 사랑을 받은 사람의 심령에서 흘러나오는 것이어야 합니다.

제자들이 말다툼을 일으키거나, 잘 깨닫지 못하거나, 어려움을 줄 때, 예수님은 그냥 이를 악물고 친절하게 보이려고 하지 않았습니다.

예수님께서는 하나님께서 어떻게 자신을 사랑하셨으며, 하나님께 받아들여지고 사랑 받는 것이 얼마나 즐거운 일인지를 깊이 생각하셨습니다. 이것이 예수님께서 기도하러 언덕에 올라가신 이유이기도 합니다. 거기서 예수님은 아버지의 사랑으로 마음이 새롭게 되었으며, 힘을 얻으셨습니다.

지금 누군가와 갈등을 겪고 있습니까? 여러분의 성미를 돋우며 인내심을 시험하는 사람이 있습니까? 기도로 하나님께 나아가십시오. 그리고 하나님께서 여러분에게 보여 주신 사랑을 묵상하십시오. 하나님의 사랑이 어떻게 십자가를 통해 나타났는지를 기억해야 합니다. 여러분은 곧 놀라운 일이 일어나는 것을 발견하게 될 것입니다. 로마서 5장 5절에 나오는 바울의 "우리에게 주신 성령으로 말미암아 하나님의 사랑이 우리 마음에 부은 바 됨이라"는 고백이 여러분에게서도 나올 것입니다. 그러면 사랑이 여러분의 주변 사람들에게 흘러넘칠 것입니다.

때로는 사랑하기 힘듭니다. 내 힘으로 사람들을 사랑하려는 노력을 포기하는 법을 배워야 합니다. 그 대신 나의 모든 죄와 허물들을 아시면서도 하나님께서 내게 보여 주신 무조건적인 사랑의 놀라운 진리를 거듭거듭 되새기려고 노력해야 합니다. 이 깨달음에서부터 다른 사람들을 향한 나의 사랑이 흘러 나갑니다.

● **무엇이 그리스도를 닮은 사랑인가?**

예수님께서는 우리에게 사랑하라고 명하시고, 어떻게 사랑해야 할지 말씀해 주시며, 그 사랑의 본을 보여 주실 뿐만 아니라, 계속해서 사랑을 실천하는 것이 무엇인지를 말씀하셨습니다. 예수님께서 명하신 사랑은 말만이 아닌 행동으로 보여 주는 사랑입니다. "자기 친구를 위해 목숨을 내어 주는 것보다 더 큰 사랑은 없다"고 예수님은 말씀하셨습니다. 죽음은 일회적이고 영원한 것입니다. 예수님은 다른 사람을 대신하여 죽는 것에 대해 말씀하실 뿐만 아니라 생활양식으로서의 사랑을 말씀하고 계십니다.

15장 14, 15절에서 예수님께서 제자들을 단지 벌 받지 않으려고 순종하는 종이 아니라 서로 깊은 비밀을 나누고 기꺼이 순종하고 싶은 친구의 위치로 승격시키는 것을 주목해 볼 필요가 있습니다. 친구란 우리가 겪고 있는 기쁨과 상처, 실패와 같은 우리 삶의 비밀들을 나눌 수 있는 사람입니다. 이렇게 정직하고 솔직하게 자기 삶을 다른 사람과 나누는 것이 사랑입니다. 우리가 그리스도를 닮은 이런 사랑을 표현할 수 있는 한 가지 방법은 우리 자신을 다른 사람에게 정직하고 솔직하게 열어 보여 주는 것입니다. 우리는 예수님께서 열두 제자에게 하셨듯이, 우리가 속한 소그룹 안에서 신뢰할 만한 몇 사람의 성도에게 우리 자신의 마음을 보여 줘야 합니다.

소그룹은 21세기 교회의 중요한 모퉁이돌입니다. 그리고 오늘날 대형 교회들의 비대한 규모를 극복할 수 있는 중요한 수단입니다. 여러분이 만약 소그룹 성경 공부 모임에 한 번도 참석해 본 적이 없다면, 저는 여러분에게 당장 참석해 보도록 권하고 싶습니다. 마음을 보여 주는 서로의 나눔은 사랑의 한 형태입니다.

◉ 결론: 사랑에도 전략이 필요하다

예수님은 우리가 어떻게 하나님의 계획에 전략적으로 연결되어 있는지를 보여 줍니다. 그리고 그 전략의 일차적인 무기가 그리스도를 닮은 사랑이라는 것을 보여 줍니다. 예수님은 제자들에게, 그리고 여러분과 저에게 제자로 선택하신다는 것을 말씀하고 있습니다. 예수님은 우리가 적의 영토를 우리의 사랑으로 정복할 수 있도록 전략적인 강점을 제공하십니다.

우리가 이웃이나 심술궂은 직장 상사나 까다로운 가족이나 권위적인 교회 성도로부터 반대에 부딪히고 있다면, 예수님은 우리가 그러한 스트레스와 가슴 아픈 상황이 우연히 일어난 일이 아님을 알기를 원하십니다. 하나님께서는 우리의 삶에서 그러한 상황들을 사용하여 우리가 더욱 친절하고 다른 사람을 위해 기도하고, 사랑하고, 인내하고, 능력 있는 그리스도인으로 변화되고 다듬어지길 원하십니다. 그래서 우리 주변 사람들의 삶에서 변화를 일으키기를 원하십니다. 하나님은 우리가 열매 맺는 삶을 살기를 원하십니다. 우리가 성령의 열매와 다듬어진 인격의 열매와 복음 증거의 열매를 맺어 하나님을 영화롭게 하고 사람들을 하나님 나라로 인도하기를 원하십니다.

평가

요한의 제자훈련의 가장 중요한 주제는 생명을 주는 사랑이며, 예수님 안에 거하는 삶이 이것을 이해하는 데 핵심이 된다. 이 설교는 이 주제에 밀접하게 연관되어 있는 본문을 탐구하고 있다. 무엇보다 서로 사랑하라는 예수님의 명령이 감정에 이끌리기보다는 결단의 행동을 요구하는 것임을 강조한다. 다시 말하면, 그리스도인들에게 서로에 대한 사랑은 그들이 임의로 선택할 수 있는 어떤 선택사항이 아니다. 그것은 그리스도께서 먼저 우리를 어떻게 사랑하셨는지를 진정으로 이해하는 사람이라면 의무적으로 지켜야 할 명령이다.

그러면 무엇이 그리스도인들에게 서로를 사랑하도록 동기를 부여하는가? 이 설교는 분명히 예수님의 사랑이라고 말한다. 그리고 예수님께서 제자들과 함께 시간을 보내는 동안 자신의 사랑을 어떻게 그들에게 보여 주셨는지를 설명한다. 그것은 또한 불순종적이고 게으를 뿐만 아니라 완고함과 이기적인 태도, 다툼, 야망, 그리고 자주 뻔뻔스러움을 보인 제자들을 사랑하는 것이 예수님께도 때로는 힘들었을 수도 있다는 점을 말한다.

예수님께서 제자들을 사랑하신 동기는 예수님을 사랑하신 하나님의 사랑이었다. 먼저 하나님이 이렇게 사랑을 보이셨는데 우리가 사랑하지 못할 사람이 있겠냐고 우리를 도전한다. 누군가를 사랑하는 것이 힘들 때, 하나님의 무조건적인 놀라운 사랑의 진리를 거듭거듭 깊이 생각해보길 바란다.

우리가 행해야 하는 사랑은 말로만 하는 사랑이 아니라, 우리의 행동을 통해 증명되는 사랑이어야 한다. 예수님께서 말씀하는 사랑은 자신의 생명을 다른 사람을 위해 내어 주기까지 하는 것이다. 예수님의 사랑은 또한 우리를 종의 자리에서 친구의 자리로 높여 주심으로써 증명된다.

따라서 이 설교는 그리스도인들이 자신을 정직하게 열어 보이고, 예수님께서 제자들에게 하셨듯이 다른 사람들과 그 마음을 나누도록 도전한다. 이 설교는 사랑에 대해 적대적인 세상을 정복하는 우리의 무기일 뿐만 아니라 하나님의 전략적 계획이라고 이야기한다. 이 설교는 그리스도의 사랑이 동기가 된 사랑만이 우리로 하여금 이웃들에게 더욱더 진실한 친절을 베풀고, 그들을 위해 기도해 주고 인내할 수 있게 하며 마침내 능력 있는 그리스도인들로 변화될 수 있게 해준다는 결론을 내린다. 이렇게 함으로써 우리는 우리 주변에 있는 사람의 삶을 변화시킬 수 있다. 이것은 예수님을 따르는 자들의 삶에 나타나는 표적으로서 예수님께서 요구하시는 열매이다.

05
사도행전 제자훈련 설교

사도행전의 더 정확한 제목은 '성령행전'일 것이다. 왜냐하면 하나님께서 사도들을 통해 행하신 일들은 사실상 주님의 목적을 위해 택하신 주님의 사람들을 통해 성령께서 이루신 일들이기 때문이다.[14] 같은 원리가 오늘날에도 적용된다. 어떤 섬김이 주 예수 그리스도께 영광과 존귀를 가져왔다면 그것은 성도들을 통해 성령께서 하신 일이다.

성령은 주를 믿는 제자들 한 사람 한 사람과 공동체적으로는 교회 안에 지금 현재 임재하신 하나님이다. 성령은 자신의 사역을 이루기 위해 몸을 필요로 하기 때문에 교회 안에서 교회를 통해 일하신다. 제자들은 성령 안에서 증거하고(행 1:8) 성령의 특별한 사역들 때문에 (행 4:29, 5:41) 그들을 미워하는 세상 속에서 견디고 설 수 있다. 제자들이 박해 받을 때는 항상 예수 그리스도를 선포하고 증거하는 때였다.

교회에 권능을 주시는 성령

사도행전에서 우리는 주님께서 성령을 보내신 주된 목적이 교회의 삶과 복음 증거를 위해 권능을 부어주시기 위함이라는 것을 알 수 있다. 성령은 교회가 효과적으로 사역을 감당할 수 있도록 하나님의 뜻 안에 세우기 위해 오셨다. 하나님의 뜻을 이루기 위해 오신 예수님과 예수님 위에 임하신 성령의 관계는 교회와 성령의 관계를 보여 준다.

예수님께서 세례를 받으실 때 성령과 권능으로 기름부음을 받으신 것처럼 예수님을 따르는 자들도 이제 마찬가지로 예수님의 사역을 감당할 수 있도록 성령으로 기름부음을 받고 권능을 받는다. 이 사역은 사도행전 전체에서 사도들의 설교의 중심 주제인 예수 그리스도를 증거하는 일이 될 것이다.[15]

신약 교회는 증거의 공동체였다. 그리스도와 교회와 한마음인 그리스도인, 즉 제자가 된다는 것은 성령의 능력 안에서 사는 것이다. 설교자들은 사도행전에서 성령께서 우리를 인도하시고 우리를 통해 그분의 사역을 하시도록 의지해야 할 필요에 대해 배울 수 있다. 그들은 주일날 설교 준비를 위해 주중에 성경을 공부한다. 하지만 단순히 설교

노트를 준비하는 훈련과 성령님께 우리의 설교를 인도하시고 기름 부으시도록 간구하고 의지하는 일 사이에는 차이가 있다. 설교자는 성령의 인도하심을 기다리고 귀 기울여야 할 것이다.

제자훈련 설교는 하나님의 영의 권능이 임하시는 교회로 사람들을 불러 모을 때 제자들을 만들어낸다. 제자훈련 설교는 회중들이 성령께 열려 있도록 격려함으로써 믿음의 공동체가 예수님께서 사랑하신 것처럼 다른 사람들을 사랑하도록 성령의 가르침, 훈련, 온전하게 하심, 지도하심, 권능을 부어 주시는 역사를 경험하게 한다.

성령은 예수 그리스도를 중심으로 한 제자훈련의 형태로 말씀을 전파하는 기능을 수행하신다. 설교자는 성령의 권능을 힘입어야 하며 성령께서 회중 가운데 좌정하셔야 한다. 말씀에 영감을 주는 성령은 설교자 안에 임재하셔서 청중에게 하나님의 말씀을 해석하시고, 사모하는 이들에게 진리를 깨닫게 하신다.

예수 그리스도를 증거하는 성령

성령의 가장 우선적인 사역은 예수 그리스도를 증거하는 것이다. 하나님의 영은 주 예수 그리스도께서 처음이고 나중이 되는 예배 가운데 임하신다. 성령은 말씀 속에서(행 3:18, 6:7, 8:12), 예수 그리스도를 영화롭게 하는 이적과 기사들 속에서(행 2:43, 3:16), 그리고 성도들의 삶 속에서(행 2:47, 5:13, 14) 예수 그리스도를 드러내신다. 더욱이 성령의 사역은 우리가 예수 그리스도를 닮도록 만들어 가신다. 하나님의 영이 증거하는 것은 예수님의 영광이지 교회의 영광이 아니다. 제자훈련 설교에서 전해지는 모든 것은 예수 그리스도의 주 되심, 그분에 대한 신뢰와 순종, 그분 안에서 모든 세대, 모든 처지의 사람들을 구원하시고 보호하시고 세우시는 그 사역에 초점을 맞춘다.

성령은 진리의 선포를 통해 하나님의 말씀이 사람들의 마음속으로 빠르고 능력 있게 침투하도록 하신다. 성령은 우리에게 하나님의 말씀을 조명하시며 예수 그리스도를 계시하신다. 우리가 세상에서 복음을 증거할 때 성령은 우리에게 가르쳐주신 말씀을 사용하신다. 우리의 설교가 그리스도에게 중심을 두고 있다면 성령께서는 그 설교를 진리를 수종 들고, 하나님을 섬기는 강력한 도구로 사용하신다.

사도행전 설교의 예[16]

다음의 설교는 조지 덩컨이 한 사도행전 6장의 성령 충만한 스데반 집사에 관한 설교이다.

본문 : 사도행전 6장 1~7절

"그때에 제자가 더 많아졌는데 헬라파 유대인들이 자기의 과부들이 그 매일 구제에 빠지므로 히브리파 사람을 원망한대 열두 사도가 모든 제자를 불러 이르되 우리가 하나님의 말씀을 제쳐 놓고 공궤를 일삼는 것이 마땅치 아니하니 형제들아 너희 가운데서 성령과 지혜가 충만하여 칭찬 듣는 사람 일곱을 택하라 우리가 이 일을 저희에게 맡기고 우리는 기도하는 것과 말씀 전하는 것을 전무하리라 하니 온 무리가 이 말을 기뻐하여 믿음과 성령이 충만한 사람 스데반과 또 빌립과 브로고로와 니가노르와 디몬과 바메나와 유대교에 입교한 안디옥 사람 니골라를 택하여 사도들 앞에 세우니 사도들이 기도하고 그들에게 안수하니라 하나님의 말씀이 점점 왕성하여 예루살렘에 있는 제자의 수가 더 심히 많아지고 허다한 제사장의 무리도 이 도에 복종하니라"

◉ 들어가는 말 : 당신은 성령 충만한가?

오늘 저는 성령이 충만한 사람으로 알려진 스데반이란 인물에 대해 살펴보고자 합니다. 우리는 성령님, 성령의 은사에 관심 많은 시대에 살고 있습니다. 이제 특별한 은사를 가지지는 않았지만 세 번에 걸쳐 성령이 충만한 사람이라고 묘사된 한 인물의 삶과 사역으로부터 교훈을 얻기를 원합니다.

사도행전 6장 3절에서 확장되고 성장하는 초대 교회의 사역을 돕기 위해 선택된 사람들은 성령이 충만한 사람들이어야 한다는 기록이 나옵니다. 5절에서 스데반은 그런 사람으로 묘사되고 있습니다. 그는 믿음과 성령이 충만한 사람이었으며 뿐만 아니라 그 외에도 여러 가지가 충만한 사람으로 전해지고 있습니다. 3절에서 지혜가 충만한 사람으로, 5절에서는 믿음 또는 성실함이 충만한 사람으로, 8절에서는 은혜와 권능이 충만한 사람으로 묘사됩니다.

사실 우리는 '성령의 충만'이라는 말을 발견하지 못했습니다. 대신 '하나님의 충만'이라는 말을 볼 수 있습니다. 그러나 이 말은 성령이 충만한 상태를 나타내는 형용사에 대한 명사형일 뿐이며, 동사형은 성경의 다른 곳들에서 찾아볼 수 있습니다. 놀라운 사실은 스데반에 대한 언급이 처음과 마지막(행 7:55) 모두 성령이 충만한 상태로 묘사되고 있다는 점입니다. 즉 그는 마지막까지 성령의 충만함을 유지하는 삶을 살았습니다.

그의 삶에서 성령이 충만하다는 것이 무엇을 의미하는지 살펴보도록 하겠습니다. 저나 여러분이 이런 말을 들을 수 있는지 궁금합니다. "당신은 성령이 충만한 사람인가?" 우리가 지속적으로 성령으로 충만해 있으라는 명령에 순종하였다면 그렇게 말할 수 있을 것입니다. 부활하신 주님은 승천하시기 전 산 위에서 "너희에게 성령이 임하시면 너희가 권능을 받고… 땅 끝까지 이르러 내 증인이 되리라"고 말씀하셨을 때 약속된 능력의 근원으로 끝까지 충만한 삶을 유지했던 사람이 바로 스데반입니다. 그는 완벽한 삶을 살았습니다. 이 사람의 일생을 읽어나가면서 "성령이 충만한"이라는 구절을 접하는 동안 저는 완벽한 삶을 살아낸 사람의 특징이라고 생각되는 그의 삶의 세 가지 특징들을 발견했습니다.

◉ 성령이 충만한 사람은 어떻게 섬기는가?

로마서 8장 9절에서는 성령을 '그리스도의 영'이라고 합니다. 그리고 누가복음 22장 27절에서 제자들이 서로 누가 가장 큰 자인지를 논쟁할 때 그리스도께서 자신에 대해 "나는 섬기는 자로 너희 중에 있노라"라고 말씀하셨습니다. 그리고 하나님의 영으로 충만한 스데반은 우리에게 무엇보다도 교회를 섬기도록 부름 받은 사람으로 소개됩니다. 이것이 가장 먼저 되어야 할 일입니다. 그리고 하나님의 영으로 하나님의 사랑이 우리의 삶 속에 들어왔으며 그 사랑이 우리 안에서 항상 역사하시며 항상 우리를 섬기기 원하신다는 사실을 깨달을 때 우리는 성령 충만한 삶이 어떻게 섬기는 삶이 될 수 있는지를 깨닫게 될 것입니다.

로마서 5장 5절에서 바울이 "우리에게 주신 성령으로 말미암아 하나님의 사랑이 우리 마음에 부은 바 됨이니"라고 한 말을 아실 겁니다. 여기서 말하는 새로운 사랑과 함께 새로운 생명이 우리에게 왔습니다. 사실 요한은 "이로써 우리가 사망에서 생명으로 옮긴 것을 알게 될 것이다"라고 자신의 증거를 덧붙였습니다. 이것이 어떻게 가능합니까? 우리가 사랑함으로써 가능합니다. 새로운 사랑은 새로운 생명의 증거입니다. 그렇다면 사랑의 두드러진 특징은 무엇일까요? 물론 그것은 사랑하는 사람을 위해 섬김과, 노동과, 수고와, 그를 위한 일이라면 무엇이든지 하려고 하는 열정입니다. 사랑은 결코 게으르지 않으며 소극적이지 않습니다.

그리고 우리가 이 사람의 삶 속에서 충만함이 어떻게 역사하는지에 대해 특별히 두 가지 사실에 주목해야 합니다. 먼저 그에게서 볼 수 있는 것은 낮은 자세의 섬김입니다. 그는 먼저 헌금을 계수하는 것으로 시작했습니다. 지금 이 일은 그다지 큰일이 아닙니다. 그 다음은 과부들을 돌보는 일이었습니다. 매우 귀한 은사와 재능을 가진 사람에게 이 일은 어쩌면 작은 일일 수 있습니다.

사랑에서 말미암는 섬김은 항상 돌봄이 필요한 사람의 필요를 만족시키고 그 사람의 마음을 기쁘게 하기 위해 자원하여 섬기는 마음입니다. 이것은 제가 아는 사랑에 관한 전부입니다.

너무나 많은 섬김의 비극들 중 하나는 우리 생각에 큰일부터 섬기려고 하는 것입니다. 스데반 집사는 뒷자리에서부터 시작했습니다. 여러분은 뒷자리에서 시작할 준비가 되어 있습니까? 여러분은 주일학교 반을 맡기에는 자신이 너무 아깝다고 생각하십니까? 당신은 하나님께서 사용하기에 너무 뛰어난 사람입니까? 사도들이 "설교해 주셔서 감사합니다"라고 인사치레 받는 동안 스데반은 어디에 있었습니까? 그는 뒷방에서 헌금을 세고 있었습니다. 이것은 그다지 큰일이 아닐 수 있습니다. 그러나 이것이 그의 출발점이었습니다.

스데반은 또한 성실했습니다. 만일 우리가 책임을 맡길 사람을 찾고 있다면 가장 먼저 할 일은 아주 신뢰할 만하고 충성스러운 사람을 찾는 일일 것입니다. 우리 하나님의 위대한 성품들 중 하나는 성실성과 신뢰성, 그리고 믿고 맡길 수 있는 믿음직스러움입니다. 스데반 집사의 충성스러움은 죽음까지 불사했습니다. 섬김으로 나타나는 충만함을 보여 주는 이보다 더 좋은 모범이 있겠습니까?

이제 하나님께서 원하시는 것이 무엇인지를 말씀드리려고 합니다. 하나님은 당신의 삶 속에서 성령의 충만으로 섬기는 모습을 보기를 원하십니다. 그것은 여러분에게 맡겨진 일을 섬김으로 충성스럽게 감당하는 것입니다. 하나님은 성실하시고 신실하신 분이십니다. 그리고 하나님의 영이 내 안에 충만하게 거하신다면 하나님의 그 성실하신 성품도 내 안에서 나타날 것입니다.

목회자로서 저는 사람들이 가졌다는 은사나 영적 체험들에 별로 관심이 없습니다. 저는 오직 한 가지, 그들의 삶 속에서 성령의 열매가 맺히고 있는가에 관심이 있을 뿐입니다. 그리고 만약 성령의 열매가 없다면 저는 그들이 어떤 주장을 해도 무엇인가 잘못되었다고 생각할 것입니다. 성령이 충만한 사람의 섬김은 얼마나 향기롭습니까? 놀랍지 않습니까? 스데반의 성실함은 대가가 따르는 것이었습니다. 그것은 그의 생명을 요구했습니다. 그가 보여 준 낮은 자세의 섬김, 충성스러움, 이 얼마나 아름다운 섬김입니까? 하나님께서는 가장 작은 일을 통해서 가장 뛰어난 일을 하게 하시는 분이십니다.

◉ 성령이 충만한 사람은 어떻게 말하는가?

사도행전 6장 10절에서 "스데반은 지혜와 성령으로 말함을 저희가 능히 당치 못하여"라고 했습니다. 스데반은 섬김의 삶뿐만 아니라 입으로 복음을 증거하는 일에 있어서도 뛰어난 사람이었습니다. 그가 한 말들을 보십시오. 거기서 우리는 두 가지를 알 수 있습니다. 첫째는, 하나님의 진리에 대한 그의 통찰력입니다. 그의 증거가 교회의 삶에 얼마나 지대한 공헌을 했던지 7장에서는 무려 53절에 걸쳐 그의 말을 기록하고 있습니다.

그는 성령에 흠뻑 잠긴 사람이었습니다. 성령의 위대한 사역들 가운데 하나는 가르치는 사역입니다. 그리고 이 사역은 모든 성도의 삶 속에서 행하시도록 위임 받은 사역입니다. 에베소서 1장 17절에서 바울은 에베소 성도들에게 편지하면서 하나님께 기도했습니다. "지혜와 계시의 정신을 너희에게 주사 하나님을 알게 하시고." 이것은 성령께서 여러분의 삶 속에서 행하기를 원하시는 사역입니다. 그분은 여러분이 하나님에 대해서 깊이 가르침 받기를 원하십니다.

바울은 계속해서 "하나님께서 자기 영으로 말미암아 이것들을 우리에게 알게 하셨다"고 말씀합니다. 하나님 안에 모든 실체와 원리들과 표준들과 통찰력이 있습니다. 그리고 하나님은 여러분을 가르치기 원하십니다. 여기 하나님의 진리에 대한 뛰어난 통찰력을 지닌 사람이 있었습니다. 그리고 예수님께서 그리스도인들에게 성령의 권능을 주셔서 예수님에 대해 증거하도록 하겠다고 약속하셨을 때, 이 약속에는 이 점도 포함되었다고 확신합니다. 왜냐하면 증인은 자기가 말하는 것을 알기 때문입니다. 성령은 우리의 교사가 되십니다. 여러분은 얼마나 많은 시간을 성경과 함께 보내고 있습니까? 우리는 성경을 통해 깨닫게 되고 교훈을 얻게 될 것입니다.

둘째, 그는 영향력을 미쳤습니다. 그들은 스데반이 지혜와 성령으로 말함을 능히 당하지 못했습니다. 성령의 압도하는 능력은 사람의 양심을 사로잡습니다. 사람을 변화시키는 성령의 능력은 순종하는 사람들의 삶을 변화시킵니다.

성령의 삶과 사역에 관한 놀라운 사실들 중 하나는 성령께서 가장 단순한 말을 들어 사용하시며, 가장 평범한 사람도 위대한 일에 쓰신다는 점입니다. 여러분은 위대한 설교자가 될 필요가 없습니다. 여러분은 손에 든 차 주전자를 데울 수 있는 난로를 가질 수 있으며, 성령을 당신의 동역자로 모실 수 있습니다. 성령의 능력은 당신의 입술을 사용하여 다른 사람들의 삶을 변화시킬 수 있습니다. 이것이 하나님께서 설교자를 기름 부으시는 방법입니다. 우리는 하나님의 주권에 대해 이야기합니다. 이것은 하나님의 주권이 역사하시도록 계획하신 방법입니다. 이것은 어마어마한 사실입니다. 물론 우리 모두가 이 성령의 권능을 받는 것은 아닙니다. 어떤 사람들은 이점에 대해 분개할지도 모릅니다.

◉ 성령이 충만한 사람은 어떻게 보이는가?

사도행전 6장 15절에서 " 공회 중에 앉은 모든 사람들이 다 스데반을 주목하여 보니 그 얼굴이 천사의 얼굴과 같더라"고 했습니다. 여기서 "모든 공회원들이 그를 바라보았다"는 데 좀더 주목해 보겠습니다. 저는 항상 요한이 그의 복음서와 그의 첫 번째 서신서에서 복음의 언어로 표현되는 면뿐만 아니라 보이는 면에 대해 강조하는 방식에 도전을 받았습니다.

요한복음 1장 14절에서 그는 "말씀이 육신이 되어 우리 가운데 거하시매"라고 기록하며, 계속해서 그는 "우리가 들었고"라고 말하지 않고 "말씀이 육신이 되어 우리 가운데 거하시매 우리가 그 영광을 보니 아버지의 독생자의 영광이요 은혜와 진리가 충만하더라"고 말씀합니다. 그리고 요한일서 1장 1절에서 "생명의 말씀에 관하여 우리가 들었고 눈으로 보았고 주목하여 우리 손으로 만졌다"고 기록하고 있습니다. 그리고 스데반의 얼굴을 주목하여 바라본 모든 공회원들은 천사의 얼굴을 보았습니다. 충만함은 이렇게 빛을 발합니다. 사람들이 저와 여러분을 본다면 그들이 우리에게서 무엇을 보게 되겠습니까?

● 결론: 영광은 가까이서 비쳐 나온다

이 설교를 마치면서 저는 두 가지 사실을 특별히 언급하고 싶습니다. 첫째, 영광은 가까이서 비쳐 나온다는 점입니다. 이 공회원들은 스데반 집사를 어느 정도 거리에서 보았을까요? 단지 몇 발자국 앞이었을 것입니다. 그들은 아주 가까이서 그의 얼굴이 변화되는 것을 보았습니다.

결정적 사건은 삶의 밀접한 관계 속에서 온다는 점을 말씀드리고 싶습니다. 사람들은 무엇을 봅니까? 당신의 가족들, 그들은 무엇을 보고 있습니까? 당신의 직장 동료들은 무엇을 봅니까? 병원에서 환자들은 무엇을 봅니까? 교실에서 학생들은 무엇을 봅니까? 무엇을 보는가에 대해서 우리는 수많은 말을 할 수 있을 것입니다.

룻에게 미친 나오미의 엄청난 영향력을 기억하실 것입니다. 시어머니와 며느리라는 어려운 관계가 밀접한 관계로 바뀐 것은 룻이 시어머니에게서 발견한 매력에 저항할 수 없었기 때문입니다. "어머니의 하나님이 나의 하나님이 되기를 원합니다." 이제 말해 보십시오. 사람들이 당신을 볼 때 그들이 당신의 하나님을 자기 하나님으로 섬기고 싶게 하는 무언가를 볼 수 있습니까?

둘째, 그에게 나타난 영광에 대해 말씀드리고 싶습니다. 이것은 초자연적이라고 말할 수밖에 없습니다. 그들은 스데반의 얼굴에서 천사의 얼굴을 보았습니다. 주님에 관해서는 "말씀이 육신이 되어 우리

가운데 거하시매 우리가 그 영광을 보니 아버지의 독생자의 영광이요 은혜와 진리가 충만하였다"라고 말씀하고 있습니다. "모든 그리스도인은 그리스도의 축소판이다"라고 말한 마틴 루터의 말은 진리입니다. 말씀이 다시 여러분과 내 안에서 육신이 되었습니다. 사람들이 그 영광을 보고 있습니까?

스데반은 성령이 충만한 사람이었습니다. 그리고 그의 섬김, 말, 모습, 이런 것들이 그의 특징들이었습니다. 이 세 가지 특징이 진정한 성령 충만의 특징들이 되기를 바랍니다. 예수님은 "저희 열매로 그들을 알지니라"고 말씀하셨습니다. 성령의 열매는 사랑입니다.

성령에 충만한 그 사람은 완벽한 삶을 살았습니다. 저는 그런 삶을 살고 싶습니다. 여러분은 어떻습니까? 저는 성령 충만함을 끝까지 유지하며 사는 사람이 되고 싶습니다.

평가

사도행전은 성령의 역사를 기록한 책이다. 이 책은 전체 내용을 통하여 성령이 교회에 권능을 부여하고 예수 그리스도를 모든 것의 주로 증거하면서 제자들을 통해 어떻게 역사하시는지를 생생하게 설명하고 있다. 사도행전의 이 특징을 탐구하기 위해 이 설교는 성령이 충만한 사람이었고, 끝까지 그 충만함을 간직했던 스데반 집사의 이야기를 선택하였다.

첫째, 이 설교는 성령 충만한 사람이라면 어떤 행동을 하는지에 관심을 가진다. 그는 섬김의 일을 위해 선택되었다. 그의 섬김을 필요로 한 분야는 사회에서 소홀히 여겨지고 무시당하는 과부들을 돌보는 것이었다. 이 설교는 또한 성령 충만한 스데반 집사의 성실함에 초점을 맞춘다. 이 설교는 더 깊고 온전한 성령 충만을 얻기 위해 하나님께 부르짖는 우리의 목적이 하나님께서 원하시는 것이 되어야 한다는 점을 지적한다. 하나님께서는 당신이 어떻게 성령 충만함으로 섬기는지를 보기 원하신다.

둘째, 이 설교는 우리에게 성령의 권능을 상기시켜 준다. 성령으로 충만한 사람이 어떻게 무엇을 말하는지를 사도행전 7장에서 보여 준다. 하나님의 진리에 대한 스데반 집사의 통찰력을 증명해 주는 성경의 본문을 보면 그의 지식은 완전해 보인다. 에베소서 1장 17절에서 하나님께서 에베소 성도들에게 하나님을 아는 지혜와 계시의 영을 주시기를 기도하는 바울의 기도는 성령의 사역들 가운데 하나로 기록되어 있다. 이 설교는 스데반이 성령에 충만하여 사람들에게 말할 때 아무도 그의 지혜와 영에 저항할 수 없는 능력이 그에게서 나왔던 일을 묘사한다.

이 설교는 가장 단순한 말이라도 성령께서 사용하시며, 가장 평범한 사람도 가장 뛰어난 일을 할 수 있게 하신다는 점을 적절히 지적한다. 충만함으로 어떤 능력이 나타나는지가 성령의 임재에 대한 가장 생생한 증거로 제시된다. 사도행전 6장 15절은 "공회 중에 앉은 사람들이 다 스데반을 주목하여 보니 그 얼굴이 천사의 얼굴과 같더라"고 기록한다.

에필로그

설교의 패러다임 전환이 필요하다

이 책은 제자훈련과 설교와의 관계에 초점을 맞추었다. 그리고 제자훈련을 교회의 중심 사역으로 강조하였다. 교회가 전도와 양육을 똑같이 강조하지 않았기 때문에 그동안 교회는 지상명령을 성취하는 일에서 효과적이지 못했다. 설교는 지역 교회의 전 성도를 제자화 하는 데 가장 본질적인 도구이다.

제자, 제자훈련, 설교, 그리고 제자훈련 설교라는 용어들에 대한 분명한 정의를 세워야 할 필요가 있다. 일반적인 의미에서 예수님의 제자들은 예수님의 부르심을 듣고 예수님과 같아지기 위해 예수님을 따라나선 사람들이다. 특별한 의미로 보자면, 제자란 자신의 모든 삶에서 헌신되고 순종하며 자기를 부인하는 성도이다.

제자훈련은 예수님께서 제자들에게 당부하신 지상명령이다. 그것은 한 사람의 전 인격이 삶의 모든 영역에서 전도와 덕을 세우고 온전하게 됨을 통해 그리스도를 닮은 인격으로 세워져가는 평생의 과정이다. 제자훈련은 예수님으로부터 시작되었으며 그것은 인격의 변화를 수반한다.

설교는 예수 그리스도의 복된 소식에 대한 선포, 증거, 가르침, 그리고 전달을 포함한다. 제자훈련 설교는 제자훈련 교회 사역을 위해 전도와 회중을 세우고 온전하게 하는 것이다.

제자훈련 설교는 하나님의 말씀을 매일의 삶 속에서 적용함으로써 인격의 변화를 추구한다는 점에서 다른 설교들과는 많이 다르다. 주석과 해석의 방법을 통해 성경 본문이 가진 본래의 의미가 오늘날의 구체적인 현실로 전환되고 적용된다.

바울의 설교는 제자훈련 설교의 좋은 예이다. 바울의 제자훈련 설교는 성도들이 그리스도 안에서 성장하고 박해 아래서도 진실한 믿음을 지키도록 강하게 하고 격려한다. 바울의 설교는 교훈, 교화, 권면 그리고 적용이라는 제자훈련 설교의 모든 특징들을 가지고 있다.

제자훈련 설교자의 사명

설교자의 사명은 그리스도를 전파하고, 훈계하고, 가르치는 것이다(골 1:28). 인간이 육체를 입고 사는 동안 하나님께 받아들여질 수 있는 유일한 희망은 그리스도와 그의 의와 완전함을 힘입는 것이다. 우리는 자신의 악과 이기적인 태도를 회개하고 신뢰와 순종 가운데 하나님께 돌아가야 한다. 그렇지 않으면 하나님으로부터 영원히 분리되는 운명에 처하게 된다. 결정은 각 사람에게 달려 있다.

일단 그리스도께 응답한 사람은 그리스도 안에서 살고 행하는 법을 배워야 한다. 이것은 그리스도의 위대한 가르침을 어떻게 적용하고 실천하는지를 아는 실질적인 지식을 의미한다. 설교자는 제자훈련 설교를 통해 회중이 어떻게 매일매일 삶에서 직면하는 시험과 유혹들에도 불구하고 그리스도를 따라야 할지를 가르쳐야 한다.

이처럼 설교자는 복음을 교회의 구성원에게 전해 주는 변화의 중개자이다. 설교자의 중대한 사명은 자신의 메시지를 들은 사람들이 예수 그리스도의 제자가 되고, 자신이 속한 공동체의 상황 속에서 영적으로 변화된 삶을 사는 법을 배우도록 하는 것이다.

성숙된 회중 곁에는 그들을 위한 기도와 관심으로 몸부림치는 설교자가 있다. 반쪽 심장만 가지고 적당히 헌신된 교회 사역자에게서는 반쪽 심장과 적당히 헌신된 사람들만이 나올 뿐이다. 기도는 쉬운 일이 아니다. 그것은 많은 수고를 요하는 힘든 노동이다. 그것은 주님께서 당신의 제자들을 세우기 위해 선택하신 방법이다.

설교자의 가장 놀라운 사명은 그리스도의 남은 고난을 완성시키는 것이다(골 1:24). 제자훈련 설교자는 회중과 교회를 위해 기꺼이 고난을 감수하는 종이 되어야 한다. 그는 복음으로 사람들에게 다가가 예수 그리스도께서 교회를 위해 마음과 생명을 쏟아 부으신 것처럼 자신의 삶을 내어 주며 어떤 대가라도 기꺼이 치르는 사람이 되어야 한다.

그리스도께서는 모든 설교자들이 교회를 완성하고, 성도들을 온전한 성숙으로 인도하며, 교회를 향한 예수 그리스도의 뜻을 온전히 이루어드리기 위해 고난 받기를 원하신다. 교회 안에는 세속적이고 험

담하며 육에 속하고 분열시키고 비판적이고 문제를 만드는 사람들이 있다. 이런 다툼은 진실한 그리스도의 종에게 많은 고통을 준다. 제자훈련 설교자는 사람들이 그리스도를 알게 되며 모든 제자들에게 주시기로 약속한 영광의 소망에 그들의 눈을 고정시키기를 갈망한다.

한 사람을 세우는 일

제자훈련 설교의 목적을 세우는 일은 매우 중요하다. 우리는 제자훈련 설교를 통해 얻게 될 결과보다는 제자를 만드는 과정에 더 많은 신경을 쓰는 경향이 있기 때문이다. 바울은 제자도가 가져오는 결과에 대한 명확한 비전을 가지고 있었다. 그는 자신이 추구하는 결과를 만들어내기에 가장 적합한 방법으로 설교하는 일에 전념하였다.

에베소서 4장 11~16절에서 바울은 성도들을 온전하게 하는 교회의 목적을 두 가지로 집약하였다. 첫째는 예수님의 제자들이 맡은 임무를 감당하기에 적합한 사람들로 세워지는 것이다. 설교자들은 제자들이 교회 사역을 감당할 수 있는 온전함에 이르도록 무장시켜야 한다. 우리가 무엇을 선포하든지 첫 번째 목적은 교회 구성원들이 교회 사역을 할 때 필요한 준비를 하도록 돕는 것이다. 교회 사역을 위해 준비된 성도들은 예수님의 본을 받아 전적 헌신과 사랑으로 다른 사람들을 섬기며, 성령 충만한 제자 삼는 일을 실천하게 된다.

성실하고 효과적으로 무장된 제자들은 그들의 자비와 돕는 교회 사역과 증거와 가르침의 말들을 통해 설교자의 수고가 헛되지 않았다는 것을 증거하며, 그리스도를 닮은 사랑의 삶은 제자훈련 설교를 통해 흘러나온다. 오늘날의 필요는 교회의 사역자들이 좀더 기도하는 마음으로 제자의 소명과 교회 사역 기회들에 대해서도 함께 생각하는 것이다. 이렇게 할 때 제자로 헌신한 그들에게 주어지는 기회를 최대한 활용하여 그리스도와 하나님 나라를 섬기도록 돕는 데 가장 적합한 설교를 계발할 수 있을 것이다.

둘째는 회중 전체가 하나 됨과 성숙 안에서 자라는 것이다. 제자훈련 설교는 모든 사람을 그리스도 예수 안에서 온전한 자들로 세우는 것을 목적으로 해야 한다. 온 회중은 바울이 설명한(엡 4:13~16) 하나 됨과 성숙으로 특징지어지는 성경적인 교회 안에서 훈련되어야 한다. 설교자들은 설교의 열매로 건강한 교회 성장을 촉진하기 위해 의식적으로 부단히 노력해야 한다.

교회가 하나 됨 속에서 성장할 때 전 회중은 좀더 교회 사역의 비전과 서로에 대한 헌신에 관심을 갖기 위해 노력한다. 회중들은 성숙하면 분별력을 갖게 되고, 교회 안에서와 주변 공동체의 삶 속에서 더욱 더 사랑으로 하나님의 진리를 말하며, 회중들이 능동적으로 그들의 은사에 따라 교회 사역에 참여할 수 있게 되도록 함께 노력한다.

그리스도가 무엇을 원하시는가?

이 책에서 전개해 온 제자훈련 설교에 대한 연구가 함축하고 있는 의미는 중요한 것이다. 우리는 세상의 엄청난 변화들을 겪고 있다. 첫째, 설교자에게 기대되는 것은, 회중과 사회를 바라보는 시각의 변화이다. 설교자가 변화하는 이 시대에 대처하고 효과적인 교회 사역을 감당하기 위해서는 이러한 노력이 필요할 것이다. 세상이 분명히 변하고 있음에도 불구하고 대부분의 설교자들은 그들의 전통적인 설교 형식을 고수하고 있다. 패러다임 전환은 시대에 뒤떨어진 사고방식을, 새롭고 창의적인 사고로 전환함으로써 변화하는 세상을 바라보는 새로운 관점을 준다.

둘째로, 설교자는 공동체를 섬기는 일에 우선권을 두어야 한다. 설교자는 "우리가 무엇을 원하는가?"가 아니라 "그리스도가 무엇을 원하시는가?"라는 질문을 해야 한다. 일단 설교자가 이 질문에 성경적인 대답을 할 수 있게 된다면 그것은 설교에 반영되어야 한다. 교회는 또한 공동체가 추구해야 할 대외 활동과 지역 봉사 활동의 형태들을 계획적으로 규정해야 한다. 좋은 교회 사역은 전도와 사랑의 실제적인 표현을 위한 강력한 도구가 된다.

셋째로, 이 책은 설교자가 진정으로 하나님께 영광을 돌리기 위해서 제자훈련에 초점을 맞추기를 기대하면서 쓰여졌다는 점이다. 이것은 전도, 교화, 온전하게 함, 그리고 사람들을 예수 그리스도 안에서 성숙시키는 일과 관련된 모든 것을 포함한다. 회중이 일단 자신들의 성장과 변화에 대한 하나님의 비전을 적극적으로 인식하고 소유하게 되면, 시간이 흐를수록 성숙을 갈망하는 동기가 강해질 것이다.

설교자가 제자훈련에 헌신할 때, 회중은 영적 순례의 길에서 성장을 향한 박차를 가하게 될 것이다. 하나님께서는 우리가 하나님을 섬길 때 자연스러운 결과로 영적 성장이 일어나도록 우리의 삶을 계획하셨다. 회중이 다른 사람을 섬기는 일에 헌신하지 않으면 교회는 침체의 길에 들어서게 될 것이다. 설교자가 그들의 에너지를 제자훈련 설교를 준비하는 일에 더 많이 투자한다면, 온 회중이 "모든 족속으로 제자를 삼으라"고 하신 예수 그리스도의 지상 명령에 관심을 갖게 될 것이다.

제자훈련 설교 현장 사례

01
남가주 사랑의교회

　지난 몇 년간 나는 많은 시간을 예수 그리스도의 제자를 만드는 설교들의 특징을 생각하면서 보냈다. 제자훈련 설교의 핵심을 파악하려는 시도 속에서 사복음서와 사도행전에서 다섯 가지 본질적 요소들을 관찰하였다. 예언적 증거, 종의 도, 전적 헌신, 생명을 주는 사랑, 그리고 성령의 능력이다. 제자훈련 설교의 핵심적 요소들을 파악한 후 나는 실제 목회 사역에서 현시대의 이론에 적용될 만한 자료를 정리하였다.

　한국과 미국에서 지난 20년간 경험한 제자훈련 교회 사역에서 얻은 개인적인 교훈들은 나에게 이러한 생각들을 시험하고 평가할 기회를 제공해 주었다. 이 책에 반영된 개념들과 원리들은 나의 교회 사역에 구체화되었으며, 남가주사랑의교회 목회 철학의 핵심이 되었다. 남가주사랑의교회의 사역 비전은 지상명령 의식을 반영한다. 남가주사랑의교회 사역의 우선순위는 각 사람을 그리스도 안에서 완전한 자로 세우는 일에 집중되어 있다(골 1:28).

21세기 남가주사랑의교회의 사역 비전 7가지

21세기 교회의 사명은 21세기 교회의 능력으로 제자훈련을 통해 공동체를 섬기는 것이다. 이 비전은 전도, 교화, 그리고 온전하게 함으로써 그리스도의 몸을 건강하고 사랑이 넘치는 몸으로 세우는 것이다.

1. 우리는 한인 교포 사회의 불신자들과의 관계를 개선하기 위해 일한다.
2. 우리는 삶을 변화시키는 그리스도의 은혜를 힘입어 그리스도를 닮은 삶을 통해 그들을 교회에 초청하기를 힘쓴다.
3. 우리는 따뜻한 분위기에서 개인적인 사랑과 돌봄으로 그들에게 다가가고 하나 되어 새 신자들을 환영한다.
4. 우리는 각 사람이 제자로 성장하도록 격려하고, 그들이 가지고 있는 공통 관심사를 둘러싼 필요들과 문제점들을 파악하는 정감어린 환경을 진작시키기 위해 그들이 평신도의 인도 아래 진행되는 주간 소그룹 성경 공부인 다락방에 참여하도록 격려한다.

5. 우리는 그들이 영적 성장 프로그램들에 참여하도록 도전한다.
6. 우리는 그들이 성경적 진리와 예수 그리스도의 주되심을 삶의 모든 영역에서 적용하도록 격려한다.
7. 우리는 그들이 하나님께로부터 받은 영적 은사들을 발견하고, 그들의 은사를 통해 하나님의 영광을 위해 쓰임 받을 수 있는 기회를 제공한다.

제자훈련 설교의 열매와 한계

제자훈련에 참석하는 사람 대부분은 제자훈련 설교의 결과로 교회는 물론 자신들의 가정과 공동체에서 중대한 책임들을 감당해왔다. 이들은 병상에 있거나 재정적 곤란을 겪는 교회의 다른 이들을 기꺼이 섬긴다. 아마 가장 중요한 점은, 가족적 유대가 강하다는 점이다.

그들은 설교와 영적 성장 프로그램들을 통해 제자훈련을 받으면서 전에 경험하지 못했던 말씀의 감동을 받고 자신들의 삶 전체에 영향을 미치는 일들에 참여하고 있다. 그들은 스스로 성경을 연구하여 성경을 깨닫고 있으며, 자신들이 듣고 암기한 말씀 안에서 생활하고 있다.

남가주사랑의교회는 지난 10년간 성령의 역사와 하나님의 은혜로 기적적인 성장을 이루었다. 이러한 교회 성장의 이유들 가운데 하나는 회중이 비교적 젊은 층으로 구성되었다는 점이다. 가장 활동적인 성도들은 30대에서 50대 사이이다. 부모들이 예수님께 헌신되고 순종하는 제자들로 훈련됨으로써, 자녀들 또한 부모의 영향을 받아 순종적인 사람이 되고, 교회 활동에 적극적으로 참여한다. 10대들은 한국어로 드리는 어른 예배에 참석한다. 그들은 어른 예배에 참석한 지 1년이 지나면 설교를 이해하고 예배에 참여의식을 갖게 된다. 중학생과 고등학생 그룹을 위한 제자훈련도 이루어지고 있다.

제자훈련은 단순한 프로그램이 아니다. 그것은 현실 세계에서 예수님과 동행하는 동안에 예수님과 같아지는 것이다. '현실 세계'는 가정과 가장 가까운 사람들과의 관계, 그리고 삶의 상황에서 시작된다. 제자가 된다는 것은 영, 혼, 육이 완전히 전인적으로 변하는 것을 의미한다. 제자훈련 설교의 한 가지 한계는 사람들이 수동적으로 앉아서 내적인 변화가 없이 설교를 듣는다는 점일 것이다. 예수님은 우리에게 "나의 이 말을 듣고 행치 아니하는 자는 그 집을 모래 위에 지은 어리석은 사람 같으리니"(마 7:26)라고 경고하신다.

불행히도 심령이 새롭게 되었는지 그렇지 않은지를 측정할 수 있는 절대적인 척도는 없다. 우리는 오직 하나님 한 분만이 우리의 내면을 보실 수 있다. "그러므로 때가 이르기 전 곧 주께서 오시기까지 아무 것도 판단치 말라 그가 어두움에 감춰진 것들을 드러내고 마음의 뜻을 나타내시리니 그때에 각 사람에게 하나님께로부터 칭찬이 있으리라"(고전 4:5)고 바울이 가르치듯이 우리는 심판하실 의로우신 하나님을 의지해야 한다.

설교자는 단지 그리스도의 몸의 일부분일 뿐이다. 따라서 설교자는 어떤 교회 사역들을 하지 않았다고 해서 죄책감을 느낄 필요가 없다. 나 혼자의 힘으로 모든 필요를 감당할 수는 없다. 하나님께서는 교회가 필요한 프로그램들이 효율적으로 진행되도록 교회가 필요로 하는 재능 있는 사람을 보내는 것은 하나님께 영광이 된다. 전문적인 교회 사역은 하나님께서 교회에 보내주신 재능 있는 사람들에게 맡긴다. 우리 교회는 회중이 자신의 재능을 교회 안에서 창조적이고 효과적으로 발휘할 수 있도록 격려한다. 성도들이 이 교회에서 저 교회로 수시로 옮겨 다니지 않고 한 교회에서 적어도 5년에서 7년 정도, 바라기는 더 오랫동안 효과적인 교회 사역을 섬길 수 있는 길을 발견하도록 돕는 일이 교회가 할 수 있는 최선의 일이다.

말씀 사역의 무한한 영광을 내다보며

제자훈련 설교에 대한 실험과 연구는 앞으로도 끊이지 않고 계속되어야 한다. 모든 설교자들이 제자 삼는 설교에 매진할 때 말씀 사역에 더욱더 건강하고도 풍성한 열매가 맺히리라 확신한다. 마지막으로 제자훈련 설교를 좀더 폭넓고 깊이 있게 연구하는 데 도움이 될 만한 몇 가지 제안을 함께 나누고 싶다.

첫째, 새 천년의 동향과 변화들이 교회의 제자훈련 설교에 미치게 될 영향들에 대한 연구가 필요하다. 교회가 시대의 흐름을 앞서가기보다는 뒷북을 치는 일이 너무 많다. 교회는 문화의 변화들을 미리 내다보고 예측된 필요에 대응할 수 있는 교회 사역 전략들을 잘 계획해야 할 필요가 있다. 그러한 프로그램 계획은 잃은 영혼들에게 다가가는 우리의 방법에 영향을 미칠 것이다.

둘째, 설교자들이 교회의 성도들로 하여금 자신들의 은사를 발견하고 교회의 사역에 참여할 수 있도록 무장하는 방법에 대한 좀더 폭넓은 연구가 필요하다. 모든 은사의 가치를 인정해야 하며, 그 은사가 그리스도의 몸을 세우는 데 사용되도록 격려해야 한다. 자원자들을 얻는 일이 모든 교회의 커다란 문제이다. 그들을 붙잡아 두는 일 역시 힘든 일이다. 우리는 일꾼들을 보강시키고 그들에게 보상하기 위해 필요한 훈련과 지원을 제공해야 한다.

셋째, 이민 교회는 어떻게 차세대에게 사명을 물려줄 것인가에 대한 연구와 함께 한인 교포 교회의 제2세대에게 좋은 모델을 제시해야 한다. 이민 교회가 제2세대를 잃고 있는 이유들 중 하나는 교회가 본연의 진실성과 온전함을 잃어버렸기 때문이다. 이민 교회는 제2세대를 끌어들이고 만족시킬 수 있는 최상의 교회 모델을 제시하기 위해 필요한 접촉점으로서 하나님과 서로 간에 진실한 관계를 실천해야 한다. 이 일을 위해서는 꾸준한 교회 사역의 재편과 계속해서 새로운 적합성과 적응성을 도모하는 가운데 진리를 전파하여야 한다.

넷째, 성령의 기름부음을 받은 제자훈련 설교에 대한 연구가 또한 필요하다. 예수님은 제자들에게(요 20:21) 사명을 위임하시면서 성령의 권능을 부여하셨다(요 20:22). 사실, 성령도 역시 중보자로 위임 받았다. 성령은 예수님의 임재를 지속시키며, 교회와 더불어 그리스도께서 하신 일을 세상 가운데 나타내는 사명을 완수할 수 있도록 교회에 효과적으로 권능을 부여하신다.

남가주사랑의교회의 성장

남가주사랑의교회는 제자훈련 교회 사역과 병행하여 꾸준한 제자훈련 설교를 통하여 건강하고도 지속적인 성장을 이루어 왔다. 다음의 표는 어린이, 청소년, 장년의 예배 출석수와 장년 성도들의 다락방 출석수를 보여 준다. 소그룹 성경 공부에서 볼 수 있는 높은 출석률은 교회의 빠른 성장, 즉 교회가 배가할 수 있었던 이유들 중에 하나일 것이다.

교회 출석률의 증가

연 도	장년 출석수	어린이와 청소년	총 출석수
1988년 2월	12	4	16
1988년 말	104	60	164
1989년	162	107	269
1990년	274	176	450
1991년	404	267	671
1992년	750	427	1,177
1993년	850	650	1,500
1994년	1,101	750	1,851
1995년	1,200	755	1,955
1996년	1,283	781	2,064
1997년	1,410	800	2,210
1998년	1,550	950	2,500
1999년	2,050	1,150	3,200
2000년	2,618	1,358	3,976
2001년	3,330	1,622	4,952
2002년	3,526	1,742	5,268

다락방(평신도 사역자가 인도하는 소그룹 성경 공부) 출석수

연 도	다락방 수	성인 다락방 출석자수	전체 성인 최중대 비율
1988년	13	54	59.3
1989년	16	111	68.5
1990년	21	242	85.0
1991	26	302	74.8
1992	49	393	52.4
1993	56	465	54.1
1994	81	570	51.0
1995	81	589	52.0
1996	90	645	50.3
1997	101	701	50.2
1998	112	944	60.9
1999	118	1,224	59.7
2000	135	1,548	59.1
2001	196	1,975	59.3
2002	209	2,106	59.7

※청년, 대학부는 각각 1개 다락방으로 환산한 수치임

주

2장

1. Coppedge, The Biblical Principles of Discipleship(Grand Rapids: Zondervan, 1989), pp. 40~42
2. Wager, Strategies for Church Growth: Tools for Effective Mission and Evangelism(Ventura, CA: Regal, 1987), p. 80
3. Sine, Taking Discipleship Seriously: A Radical Biblical Approach(Valley Forge, PA: Judson, 1985), p. 17
4. Boehme, Leadership for the 21st Century(Seattle, Washington: YWAM, 1989), pp. 19, 20
5. Louw & Nida, Greek-English Lexicon of the New Testament, Vol. 1(New York: United Bible Societies, 1988), p. 328
6. ibid. p. 471
7. Briggs, Brown & Driver, A Hebrew and English Lexicon of the Old Testament(Oxford: Clarendon, 1974), p. 541
8. Son, The Missiological Significance of Matthew 28:16~20 with Special Reference to Donald M. Mcgavran(Potchefstroom: PUCHE, Thesis-Th. D., 1983), p. 113
9. Kee, Knowing the Truth: A Sociological Approach to New Testament Interpretation(Minneapolis: Fortress, 1989), p. 86
10. Rengstorf, "Mathetes"(In Kittel ed. Theological Dictionary of the New Testament, Grand Rapids: Eerdmans Publishing, 1967), p. 416
11. 마이클 윌킨스 「제자도」, 도서출판 은성
12. Balz & Scherder, Exegetical Dictionary of the New Testament(Grand Rapids:

Eerdmans, 1990), p. 372
13. 데이비드 J. 보쉬, 『변화하고 있는 선교』, 기독교문서선교회(CLC)
14. Coetzee, The Canon of the New Testament(Orkney: EFJS, 1995a), p. 38
15. Brown, The New International Dictionary of New Testament Theology, Vol. 1(Colin Brown ed., Regency Preference Library, 1975), p. 480
16. ibid. p. 488
17. Green, The Meaning of Cross-Bearing(Bibliotheca Sarca, 1983), p. 121
18. Smith, Charisma vs. Chaismania(Harvest House Publisgers, Eugene, 1992), p. 77
19. Wilkins, op. cit, p. 41
20. Cosgrove, Essentials of Discipleship(Colorado Springs, Colorado: Navpress, 1985), p. 16
21. ibid. p. 26
22. Rengstorf, Theological Dictionary of the New Testament, Vol. 4(Kittle ed., Grand Rapids: Eerdmans, 1978), p. 461
23. Segovia, "Introduction: Call and Discipleship-toward a Re-examination of the Shape and Character of Christian Existence in the New Testament"(In Segovia ed. Discipleship in the New Testament, Philadelphia: Fortress, 1985), p. 2
24. Wilkins, op. cit, pp. 124, 125
25. 『형식적인 그리스도인으로는 충분하지 못합니다』, 존 칼빈, 엠마오
26. Matthey, "The Great Commission According to Matthew"(International Review of Mission, 1980), p. 168
27. Gundry, Matthew: A Commentary of His Literary and Theological Art(Grand Rapids: Eerdmans, 1982), p. 597
28. Rengstorf, op. cit, p. 461
29. Richards, Creative Bible Teaching(Moody Pre: Chicaho, 1987), p. 101
30. Hendrickson, "New Testament Commentary: Romans"(Edinburgh: The Banner of Truth Trust, 1982), p. 406
31. Ridderbos, Matthew's Witness to Jesus Christ(London: Lutterworth Press, 1958), p. 8

32. Louw & Nida, op. cit, p. 417
33. Ridderbos, Redemptive History and the New Testament Scriptures(Grand Rapids: Baker, 1988), p. 51
34. Demaray, 1979: 25
35. Louw & Nida, op. cit, p. 418
36. Rengstorf, Theological Dictionary of the New Testament, Vol. 2(Kittle ed., Grand Rapids: Eerdmans, 1978), p. 136
37. Louw & Nida, Greek-English Lexicon of the New Testament. Vol. 1(New York: United Bible Societies, 1988), p. 412
38. Coetzee, Keys to God's Revelation in the New Testament, Part One(Orkney: EFJS, 1995b), p. 13
39. Venter, "Aktuele Prediking"(Potchefstroom: Insituut vir die Bevordering van Calvinisme, Studiestuk nr. 108, Nov. 1976), p. 2
40. Read, Sent From God: The Ending Power and Mystery of Preaching(Nashville: Abingdon, 1974), p. 105
41. Buys, Die Verhouding Tussen Gemeenteopbou En Evangelisering(Potchefstroom: PUCHO, 1989), p. 265
42. Dodd, Gospel and Law(London: Hodder & Stoughton, 1951), p. 10
43. Wilson, With Christ in the School of Disciple Building(Grand Rapids: Zondervan, 1978), p. 55
44. 칼 바르트, 『칼 바르트의 설교학』, 한들출판사
45. Wager, Your Church Can Grow(Ventura, CA: Regal Books, 1976), p. 77
46. Kaiser, Toward an Exegetical Theology(Grand Rapids: Baker, 1981), p. 104
47. Coetzee, Hermeneutics and Exegesis of the New Testament, Part Two(Potchefstroom: Wesvalia, 1995c), p. 13
48. Venter, op. cit, p. 2
49. MacArthur, "Response to Homiletics and Hermeneutics"(In Radmacher & Preus eds. Hermeneutics, Inerrancy, and the Bible, Grand Rapids: Zondervan, 1984), p. 825
50. Packer, "Why Preach?"(In Logan ed. The Preacher and Preaching,

Phillipsburg, NJ: Presbyterian and Reformed Publishing, 1986), p. 18
51. Barclay, "A Comparison of Paul's Missionary Preaching and Preaching to the Church"(In Gasque & Martin ed. Apostolic History and the Gospel, Grand Rapids: Eerdmans, 1970), p. 170
52. 에드먼드 P. 클라우니, 『설교와 성경신학』, 크리스챤출판사
53. Piper, Preching as Worship: Meditations on Expository Exultation(Trinity Journal, 16, 1995), p. 33, 34
54. Mounce, The Essential Nature of New Testament Preaching(Grand Rapids: Eerdmans, 1960), p. 138
55. Jones, The Christology of the Missionary Speeches in the Acts(Michigan: University Microfilm, 1966), p. 81
56. Kayama, The Image of Paul in the Book of Acts(Michigan: University Microfilms, 1971), p. 173
57. Fisher, Paul and His Teachings(Nashville: Broadman, 1974), p. 73
58. Coleman, The Biblical Reconstruction of Paul's Preaching(South Carolina: Bob Jones University, 1981), p. 148
59. Ford, Preaching Today(London: Epworth & SPCK, 1969), p. 21
60. Bruce, Paul and the Athenians(Expository times, 1976), p. 10
61. Robertson, Word Pictures in the New Testament, Vol. 3(The Acts of the Apostles, Nashville: Broadman, 1975), p. 215
62. Haenchen, The Acts of the Apostles: A Commentary(Translated by Noble & Shinn Philadelphia: Westminster, 1971), p. 435
63. Eims, The Lost Art of Disciple Making(Grand Rapids/ Colorado Springs: Zondervan/ Navpress, 1978), p. 46
64. Henry, Commentary on the Whole Bible, New one Volume Edition(Church ed. Grand Rapids: Zondervan, 1960), p. 582
65. Coleman, op, cit. p. 208
66. Hendrickson, op, cit. p. 317
67. Coetzee, Route Map to the Books of the New Testament, Part 1(Orkney, South Africa: EFJS, 1984)

68. ibid. p. 6

3장

1. 크레이그 키너, 『IVP 성경배경주석 : 신약』, IVP(한국기독학생회출판부)
2. 도널드 거스리, 『신약서론』, 크리스챤다이제스트사
3. Ridderbos, Matthew's Witness to Jesus Christ(London: Lutterworth Press, 1958), pp. 13, 14
4. Hiebert, An Introduction to the New Testament, Vol. 1, The Gospels and Acts(Chicago: Moody, 1975)p. 45
5. Ridderbos, op, cit. pp. 12, 13
6. Luz, "The Disciples in the Gospel According to Matthew"(In Stanton ed. The Interpretation of Matthew, Edinburgh: T. & T. Clark, 1995), p. 122
7. 랄프 마틴, 『신약의 초석 1, 2』, 크리스챤다이제스트사
8. Ridderbos, Matthew, Bible Student's Commentary(Translated by Togrman, Grand Rapids: Zondervan, 1987), pp. 555, 556
9. 마이클 윌킨스, 『제자도』, 도서출판 은성
10. Bruce, The Message of the New Testament(Grand Rapids: Eerdmans, 1974), p. 18
11. Court & Court, The New Testament World(New Jersey: PrenticeHall, 1990), p. 10
12. Coetzee, Hermeneutics and Exegesis of the New Testament, Part Two(Potchefstroom: Wesvalia, 1995c), p. 31
13. Harrington, Record of the Fullfillment: The New Testament(London: Gerffret Chapman, 1968), p. 135
14. 윌리엄 레인, 『마가복음(상)-뉴인터내셔널성경주석 3』, 생명의 말씀사
15. J. D. 킹스베리, 『마가의 세계』, 기독교문서선교회(CLC)
16. Wilkins, op. cit, p. 200
17. Price, Interpreting the New Testament(New York: Holt, Rinehart & Winston, 1971), p. 230
18. Stott, The Contemporary Christian(Leicester and Downers Grove: IVP, 1992),

p. 177

19. Franklin, E. Christ the Lord, A Study in the Purpose and Theology of Like-Acts(London: SPCK, 1975), 53

20. Scroggie, A Guide to the Gospels(London: Pickering & Inglis, 1965), p. 368

21. Marshall, The Gospel of Luke: A Commentary on the Greek Text(Exeter: Paternoster, 1978), p. 36

22. Richardson, The Panorama of Luke(London: Epworth, 1982), p. 30

23. Talbert, "Discipleship in Luke-Acts"(In Segovia ed. Discipleship in the New Testament, Philadelphia: Fortress, 1985), p. 62

24. Richardson, op, cit. p. 30

25. Robinson, Redating the New Testament(London: SCM Press, 1976), p. 101

26. Robertson, Word Pictures in the New Testament, Vol. IV, The Epistles of Paul(Nashville: Broadman, 1975b), p. 107

27. Coetzee, "The Theology of John"(In Du Toit ed. Guide to the New Testament, V. Pretproa: N.G. Kerkboekhandel, 1993), p. 43

28. Bruce, op, cit. p. 105

29. Robertson, op, cit. p. 50

30. Barclay, The Daily Study Bible. The Gospel of John, Vol. 2(Edinburgh: Saint Andrew, 1975), pp. 20, 21

31. Wilkins, op. cit, p. 358

32. Hiebert, op. cit, p. 213

33. Luz, op. cit, p. 136

34. Stott, "The Upper Room Discourse"(In Stott et al. Christ the Liberator, Downers Grove: IVP, 1971), p. 39

35. Barclay, op. cit, pp. 149, 150

36. Cadman, The Open Heaven(Caird ed. Oxford: Basil Blackwell, 1969), p. 176

37. 존 스토트, 『요한서신서 - 틴델신약주석시리즈 19』, 기독교문서선교회(CLC)

38. Marshall, Tyndale New Testament Commentaries(Grand Rapids: Eerdmans, 1989), p. 55

39. Young, New Life for Your Church(Grand Rapids: Baker, 1989), pp.25, 26

40. Watson, I Believe in the Church(Grand Rapids: Eeedmans, 1978), p. 66
41. Hiebert, op. cit, p. 270
42. Franklin, op. cit, p. 133
43. Marshall, op. cit, p. 149
44. 요하네스 블라우, 「교회의 선교적 본질」, 한국장로교출판사
45. Gundry, 1971:221
46. 마틴 로이드존스, 「영적 광명 - 에베소서 강해 5」, 기독교문서선교회(CLC)
47. Wilkins, op. cit, p. 256
48. 조지 엘든 래드, 「신약신학(개정증보판)」, 대한기독교서회
49. Demaray, Proclaiming the Truth(Grand Rapids, Baker, 1979), p. 51
50. Calvin, A Calvin Treasury(Keesecker ed. London: SCM, 1963), p. 57
51. 진 게츠, 「서로 서로 세우자」, 생명의 말씀사
52. Knox, The Integrity of Preaching(New York: Harper & Row, 1968), p. 92
53. Barrett, Luke the Historian in Recent Study(London: The Epworth, 1961), p. 31
54. Clowney, Preaching and Biblical Theology(London: Tyndale, 1962), p. 56
55. De Silva, Paul's Sermon in Antioch of Pisidia(Bibliotheca Sacra, 1994), p. 40
56. Du Plessis, "The Pauline Christology"(In Du Toit ed. Guide to the New Testament, V. Trans. Pretoria: N. G. Kerkboekhandel, 1992), p. 201
57. Green, Evangelism in the Early Church(Grand Rapids: Eerdmans, 1970), p. 55
58. Robertson, Word Pictures in the New Testament, Vol. Ⅲ, The Acts of the Apostles(Nashville: Broadman, 1975a), p. 147
59. Fisher, Commentary on 1 & 2 Corinthians(Waco: Word Books, 1975), pp. 151, 152
60. ibid. p. 321
61. 디트리히 본회퍼, 「나를 따르라」, 대한기독교서회
62. Dunn, Unity and Diversity in the New Testament(London: SCM, 1990), p. 50
63. Barclay, The Acts of the Apostles(Edinburgh: Saint Andrew, 1987), p. 175
64. Getz, Encouraging One Another(Wheaton: Victor, 1992), p. 111
65. Robertson, op. cit, p. 147

66. Coetzee, op. cit, p. 39
67. Barclay, op. cit, p. 177
68. Coetzee, "The Pauline Pneumatology"(In Du Toit ed. Guide to the New Testament, V. Pretproa: N. G. Kerkboekhandel, 1992), p. 232

4장

1. Dodd, The Apostolic Preaching and Its Developments(London: Hodder & Stoughton, 1972), p. 240
2. Kromminga, Bring God's News to Neighbors(Grand Rapids: Baker, 1976), p. 110
3. 데이비드 J. 보쉬, 『변화하고 있는 선교』, 기독교문서선교회(CLC)
4. 마이클 윌킨스, 『제자도』, 은성
5. Lee & Cowan, Dangerous Memories(Kansas City: Sheed & Ward, 1986), p. 122
6. Bounds, Power Through Prayer(London: Marchall, Morgan & Scott, 1968), p. 102
7. Crichton, Servants of the People(Middlegreen, Slough, England: St. Paul Publications, 1990), p. 89
8. Horne, Preaching the Great Themes of the Bible(Nashville, Tennessee: Broadman, 1986), p. 265
9. Warren, How to Communicate to Change Lives(Paper Delivered at Saddleback Church Conference, 1996, 5~8 June)
10. Young, A New Heart and a New Spirit(Valley Forge:Judson, 1995), p. 93
11. Trimp, "The Relevance of Preaching"(Westminst Theological Journal, 36, 1973), p. 27
12. Davis, Design for Preaching(Philadelphia: Fortress, 1958), pp. 268~271
13. Warnock, Imagination(Chicago:University of Chicago, 1976), p. 196
14. 워렌 W. 위어스비, 『상상이 담긴 설교』, 요단
15. Forbes, Imagination(Portland: Multnomah, 1986), p. 18
16. Robinson, Biblical Preaching: The Development and Delivery of Expository Messages(Grand Rapids: Baker, 1980), pp. 186, 187

17. 워렌 W. 위어스비, 『상상이 담긴 설교』, 요단
18. Brown, A Quest for Reformation in Preaching(Waco, Texas: Word Books, 1968), p. 238
19. ibid. p. 239
20. Thomas, Exegesis and Expository Preaching(In MacArthur ed. Rediscovering Expository Preaching, Dallas, Texas: Word Publishing, 1992), p. 142.
21. Brown, op. cit, p. 246
22. Craddock, Preaching(Nashville, Tennessee: Abingdon, 1985), p. 119
23. Brown, op. cit, p. 246
24. Craddock, op. cit, pp. 112, 113
25. Greidanus, The Modern Preacher and the Ancient Text(Grand Rapids: Eerdmans, 1989), p. 128
26. Chapell, Christ-Centered Preaching(Grand Rapids: Baker, 1994), p. 27
27. Brown, op. cit, pp. 248~250
28. Robinson, op. cit, pp. 19~27
29. Malphurs, Pouring New Wine Into Old Wineskins(Grand Rapids, Michigan: Baker Books, 1993), p. 179
30. Prior, Creating Community(Colorado Springs: Navpress, 1992), p. 13
31. ibid. pp. 98, 99
32. Forsyth, Group Dynamics(Pacific Grove: Brooks/ Cole Publishing, 1990), pp. 58, 59
33. Towns, 10 of Today's Most Innovative Churches(Ventura, California: Regal Books, 1990), p. 76
34. ibid. pp. 78~80
35. 릭 워렌, 『새들백교회 이야기』, 디모데
36. Hull, Jesus Christ, Disciple Maker(Cambridge: Crossway, 1992), pp. 109~110
37. Malphurs, op. cit, p. 162
38. Jensen & Stevens, Dynamics of Church Growth(Grand Rapids: Baker Book, 1981), p. 190
39. Towns, op. cit, p. 47

40. Malphurs, op. cit, p. 163
41. Vine, An Expository Dictionary of New Testament Words, vol. 2(New Jersey: Fleming H. Revell, 1966), p. 18
42. Willimon, Making Christians in a Secular World(Christian Century, 22, 1986), p. 916
43. Fitzgerald, A Practical Guide to Preaching(New York: Paulist Press, 1980), p. 69
44. Prior, op. cit, p. 222
45. Fitzgerald, op. cit, p. 66
46. Hull, The Disciple Making Church(New Jersey: Fleming H. Revell, 1990), p. 174
47. Hocking, Spiritual Gifts(Orange, California: Promise, 1992), p. 30
48. Jensen & Stevens, Dynamics of Church Growth(Grand Rapids: Baker, 1992), p. 15
49. Croft, Making New Disciples(Harper Collins, London, 1994), p. 46)
50. Hull, op. cit, p. 176
51. 존 맥스웰, 『당신 안에 잠재된 리더십을 키우라』, 두란노
52. Richards & Martin, A Theology of Personal Ministry(Grand Rapids: Zondervan, 1981), p. 13
53. Jensen & Stevens, op. cit, p. 161
54. Engstrom, What in the World is God Doing?(Waco: Word Books, 1978), p. 160
55. Brown, Mission to Korea(New York: Board Missions, Presbyterian Church, 1962), p. 79
56. Rhodes, History of the Korean Mission(Seoul, Korea: Unprinted Manuscript, 1934), p. 109
57. Lee, Sun-Joo Gil(Seoul: ChongRo Book House, 1980), p. 196
58. Gil, The Handbook of Preaching(Pyung-Yang: Dong Myung Book House, 1926), p. 239
59. Ritter, The "Full Gospel", A Biblical Examination(Seoul, Korea: unpublished

Manuscript, 1989), p. 55

60. 래리 크랩, 『영적 가면을 벗어라』, 나침반

61. Getz, Traditions: To trample or treasure?(Moody monthly, 90(3): 14-21, 1989) p. 21

62. Jo, Korean-Americans and Church Growth(Seoul, Korea: Cross-Cultural Ministry Institute, 1994), p. 117

63. Callahan, Twelve Keys to an Effective Church(New York: Harper & Row, 1983), p. 45

64. McIntosh, "Changing Generations"(Church Growth Network, 1993), p. 1

65. 선교한국 편집부, 『학생선교운동가 매뉴얼』, 선교한국, 167쪽

66. Jo, op. cit, p. 166

67. 선교한국 편집부, 전게서, 26쪽

68. Blanchard & Hersey, Management of Organization Behavior(New Jersey: Prentice Hall, 1988), p. 342

69. Anderson, Dying For Change(Minneapolis: Bethany, 1990), p. 136

70. Young, op. cit, p. 85

71. Hull, op. cit, pp. 180, 181

72. Nida, Customs and Cultures: Authropology for Christian Missions(Pasadena: William Carey, 1983), p. 266

73. Callahan, op. cit, p. 37

74. Hull, op. cit, p. 153

75. 선교한국 편집부, 전게서, 88쪽

76. ibid. p. 91

77. Clay, 1997, p. 1

78. Moore, "A Vision for Equipping"(Equip for Ministry, 1998, 4[1]), p. 10

79. McKaughan, "Restructuring Mission Boards"(In Conn ed. Reaching the Unreached, New Jersey: Presbyterian and Reformed Publishing, 1984), p. 139

80. Chapell, op. cit, p. 31

81. Moore, op. cit, p. 10

5장

1. Tenny, The Genius of the Gospels(Grand Rapids: Eerdmans, 1951), p. 75
2. 데이비드 J. 보쉬, 『변화하고 있는 선교』, 기독교문서선교회(CLC)
3. Ryrie, Charles Caldwell, The Ryrie Study Bible(Moody Press, 1995), p. 1474
4. Williamson, Mark, Interpretation, A Bible Commentary for Teaching and Preaching(Louisville: John Knox, 1983), p. 16
5. McGee, Thru the Bible with H. Vernon McGee, Vol. Ⅳ(Nashville: Thomas Nelson, 1983), p. 157
6. Williamson, op. cit, pp. 188~196
7. McGee, op. cit, p. 240
8. Hull, Jesus Christ, Disciple Maker(Cambridge: Crossway, 1992), p. 168
9. ibid. p. 76
10. Young, A New Heart and a New Spirit(Valley Forge:Judson, 1995), p. 93
11. 이동원, 『이렇게 기도하라: 주기도문 강해설교』, 나침반, 85~123쪽
12. Mitchell, Let's Live! Christ in Everyday Life(New Jersey: Fleming H. Revell, 1975), p. 151
13. Stedman, God's loving Word(Grand Rapids, MI: Discovery House, 1993), pp. 405~410
14. Barnhouse, Acts(Grand Rapids, Zondervan, 1979), p. 13
15. Bruce, The Book of the Acts(Grand Rapids: Eerdmans, 1975), pp. 38, 39
16. Duncan, How Fullness Serve(In Porter & Keswick Gold, B. Kent, England: OM Publishing, 1990), pp. 165~172